O CASAMENTO DO ESPÍRITO

O CASAMENTO DO ESPÍRITO

Vivendo iluminado no mundo de hoje

Leslie Temple-Thurston
com Brad Laughlin

Tradução
Ronny Prestes Lemos

2ª reimpressão

MEROPE
editora

Copyright © Leslie Temple-Thurston, Brad Laughlin e CoreLight Publications, 2006
Copyright © Editora Merope, 2017
(edição em língua portuguesa para o Brasil)

TÍTULO ORIGINAL	The marriage of spirit: enlightened living in today's world
PROJETO GRÁFICO	PoolCom Comunicação & Design
DIAGRAMAÇÃO	Desenho Editorial
CAPA	Desenho Editorial
REVISÃO	Opus Editorial
ILUSTRAÇÕES DAS MANDALAS	James Emery
COORDENAÇÃO EDITORIAL	Opus Editorial
DIREÇÃO EDITORIAL	Editora Merope

Primeira edição brasileira lançada em 2006 pela editora WVA.

PUBLICADO MEDIANTE ACORDO COM CORELIGHT,
SANTA FÉ, NOVO MÉXICO, EUA, WWW.CORELIGHT.ORG.

Todos os direitos reservados.
Proibida a reprodução, no todo ou em parte, através de quaisquer meios.

Dados Internacionais de Catalogação na Publicação (CIP)
(Câmara Brasileira do Livro, SP, Brasil)

Temple-Thurston, Leslie
  O casamento do espírito : vivendo iluminado no mundo de hoje / Leslie Temple-Thurston e Brad Laughlin ; tradução Ronny Prestes Lemos. -- Belo Horizonte, MG : Merope Editora, 2017.

  Título original: The marriage of spirit : enlightened living in today's world

  Bibliografia.
  ISBN: 978-85-69729-07-5

  1. Autoatualização (Psicologia) 2. Consciência 3. Crescimento espiritual 4. Deus 5. Espiritualidade 6. Iluminação I. Laughlin, Brad. II. Título.

17-06693   CDD-291.44

Índices para catálogo sistemático:
1. Vida espiritual : Religião comparada   291.44

MEROPE EDITORA
Rua dos Guajajaras, 880, sala 808
30180-106 – Belo Horizonte – MG – Brasil
Fone: [55 31] 3222-8165
www.editoramerope.com.br

AGRADECIMENTOS

*E*mbora nenhum de meus dois ex-professores, Frances Stearns e Frederick Lenz, quisesse admitir, ou se sentir preso a uma escola formal, cada um semeou em mim diferentes aspectos da informação que contribuiu para a elaboração deste livro. *O Casamento do Espírito* é uma síntese do que ambos imprimiram na argila fresca de minha consciência.

Cada um expressou sua devoção à filosofia perene e à humanidade de formas diferentes, restando a mim fundir seus diferentes pontos de vista no que se referem à verdade como uma forma única e coerente, e que foi meu destino encontrar. Eles validaram a verdade que estava tentando nascer em mim, deram-me vocabulário, um sentido de estrutura e muito mais. O que eles pediram de mim, de forma alguma se igualou ao que me deram. Eu agradeço e abençoo a ambos.

Para meus guias interiores, os muitos mestres que agiram como emissários da verdade, eu os abençoo e agradeço – vivemos juntos eternamente, como Um.

O nascimento de *O Casamento do Espírito* e os ensinamentos práticos por mim mesma ministrados levaram mais de três décadas; ainda assim é algo que, tenho certeza, todos os meus mestres desejavam. Não tenho palavras para a profundidade da gratidão que sinto em relação a todos eles.

Nada acontece por acaso, e a leitura deste livro não é exceção. Muitas pessoas maravilhosas contribuíram com conhecimento. Brad Laughlin, meu querido amigo e parceiro na concepção do livro – cuja voz permanece ao lado da minha –, obrigada por seu apoio inabalável, completa abnegação e inesgotável persistência. Eu o amo e o abençoo. Meu amor e a mais profunda gratidão aos meus filhos, que podem assumir muito do crédito por terem me motivado e constantemente criado impacto com seus pontos de vista da geração-X. Também meu amor e gratidão para o pessoal da CoreLight que trabalhou fielmente, como uma equipe, para manter o trabalho de espalhar o *dharma* e que me ajudou a seguir adiante com o projeto do livro, de tantas formas importantes.

Os editores de *O Casamento do Espírito*, Diana C. Douglas, John Lyons--Gould e Brad Laughlin, merecem louvor especial. Editar o que lhes dei não foi um feito simples e todos trabalharam à altura da tarefa.

Para todos os outros que me ajudaram nas muitas fases da produção do livro – projetando, ilustrando, criticando, lendo, revisando, pesquisando, escrevendo testemunhos, doando tempo, energia e dinheiro –, especialmente James Emery, Cyndi Laughlin, Christine Arundell, Linda Garcia, Tanya Sydney, Christinea Johnson, Kathy Sparkes, Holli Duggan, Judith Baker Miller, Raymond Diaz e Celeste Magers, não poderíamos tê-lo feito sem vocês. Obrigada.

A todas as almas abençoadas que compartilharam aulas de *O Casamento do Espírito* e de *darshan* comigo, emprestando seus processos individuais em prol do nascimento deste material, obrigada por terem sido a inspiração final deste livro.

Meu amor e bênção a vocês. Vocês são todos graça divina.

*Este livro é dedicado à essência divina
no núcleo de cada um de nós.*

OS MUITOS NOMES DE DEUS
DESCREVENDO O INDESCRITÍVEL

O Absoluto
Tudo o que Há
Alá
O Atman
O Ser
O Amado
Brahman
A Luz Clara da Realidade
O Estado Cósmico
Divindade
O Divino
Divino Deus Pai-Mãe
Presença Divina
Energia
O Estado de Iluminação
Essência
Eternidade
Deus
Deusa
Graça
A Base do Ser
Eu Superior

Luz
O Senhor
Amor
Nirvana
Onipresença
Unidade
Presença
Consciência Pura
Consciência Única
O Self
O Vazio Brilhante
Espírito
A Fonte
Sunyata
O Superconsciente
O Supremo
Aquilo
O Campo Unificado
Unidade
Consciência de Unidade
Iavé

Para facilitar a leitura, *Deus*, o *Self* e o *Divino* são os únicos nomes escritos em letras maiúsculas no livro, mas muitos outros sinônimos são mencionados por todo o texto. Devido ao respeito pelas várias tradições que procuraram descrever o mesmo fato indescritível, nós os listamos aqui, todos em maiúsculas.

SUMÁRIO

PREFÁCIO, 17

COMO UTILIZAR O LIVRO, 21

PARTE UM
O CASAMENTO DO ESPÍRITO: PRINCÍPIOS

Capítulo 1 ♦ A história de uma mística relutante, 25
Uma experiência mística de ruptura, 25 • Tornando-me uma "mística de armário", 28 • Um país mergulhado em polaridades, 29 • Saindo do armário, 30 • Pondo tudo em ordem, 32 • Sugestões para transformar a teoria em prática, 35

Capítulo 2 ♦ A alquimia de *O Casamento do Espírito*, 37
Unificação de opostos, 37 • A origem da unificação de opostos, 39 • Por que *O Casamento do Espírito*?, 42 • *O Casamento do Espírito* em contexto, 42 • O que é a iluminação?, 43 • A hora é agora – Um novo paradigma, 44 • O que é processamento e por que fazê-lo?, 47 • Até onde você quer prosseguir com o processamento?, 50 • Os benefícios do processamento, 51 • Invocando a graça, 52 • A unidade é um estado simples, 53 • Resumo do capítulo, 54 • Sugestões para transformar a teoria em prática, 54

Capítulo 3 ♦ Conhecendo Deus, 57
A jornada desde a separação até a unidade – Uma breve história, 58 • A volta – Escolas de mistérios e tradições antigas, 61 • Seres iluminados, 63 • A mensagem do amor, 64 • Nós já somos iluminados, 65 • A personalidade é uma identificação falsa, 66 • O convite à mudança, 68 • O poder da intenção e do compromisso, 69 • Encontrando o *Self*, 70 • Resumo do capítulo, 71 • Sugestões para transformar a teoria em prática, 71

Capítulo 4 ♦ A Natureza do Eu Separado, 73
Nosso mundo é um mundo de dualidades, 74 • A lei dos opostos e a rotação, 75 • Atração e repulsão, 76 • Tendemos a negar um lado de um par de opostos, 78 • Nossos limites humanos, 79 • No início – Criação como separação, 82 •

A divisão entre consciente e inconsciente, 84 • Temos a tendência de temer o inconsciente, 85 • Tornando o inconsciente consciente, 87 • Compreendendo e dissolvendo a personalidade condicionada, 88 • Processando o ego, 91 • Liberando a personalidade, 92 • Vendo ciclos de crescimento e dissolução, 93 • Resumo do capítulo, 94 • Sugestões para transformar a teoria em prática, 95

Capítulo 5 ♦ Julgamentos e espelhos, 97
A mente discriminativa – "Ou isto ou aquilo", 98 • Vivendo em um sistema de julgamento, 99 • Julgando o exterior, 101 • Recuperando nosso lado inconsciente, 105 • Nossas projeções encobertas, 106 • Projeções e espelhos, 107 • Aja como se o exterior fosse você, 108 • Um exemplo de agir como se o exterior fosse você, 111 • Resumo do capítulo, 114 • Sugestões para transformar a teoria em prática, 115

Capítulo 6 ♦ A testemunha, 117
Testemunhando a personalidade, 118 • O caminho da neutralidade, 119 • O ponto de apoio, 120 • A testemunha tendenciosa, 122 • O desapego aumenta sua capacidade de amar, 123 • Nosso medo do desapego, 124 • Outro caminho, um caminho incomum, 125 • Somos consciência pura, 126 • Não somos nossos estados mentais, 127 • Sentindo-se enraizado – Fé, 128 • Vendo que o medo é um guia, 130 • Não culpando o exterior, 132 • Samadhi – Um paradigma diferente, 135 • Resumo do capítulo, 136 • Sugestões para transformar a teoria em prática, 138

Capítulo 7 ♦ Vendo a luz, 141
Maya, 142 • O holograma: uma metáfora para a existência, 145 • Aprendendo a ver a energia, 146 • A anatomia do corpo de luz – Os chacras, 148 • Retendo sua luz, 151 • A anatomia do corpo de luz – O shushumna, 152 • A anatomia do corpo de luz – Ida e pingala, 154 • O paradigma do coração – O sistema de fluxo, 156 • Resumo do capítulo, 158 • Sugestões para transformar a teoria em prática, 158

Capítulo 8 ♦ A impressão humana, 161
Conteúdo e estrutura, 162 • Expandindo e contraindo, 163 • A impressão humana – Uma descrição de nossa separação original, 164 • A separação

primal, 165 • Somos únicos ou somos iguais?, 168 • Padrões reativos acionam a espiral descendente, 169 • A queda é uma perda de consciência, 172 • A história do fio de Ariadne, 173 • A testemunha é o fio da compreensão, 174 • O mapa para sair do sistema, 174 • Revivendo a impressão, 175 • A viagem de volta é o reverso da sequência de separação, 176 • Limpando a impressão, 177 • Um momento para testemunhar, 178 • A noite escura da alma, 179 • A espiral ascendente, 181 • Clareando assuntos infantis, 183 • A infância e o seu despertar, 183 • Nossos pais não devem ser culpados, 186 • Encarando as projeções, 187 • Abrindo o coração, 188 • Permanecendo em unidade, 189 • Resumo do capítulo, 189 • Sugestões para transformar a teoria em prática, 191

PARTE DOIS
O CASAMENTO DO ESPÍRITO: TÉCNICAS

Introdução à Parte Dois, 195
Estando consciente de seu propósito, 196 • Projetos na consciência, 198 • Desenvolvendo a mente correta – Sua testemunha neutra, 200 • Como utilizar a parte dois, 201

Capítulo 9 ♦ Polaridades, 205
A técnica de processamento de polaridades, 206 • Primeiro passo – Escolha uma experiência, 206 • Segundo passo – Escreva a respeito da experiência, 207 • Uma história exemplo, 207 • Terceiro passo – Escolha as palavras e frases temáticas, 210 • Exemplo de história com frases e palavras temáticas em evidência, 212 • Quarto passo – Faça uma lista das frases e palavras temáticas, 214 • Lista exemplo de frases e palavras temáticas, 214 • Mais palavras e frases, 217 • Quinto passo – Encontre os opostos, 218 • Exemplo de frases e palavras temáticas com seus opostos, 219 • Sexto passo – Ofereça com uma prece, 223 • Sétimo passo – Espere por graça, 224 • Revisão, 225 • Sugestões para transformar a teoria em prática, 225 • Testemunho – Entrega, 227

Capítulo 10 ♦ Triângulos, 229
Primeiro passo – Escolha uma polaridade, 229 • Segundo passo – Encontre o equilíbrio de ascensão, 229 • Os estados de equilíbrio de ascensão, 230 • Terceiro passo – Ofereça e espere por graça, 231 • Alguns exemplos, 232 • Exemplo um – Poder e impotência, 232 • Exemplo dois – Perda e ganho, 234 • Exemplo três – Controle e fora do controle, 235 • Exemplo quatro – Vítima e tirano, 235 • Crie um caminho para o coração, 236 • Sintonize-se com o movimento da consciência através do corpo, 237 • Semântica, 241 • Revisão, 242 • Sugestões para transformar a teoria em prática, 242 • Testemunho – Obstinado, 243

Capítulo 11 ♦ Quadrados, 247
Compreendendo o método dos quadrados, 248 • A técnica dos quadrados, 249 • Primeiro passo – Escolha uma polaridade, 249 • Segundo passo – Desenhe e rotule um quadrado, 250 • Terceiro passo – Conscientize-se de todos os quadrantes, 251 • Exemplos de quadrados, 251 • Dependente e independente, 251 • Inferior e superior, 252 • Aprovação e desaprovação, 252 • Escassez e abundância, 253 • Quarto passo – Aplicar os dados ao quadrado, 253 • Exemplo de quadrado e de registro no diário, 254 • Quinto passo – Ofereça seu quadrado, 258 • Sexto passo – Espere por graça, 259 • Revisão, 259 • Sugestões para transformar a teoria em prática, 260 • Testemunho – Aprendendo quadrados, 260

Capítulo 12 ♦ O poder mais profundo do processamento, 263
Encontrando um tema para a sua história, 264 • Encontrando todos os opostos certos, 264 • Oferecendo ambos, o positivo e o negativo, 266 • Escrevendo seus *insights* adicionais, 267 • Encontrando o quadrado-chave, 268 • Seguindo o fio da continuidade, 269 • Percebendo a mudança e acelerando sua evolução, 271 • Vivenciando uma simulação, 274 • A ascensão e a elevação da consciência, 276 • Revisão, 277 • Sugestões para transformar a teoria em prática, 277 • Testemunho – O advogado raivoso, 278

Capítulo 13 ♦ Aventuras em transformação, 281
Utilizando quadrados para encontrar seus pontos cegos, 281 • Quadrados são ciclos na consciência, 283 • Utilizando as técnicas de espelhamento para encontrar seus pontos cegos, 288 • Encontrando os aspectos de dar e re-

ceber de quadrados, 291 • Uma "dica" para triângulos – Encontrando o verdadeiro oposto e o equilíbrio de ascensão, 293 • Compreendendo ligações duplas, 294 • Vendo através do excesso, 296 • Vendo através da dúvida, 297 • Vendo através da falta de significado, 298 • O novo paradigma, 299 • Dê um salto de fé – Caminhando no céu, 301 • Revisão, 303 • Sugestões para transformar a teoria em prática, 304 • Testemunho – Pai caloteiro, 306

Capítulo 14 ♦ Desenvolvendo a testemunha, 309
Pedir uma testemunha, 310 • Sugestões simples para começar a testemunhar, 311 • Medite, 311 • Processando emoções supercarregadas e bloqueadas, 312 • Não reprima as emoções, 312 • Libere as emoções com uma testemunha, 313 • Libere e se desapegue da raiva, 314 • Expressando a verdade de seus sentimentos interiores, 316 • Passo um: inicialmente processe a si mesmo, 316 • Passo dois: discernindo sua verdade, 318 • Passo três: expresse onde for apropriado, 319 • Passo quatro: fale a partir do coração, 320 • Passo cinco: encontre o que dizer para abrir o coração do outro, 321 • Mude velhas rotinas, 322 • Processe com outras pessoas, 323 • Revisão, 324 • Sugestões para transformar a teoria em prática, 325 • Testemunho – Ordem no tribunal, 326

Capítulo 15 ♦ As realidades diárias do processamento, 329
Mantendo registro de seu progresso, 329 • Testemunhando efeitos colaterais corporais do processamento, 332 • Testemunhando nova fiação e novos circuitos, 333 • Respeitando o processo de integração dos outros, 334 • Sendo criativo com as ferramentas, 335 • Revisão, 336 • Sugestões para transformar a teoria em prática, 337 • Testemunho – A história do espreitador, 338 • Meu compromisso com você, 340

REFERÊNCIAS, 341

GLOSSÁRIO, 343

SOBRE OS AUTORES E A CORELIGHT, 349

PREFÁCIO

"Mais suave que a flor quando se trata de bondade,
mais forte que o trovão quando os princípios estão em jogo."
– Paramahansa Yogananda

Quando Leslie me pediu que a ajudasse a escrever *O Casamento do Espírito* fiquei profundamente honrado. Sinto-me extremamente privilegiado e feliz por ajudar a trazer a público esses princípios e técnicas extremamente simples, poderosos e transformadores. Tendo trabalhado com eles por mais de dez anos, usando-os eu mesmo e ensinando aos outros em *workshops*, eu os vi ajudarem a iluminar, equilibrar e transformar a vida de milhares de pessoas – incluindo a minha própria – com muita rapidez.

As técnicas e princípios de *O Casamento do Espírito* servem a muitos propósitos: desde ajudar pessoas a se moverem para além de aparentes limitações à cura de traumas mentais, emocionais e físicos; e até mesmo à obtenção de sucesso e abundância no mundo material e assistência no crescimento espiritual. Essas técnicas nos ajudam a transcender o pêndulo oscilante da consciência – padrões aparentemente incontroláveis de sensação de desequilíbrio e de prisão em ciclos de negatividade, raiva, dor e medo que nos impedem de viver uma vida plena.

As pessoas podem usar as técnicas de maneira concreta e prática. Por exemplo, para manifestarem relacionamentos e carreiras mais plenos ou para alcançarem potenciais criativos mais altos, ou mesmo criar abundância e felicidade em suas vidas. Espiritualmente, *O Casamento do Espírito* nos auxilia a viver em um paradigma de consciência superior e em maior fluidez de amor, verdade, alegria, sabedoria e compaixão, e em verdadeira ligação com todas as coisas. As técnicas tornam possível trazer a completa expressão da alma para este mundo, para sabermos mais do que realmente somos, para tocar o Divino.

Baseadas no princípio metafísico da unidade de todas as coisas, as raízes dos ensinamentos de *O Casamento do Espírito* são pelo menos tão antigas quanto a história registrada. Esses ensinamentos específicos estão em consonância com o fundamento de todos os principais ensinamentos e tradições religiosos, como o Budismo e o Hinduísmo; os misticismos cristão, judeu e islâmico; o Sufismo, o

Taoísmo e o Tantra, além das antigas escolas de mistérios egípcias, apenas para mencionar alguns dos mais familiares.

Outrora cobertos em mistério e reservados aos poucos escolhidos que dedicavam suas vidas ao isolamento e à disciplina monástica, os ensinamentos foram renovados, simplificados e tornados práticos para o mundo moderno. Enquanto a evolução da consciência humana se acelera, muitos percebem que os antigos métodos de obtenção de despertar espiritual são inadequados para a vida no acelerado mundo moderno material. Novas ferramentas, como as técnicas de *O Casamento do Espírito*, estão agora sendo trazidas à luz para nos ajudar.

O Casamento do Espírito também faz a ponte entre os princípios metafísicos antigos e a psicologia moderna, já que boa parte dos ensinamentos se refere a trazer equilíbrio ativo para nossas vidas por meio da limpeza do ego ou da liberação de limitações internas. A distinção entre a psicologia moderna e *O Casamento do Espírito* está, no entanto, em que este último se fia não apenas no desembaraçar dos nós da mente, mas também no presente da graça – na entrega de toda a lição ao poder curativo misterioso do espírito, para que verdadeira mudança possa ser trazida às nossas vidas.

Outra importante distinção é que o propósito das técnicas do *O Casamento do Espírito* não é simplesmente o de reorganizar o ego para uma forma mais saudável e congênita, tal como a psicologia moderna costuma atuar. Em vez disso, o seu propósito é o de limpar o ego para que a luz clara da realidade possa brilhar através dele, possibilitando-nos viver uma expressão mais verdadeira de nossa própria natureza divina inerente. Assim como Ram Dass uma vez disse, o ego é uma prisão; e para conhecermos a verdade de nossa natureza divina, nós não estamos preocupados em reorganizar a mobília no interior da prisão, mas sim em derrubar as paredes da prisão para deixar entrar a luz que está sempre presente. *O Casamento do Espírito* derruba os muros de nossas próprias limitações internas tornando o inconsciente consciente, trazendo a sombra para a luz e propiciando o casamento do espírito com a matéria. É um curso de despertar, de tornar-se consciente do cerne iluminado que se encontra no interior de cada um de nós.

A própria história mágica do despertar de Leslie é única e de muita inspiração. O Capítulo 1 nos dá uma breve noção de sua viagem como mulher ocidental abraçando a vida de mística. Nesse capítulo, ela compartilha como os princípios de *O Casamento do Espírito* lhe foram interiormente ensinados por seus guias espirituais, os *insights* e despertares que teve e como finalmente culminaram, para ela, no fim dos anos 1980, com a realização completa do *Self*.

Tive a sorte de conhecer Leslie em 1990, durante uma época de intensa busca. Ela é a alma mais sábia, compassiva, inspirada e iluminada que já tive o prazer de conhecer. Sua vida, personificação da humildade, generosidade, graça e amor incondicional, é completamente dedicada ao serviço de Deus e da humanidade, algo que também faz dela a professora de transformação mais poderosa que conheço. O meu respeito por ela continua a se aprofundar no decorrer dos anos, enquanto tenho a graça diária de seu exemplo vivo de pureza, bondade, confiança no Divino e de dedicação imperturbável à verdade.

Para mim, é uma bênção além das palavras poder participar da elaboração deste livro, e sou imensamente grato pelas transformações miraculosas e despertares poderosos que vieram a mim no decorrer do processo de escrever e trabalhar com Leslie. O meu papel aqui foi, principalmente, o de ajudar na compilação deste livro a partir dos escritos de Leslie, das transcrições de suas palestras e dos resumos de nossas conversas sobre conceitos-chave ao longo dos anos.

Com amor e respeito, eu apresento essa parte do trabalho de vida da Leslie – uma versão moderna de verdades espirituais e metafísicas antigas – para as pessoas que têm realmente fome de nutrição, contentamento e despertar espiritual no mundo moderno, tecnológico e movimentado. Que cada leitor receba tanto deste livro quanto eu recebi.

– Brad Laughlin
15 de janeiro de 2000, Santa Fé – Novo México

COMO UTILIZAR O LIVRO

O Casamento do Espírito é dividido em duas partes. A primeira parte apresenta os princípios espirituais e metafísicos, e detalha uma compreensão progressiva da natureza da consciência humana e do despertar espiritual. No final de cada capítulo são incluídas sugestões para a transformação da teoria em prática. A segunda parte apresenta técnicas e é dedicada a exercícios concretos para os leitores. No final de cada capítulo, estão incluídas: 1) sugestões de como maximizar os resultados dos exercícios; 2) testemunhos inspirados de pessoas que aplicaram *O Casamento do Espírito* em suas vidas diárias. Se precisar de auxílio enquanto estiver lendo o livro, talvez você deva ler algumas dessas histórias extraordinárias no final dos capítulos da Parte Dois, que lhe darão uma ideia do tipo de mudanças que você pode vir a experimentar como resultado da utilização deste livro.

Assim como com qualquer outro processo de empenho, o aprendizado é diferente para cada pessoa. Sinta-se à vontade para mergulhar nos exercícios da Parte Dois quando sentir que está pronto, ou mesmo quando achar que serão de ajuda na compreensão dos conceitos esotéricos apresentados na primeira parte. Não há maneira correta ou incorreta de abordar este material. O importante é assumir um compromisso de determinação, paciência e vontade de mudança. O resto virá por si só.

Por todo o livro, é uma boa ideia ler e digerir cada capítulo vagarosamente antes de seguir adiante. Cada capítulo contém informação esotérica concentrada, portanto é preferível não correr. Dedicando o seu tempo a este livro, você aprofundará o seu autoconhecimento. É claro que o tempo é bem subjetivo. Algumas pessoas podem fazer o trabalho de dois meses em uma semana; então, tudo depende de você.

Na Parte Dois torna-se especialmente importante ter uma boa base da primeira técnica, "processamento de polaridades", que é apresentada no primeiro item do Capítulo 9 (Polaridades), antes de seguir para os métodos intermediários nos capítulos 10 (Triângulos) e 11 (Quadrados). Por meio da espera e do dar a si mesmo tempo para realmente digerir e praticar a técnica de processamento de polaridades, você terá tempo de ver seus próprios padrões de personalidade emergindo e de ver a si mesmo repetindo seus padrões com frequência regular. Isto é de extrema valia. Mesmo que seja de alguma forma doloroso descobrir algumas das limitações do ego, você está no caminho para a transformação. Você pode obter grandes transformações apenas pelo uso da técnica de processamento de polaridades.

Eu incluí uma lista de referências bibliográficas no final do livro para aqueles que desejem aprofundar mais sua pesquisa e entendimento dos antigos princípios espirituais aqui apresentados. Em última análise, os princípios espirituais devem ser vivenciados e não podem ser completamente compreendidos com a mente. Além disso, tal como as leis físicas do universo – como, por exemplo, a da gravidade –, as leis e princípios espirituais funcionam e afetam nossas vidas, possamos ou não prová-los com pesquisas e fatos, e acreditemos neles ou não.

O Casamento do Espírito não tem a pretensão de substituir outras maneiras de evolução no caminho da transformação e da autodescoberta. É, em vez disso, um conjunto de técnicas associadas a outras disciplinas espirituais. Para o despertar, a prática de outras disciplinas, como a meditação ou outras formas de trabalho de purificação, se faz essencial.

Enquanto estiver lendo você poderá encontrar muitas palavras com as quais não está familiarizado. Há um glossário no final do livro que inclui definições de termos esotéricos, incluindo todas as palavras e termos sânscritos.

Finalmente, enquanto você trabalha neste programa, tente observar as mudanças verdadeiras ocorrendo em seu interior, em sua vida e na forma pela qual você vê a realidade. Padrões de personalidade que se repetem vez após vez começam a mudar. A compreensão dos princípios ajuda a criar um novo complexo mental para você em curto prazo, dando-lhe uma profundidade de visão sobre a estrutura do comportamento humano. A transformação acontecerá não só enquanto você estiver lendo o livro e fazendo os exercícios, mas você também terá um conjunto duradouro de ferramentas para levar consigo pelo resto da viagem.

PARTE UM

O CASAMENTO DO ESPÍRITO PRINCÍPIOS

Guia-me do irreal para o real,
Guia-me da escuridão para a luz,
Guia-me da morte para a imortalidade.

– Os *Upanishads*

Quando, através da inundação de suas lágrimas, o interior e o exterior se fundirem em um, você encontrará aquele que você procurava com tanta angústia, mais perto que o mais perto, o próprio sopro da vida, o núcleo de cada coração.

— Sri Anandamayi Ma

UM

A HISTÓRIA DE UMA MÍSTICA RELUTANTE

Em 1971 tive uma experiência de tanto significado que entendê-la tornou-se o trabalho de minha vida. Durante o período de uma semana, naquele ano, fui inundada por uma transmissão de *insight* e de acesso a domínios superiores de conhecimento. No decorrer do processo, recebi o dom do despertar espiritual e da clariaudiência, que não tive jeito de integrar ou compreender quando a experiência terminou. Hesitante a princípio, temendo o que as pessoas pudessem pensar e encarando a possível alienação de minha família devido à voz que comecei a ouvir em minha cabeça, finalmente tomei a única decisão que podia ter tomado. Decidi devotar minha vida à interpretação dessa voz e ao uso do conhecimento que ela compartilhara para ajudar as pessoas em sua própria iluminação.

Eu o convido a considerar a minha história como referência para validar os ensinamentos nos capítulos subsequentes deste livro, mas não como uma indicação do que você possa ou deva vir a vivenciar como resultado da leitura ou do uso das técnicas de *O Casamento do Espírito*. Minha jornada foi um produto dos tempos e circunstâncias que vivi. As maiores chances são de que a sua viagem pelo caminho da iluminação não seja igual à minha; e isto é como deve ser.

UMA EXPERIÊNCIA MÍSTICA DE RUPTURA

Eu fui criada na África do Sul – um país devastado pela segregação racial. Após ter me formado na Universidade de Witwatersrand, em Joanesburgo, com grau de bacharel em Belas Artes, assumi uma carreira como pintora. A pintura era minha paixão e era algo que sempre tinha vindo a mim com facilidade. Desde a infância, a arte havia servido como veículo de expressão do inexprimível. Mesmo quando criança experimentei estados, visões e percepções alteradas que tinham como único escape aceitável a expressão de minhas mãos sobre a tela.

Foi apenas mais adiante, por meio de percepção tardia, que vim a compreender conscientemente como cada visão e pintura subsequente eram um presente dado a mim pelo meu inconsciente, uma experiência de aprendizado que me ajudaria a me preparar para a vida como mística. Estados alterados frequentemente aconteciam enquanto eu estava pintando, ou mesmo quando estava contemplando pinturas. O entrelaçar-se da arte e do misticismo promoveu em meu interior um desejo crescente de encontrar maior compreensão da natureza da consciência em si.

Enquanto pintava em meu estúdio de arte numa manhã de 1971, entrei em um estado alterado. Pareceu ter sido estimulado como resposta externa a uma discussão com amigos em um jantar na noite anterior. Tínhamos acabado de comer e estávamos envolvidos em uma discussão espinhosa sobre arte e ciência. Os dois homens à mesa, um deles meu marido, consideravam-se cientistas; a minha amiga e eu éramos artistas. Na época, parecia uma discussão estúpida sobre os méritos da arte *versus* a ciência, mas ainda assim havia tocado algo muito profundo em meu interior. Eu possuía clareza incomum naquela noite, e podia ver que não havia diferença intrínseca entre as duas. Elas advinham da mesma fonte, expressavam a mesma essência. No cerne, elas eram a mesma coisa.

Ver dois meios aparentemente opostos de percepção do universo – um baseado em intuição e outro baseado na lógica empírica – como uma mesma coisa, era uma ideia extremamente radical para nós naquela época. Ainda assim a verdade disso estava clara como um cristal para mim naquele momento. Foi a minha absoluta certeza a respeito dessa *igualdade* que me fascinou tanto na época. Entretanto, não importava o quanto tentasse, eu não conseguia explicar aos outros o que estava vendo. De súbito tornei-me dolorosamente consciente de que todos nós, por meio da discussão da supremacia da arte ou da ciência, estávamos não apenas perdendo o cerne da questão, mas também estávamos envolvidos em várias lutas polarizadas. Masculino-feminino, certo-errado, real-imaginário. Por algum motivo, naquela noite, aquele dualismo era mais do que eu podia suportar. Fiquei muito agitada e depois bastante desconsolada.

Na manhã seguinte, em meu estúdio, após ter passado a maior parte da noite acordada atracando-me com o que havia *visto*, meu estado mental subitamente mudou. Minha mente abriu-se, tornando-se cristalina e vasta. O tempo parecia haver parado. Compreensões a respeito da discussão da noite anterior inundaram minha consciência. Dei-me conta claramente de que meus conhecimentos da noite anterior eram a verdade. Essa percepção da verdade era tão profunda que fez com que meu coração acelerasse, e vivenciei emoções que nunca havia sentido. Eu estava no que agora sei ser um estado de consciência de unidade, um estado para o qual não tinha qualquer ponto de referência na época.

Naquela manhã, enquanto os *insights* continuavam se derramando através de minha consciência, eu sabia que precisava escrever. Via as resoluções de todas as minhas frustrações da noite anterior, obtinha uma compreensão muito clara delas, o que me permitia verbalizá-las em meu diário. À medida que as páginas iam se acumulando, a unidade inata que se esconde por trás de todas as dualidades que conhecemos neste mundo tornava-se cada vez mais clara. Isso deu início em minha mente às compreensões dos conceitos fundamentais por trás dos ensinamentos de *O Casamento do Espírito*. Eu sempre havia sentido uma presença mística em minha vida, mesmo quando criança, particularmente associada à minha pintura, mas essa transmissão intensa e direta de informação sobre a unidade era algo novo e tomou a minha atenção por completo. Eu estava sendo compelida a estar completamente presente na experiência.

Durante uma semana de acesso a esse estado de consciência elevada, escrevi por volta de trinta páginas e criei duas pinturas. Uma delas era a de um anjo alado, pintado como se estivesse acima de mim. A outra era a de uma mãe segurando uma criança. Ambas eram temas que eu nunca antes havia abordado. As duas pinturas emergiram sem qualquer esforço, quase como se outra pessoa estivesse usando meu corpo para pintá-las. Eu sei agora que as pinturas foram outro presente do meu eu superior, mensagens do estado de unidade. As pinturas teriam papel significativo em um drama posterior.

Cada manhã, durante essa semana em particular, eu acordava percebendo que o estado alterado ainda estava presente, e quando finalmente se abrandou, fiquei tomada de pesar pela perda. Entretanto, ainda me restava o legado da experiência. Eu não apenas tinha trinta e poucas páginas de escrita e as duas pinturas, mas essa experiência de abertura trouxe-me um guia interior claro e intermitente – guia que permaneceu em minha experiência do dia a dia.

Três difíceis semanas se passaram enquanto eu tentava ver sentido no que havia acontecido nesse evento extraordinário. Eu vacilava entre exaltação e depressão, considerando por vezes se não estava ficando maluca, imaginando por que tudo isso estava acontecendo comigo. Então descobri que estava grávida de minha primeira filha. Tomada pela excitação desse fato, coloquei as páginas preciosas no armário, empurrei os eventos que elas gravavam para o fundo de minha mente e, temporariamente, esqueci-me por completo de minha experiência. Na época, não havia espaço para elas em minha vida e não havia tempo para concebê-las. Um mês mais tarde, fui tomada pela curiosidade e tentei reler meus apontamentos. Para meu desânimo, os escritos eram todos ininteligíveis. Os conceitos, óbvios para mim na época, agora nada me diziam. Devido à perda do estado de unidade, eu não tinha um contexto no qual encaixá-los. Poderiam muito bem ter sido escritos em grego. O mundo parou por um momento, e então começou a girar enquanto meu sentido de realidade distorceu-se. Meus pensamentos correram fora de controle enquanto me sentia presa na crença de que eu havia passado uma semana escrevendo besteiras. Agora minha mente se entregara ao medo de que talvez eu estivesse ficando louca. Tornando-me cada vez mais desconcertada e paranoide – e para meu arrependimento mais tarde –, joguei fora toda a dissertação.

TORNANDO-ME UMA "MÍSTICA DE ARMÁRIO"

Muito da paranoia e do medo que me fizeram destruir os escritos que descreviam a experiência mística estavam relacionados a um senso de apreensão sobre como meu marido conservador reagiria. A princípio, apesar de estar relativamente confortável com a ideia de receber um guia interno, havia épocas em que questionava minha própria sanidade. Em 1972, logo após o nascimento de minha filha, quando finalmente contei a meu marido sobre as experiências místicas que agora eram comuns em meu dia a dia, sua reação reforçou meus mais profundos medos. Ele havia recentemente feito uma eletiva médica em um hospital para doentes mentais, e me garantiu que as únicas pessoas que ouviam vozes em suas cabeças eram as mentalmente doentes.

Nenhum de nós havia ouvido falar de canalização ou de outras formas de comunicação divina naqueles dias, e quando vi o olhar de apreensão em seu rosto, pensei que ele me internaria em uma instituição para doentes mentais, se eu persistisse. Devido ao medo, nunca mais mencionei minha experiência a ele ou a qualquer pessoa em nosso círculo de conhecidos. Por um longo tempo, eu vivia um tipo de vida dupla – uma em minha cabeça e outra em meu corpo. Meu corpo continuava vivendo a vida de uma esposa de médico, dirigindo no trânsito, frequentando eventos sociais e cuidando das crianças. Eventualmente o desconforto de negar meu eu interior cresceu tanto e minha confiança no fato de que eu não estava louca era tão forte, que finalmente decidi sair do armário. Esse processo foi gradual e doloroso e marcou também uma época de muitas mudanças exteriores em minha vida.

UM PAÍS MERGULHADO EM POLARIDADES

Tornei-me adulta sob o regime opressivo do *apartheid* – em uma época em que sua ideologia de separação entre negros e brancos havia atingido um ponto crítico e quando estava claro para a maioria das pessoas que algo monumental estava para acontecer em breve. Censura sufocante e regras rígidas sobre como as pessoas – negros e brancos – deveriam viver suas vidas haviam por um longo tempo sido parte integral da consciência coletiva da nação. No verão de 1975, quando acordei de um sonho e disse a meu marido que tínhamos de sair do país, ambos percebemos instintivamente que uma época de grande transição e convulsão social estava para começar.

Eu não posso imaginar um exemplo mais perfeito de extrema polarização dentro do qual deva nascer um místico. Meus sentimentos depressivos e de desamparo de toda uma vida em torno das injustiças do sistema *apartheid* em meu país – sentimentos compartilhados por muitos de meus compatriotas – deveriam ser substituídos por esperança, compaixão e amor se algum dia as coisas fossem mudar. Mas como? O "como" veio a mim diretamente por meio da intervenção divina, e de uma maneira que desafiava frontalmente a minha crença de que uma pessoa não faz a menor diferença. A voz que havia vindo até mim em 1971 me guiava a manter a intenção, a esperança e a crença na possibilidade de paz na África do Sul. Eu compreendi que outros estavam sendo instigados a fazer o mesmo e que as intenções individuais e unificadas de apenas um pequeno grupo de indivíduos seriam o bastante para trazer mudanças significativas. Mais tarde acabei entendendo que em um ponto de massa crítica, quando um certo número de indivíduos mantém a mesma intenção, a mudança se manifesta na totalidade da consciência humana. Isso foi o que eu finalmente vi acontecer na África do Sul, à medida que o fim da segregação abriu espaço para um novo regime.

Duas semanas após o meu sonho profético, meu marido recebeu um convite para uma bolsa de estudos de pesquisa na Escola de Medicina da Universidade da Califórnia, em Los Angeles (UCLA). Uma semana após ter aceitado a posição, tumultos estouraram em Soweto, onde meu marido completava sua residência. Foi o começo da revolução. Muitos dos primeiros tumultos foram protagonizados por crianças de idade entre 8 a 18 anos, fato a princípio ocultado pela imprensa. A polícia abriu fogo contra alguns dos grupos, e muitas dessas crianças foram mortas ou gravemente feridas. Foi uma época brutal e amedrontadora para todo o povo da África do Sul. Eu teria me sentido extremamente culpada por ter saído, não fosse pelas vozes de meus guias. Eles insistiam para que eu viesse para os Estados Unidos buscar meu crescimento espiritual, para que minhas preces pela paz na África do Sul pudessem juntar-se a muitas outras, daquele país e em todo o mundo, que também rezavam pelo fim da segregação. Seriam aquelas vozes individuais unidas que finalmente ajudariam a mudar o equilíbrio de energia, a carga magnética da experiência, em favor da dissolução do velho regime. Por meio dessa experiência comecei a ver que se as pessoas acordassem para sua natureza verdadeira, divina, interior, a totalidade da consciência humana poderia passar pelo tipo de evolução de consciência que parece ser o que é necessário para nós sobrevivermos neste planeta como uma espécie. Desde aquela época, a intenção por trás de meus ensinamentos das técnicas de *O Casamento do Espírito* tem sido ajudar a elevar a consciência.

SAINDO DO ARMÁRIO

Após o nascimento de minha filha, em 1972, fui tomada por profunda inquietação. Eu sabia que estava procurando algo, mas não sabia o que era e onde encontrá-lo. A clareza da experiência de unidade de 1971 se fora. Sabia que o que estava procurando era relacionado com a chegada dela e, de certa forma, ligado ao que deveria dar a ela. Com a força desse pequeno conhecimento, tornei-me disponível para uma mudança interior e nasceu em mim a buscadora espiritual. Seguiu-se, três anos mais tarde, o nascimento de meu filho. Sua concepção aconteceu numa época em que eu estava justamente sendo iniciada na meditação formal, e dessa vez meu esperado bebê anunciou sua chegada sob a forma de um sonho. Percebi que estava acontecendo uma tremenda sensibilização de minha consciência e de minha visão, enquanto observava esse sonho. Eu estava começando a me sintonizar com um nível mais sutil. Daí perceber o significado transmitido no sonho com meu filho ainda não nascido – uma percepção que teria sido sutil demais para minha consciência registrar no passado.

Meu casamento não sobreviveu ao processo – um processo cada vez mais pontuado por períodos de intensa meditação, estudo e trabalho interior. Meu marido e eu nos afastamos cada vez mais um do outro. Após a experiência de unidade em 1971 e durante o processo de separação e divórcio, vi-me atraída pelos escritos de autores que se encontravam no limiar de uma nova psicologia espiritual. Trabalhos como os de Carl Jung, Roberto Assagioli (*Psicossíntese*), Arthur Janov (*O Grito Primal*), Fritz Perls (*Escarafunchando Fritz: dentro e fora da lata de lixo*) e Eric Fromm (*A Arte de Amar*) faziam eco com os ensinamentos interiores que eu experienciava na época. Eles ajudaram-me a manter os pés no chão no que se refere ao pensamento e à prática, assim como me motivaram a continuar meu próprio crescimento espiritual.

No começo dos anos 1980 fui guiada para trabalhar com dois professores de transformação por um período de aproximadamente quatro anos. Meus filhos foram viver com o pai e em 1986, após ter-me tornado cada vez mais consciente de que estava elevando minha capacidade de conexão espiritual, entrei em um período que foi, em sua concepção e forma, bem próximo das experiências descritas em cavernas no Himalaia. Muitas pessoas estão familiarizadas com esse conceito de iogues indianos e tibetanos – como é o caso do grande santo asceta tibetano Milarepa –, que fala da retirada para cavernas distantes com o objetivo de viver vidas reclusas de meditação e austeridade em busca de iluminação. A minha experiência de caverna se deu em uma das mais populosas áreas do oeste de Los Angeles. Frequentemente me perguntei por que fui guiada para me retirar em um lugar tão estranho, e finalmente decidi que, se não por outra razão qualquer, meus guias tinham um ótimo senso de humor. Isso deve ter acontecido, provavelmente, porque eu tinha conceitos rígidos sobre cidades grandes. Acreditava que uma área grande e densamente populosa seria o último lugar em que eu, ou qualquer outra pessoa, pudesse despertar.

Por um período de dois anos em um pequeno apartamento perto da confluência de duas grandes estradas, no lado oeste de Los Angeles, comecei uma prática espiritual extensiva e solitária de completa reclusão e profunda meditação. Por dois anos eu trabalhei em um desdobrar, passo a passo, de despertar para o mesmo estado que eu havia atingido tão brevemente em 1971. Ele moveu minha consciência da memória de um estado alterado temporário, obtido no início de minha busca, ao estado natural solidamente firmado no qual eu agora vivo permanentemente.

Também durante o tempo de reclusão de 1986 a 1988 pude ver um dos pedaços intrigantes e surpreendentes do desdobramento de meu próprio destino. Dei-me conta de que a experiência de 1971 também havia sido uma conexão com a alma de minha filha, ainda não nascida na época. As pinturas do anjo e da mãe com a criança que haviam emergido durante aquela semana estavam me avisando de sua chegada iminente em minha vida e, mais importante, de que o estado em que eu me encontrava era a sua mensagem para mim. Surpreendente como possa ser, havíamos feito um acordo para nos despertar mutuamente. Eu vi e compreendi claramente que ela era o ser angélico que, na época, estava me ajudando a me lembrar do estado de consciência de unidade.

Essa noção de ajuda divina é comum em ensinamentos místicos, especialmente entre os tibetanos. O acordo entre eu e minha filha era esse: quando eu estivesse presa no esquecimento desta vida e ela estivesse fora do corpo, ela deveria me lembrar de quem eu realmente era — de uma maneira mais abrangente e essencial do que eu tinha consciência até então. E quando ela tivesse se manifestado, e estivesse presa nas limitações do mundo e do corpo e houvesse se esquecido de suas origens, eu estaria livre o bastante para mostrar-lhe o caminho e ajudá-la a despertar. Ela nasceu em fevereiro de 1972, exatamente nove meses após meus sete dias de consciência unificada.

PONDO TUDO EM ORDEM

Todos nós temos experiências místicas memoráveis, estejamos ou não totalmente conscientes delas ou escolhamos ou não admiti-las. Infelizmente nossos estados alterados caem no esquecimento com frequência e rapidez ou são deixados de lado quando ameaçam nosso senso de realidade existente (e o fazem quando não temos maneira de integrá-los em nossa consciência naquele momento). Entretanto, no meu caso, não pude escapar da minha experiência com facilidade porque eu a havia escrito, tornando-a real e concreta, apesar de aquelas folhas não mais existirem. Eu havia tentado me livrar da experiência jogando as páginas fora, mas ainda as podia ver claramente em minha mente. Elas haviam sido gravadas em minha consciência. Por vontade do destino, a premissa básica de unificação de opostos e a volta à unidade nunca mais saíram de minha mente consciente.

Desde então vim a saber que todos os seres humanos são inerentemente capazes de acessar estados muitíssimo diferenciados de consciência. Isso faz parte de nossa capacidade para consciência multidimensional. Entretanto, geralmente não é possível para alguém, em um específico paradigma de consciência, ter o mais remoto entendimento de outro paradigma ao mesmo tempo. É possível entrar e sair de modos diferentes de percepção da noite para o dia, mas é muito mais difícil compará-los – algo que necessitaria uma integração física, mental e emocional de elementos frequentemente paradoxais. Na maioria das vezes, compreendemos certos estados de consciência apenas quando estamos imersos neles, mas não os compreendemos quando estamos fora deles. Esse é um conceito metafísico razoavelmente básico que ajuda a explicar o porquê de minhas trinta páginas de escrita subitamente pareceram indecifráveis para mim, quando voltei à realidade deste mundo.

Apesar de, como artista, fazer uso de imagens que vieram a mim durante estados de sonhos, eu não tinha qualquer entendimento formal de metafísica enquanto disciplina. O que antes sempre esteve presente para mim, no entanto, era um sentimento de conexão com a natureza e um sentido mais poético de meu ser interior. Ainda bem cedo eu já me identificava com maneiras de compreensão que estavam fora do senso da realidade e do condicionamento dados a mim por minha família. Essa foi uma das razões pelas quais minha vida como mística foi tão facilmente assimilada por meu ser consciente. Outro motivo pelo qual a vida de mística estava de acordo comigo era relacionado com o fato de que eu estivera presa em um relacionamento de domínio e submissão com meu pai. Ainda que estar submissa à vontade dos outros tenha sido um comportamento que tive de desaprender e processar bastante por toda a minha vida adulta, a princípio me permitiu entregar-me completamente às vozes e aos mestres que encontrei. As suas transmissões requeriam compromisso total e absorção impessoal de minha parte – algo que teria sido difícil de conseguir para uma pessoa de vontade mais firme; e assim é frequentemente com certos aspectos de nossas personalidades e eventos específicos em nossas vidas – eles estão lá por motivos que raramente entendemos na época. No verdadeiro espírito de polaridade, o que parece estar tomado por energias negativas em um momento mostra-se gerando um impacto positivo no próximo, e vice-versa.

Sabendo agora que há uma perfeição inerente a todos os eventos de nossas vidas, dou-me conta de que foi adequado eu ter jogado fora todos os escritos. Apesar de me arrepender por não tê-los guardado, não senti que a informação tivesse sido perdida. Pedaços-chave de informação prenderam-se a mim, incluindo a última sentença da composição sobre a *unidade de todas as coisas*. Eu também tinha a recordação vívida do tema central dos escritos – de que um processo de juntar ou unificar todos os opostos polares, inerentes a essa vida dualística, traz-nos para dentro da vasta unidade, que é a verdadeira origem e constituição da vida. Foi a memória dessa unidade, vivenciada diretamente durante uma semana e que agora conheço como o estado unificado, que se tornou a motivação para a compreensão do estado alterado que eu havia experimentado.

Encontrar a unidade de consciência fundamental por detrás de todas as dualidades da vida é iluminação – nosso estado *real* de consciência. É esse o tema deste livro. Todos nós podemos vivenciar esse estado de iluminação por meio da integração das cisões dualísticas ou polarizadas em nossa personalidade. Em outras palavras, o que meu inconsciente estava me mostrando naquela semana era:

Se integrarmos as cisões dualísticas e polarizadas em nossa personalidade, poderemos conhecer direta e palpavelmente a unidade que realmente somos além da personalidade limitada.

Esses ensinamentos, ministrados no decorrer do tempo, tornaram-se os métodos primários de integração que utilizei em mim mesma e que me levaram à experiência, sempre crescente, da unidade de todas as coisas. Essa unidade é nossa natureza eterna verdadeira. E o desejo de conhecê-la é a fonte do anseio no interior de cada ser humano.

A consciência unificada possibilita-nos trazer os eventos ao círculo completo de nossas vidas. Ansiamos por completude em nossas vidas, pelo fechamento de eventos e pensamentos, na esperança de que eles revelem algum aspecto da verdade a respeito da estrutura da realidade e de nossa posição nela. A cultura ocidental especialmente, com sua pesada confiança na progressão linear e lógica, encontra pouco conforto em uma progressão aparentemente linear de uma vida em direção à morte e adentrando um vazio eterno sem sentido. Nós nos vemos vivendo dentro dos limites confinados do tempo-espaço e frequentemente pensamos na vida como uma forma de sofrimento, devido à percepção de sua natureza como uma progressão aleatória em direção a um final desconhecido. Contrastando com esse ponto de vista, ver círculos maiores de significado em funcionamento dentro da estrutura da vida humana nos permite trazer fechamento e significado espiritual à viagem. Cavar em nossas mentes subconscientes, atando os fios soltos de lições e significados esquecidos e liberando padrões destrutivos de comportamento, são práticas que estão no coração dos ensinamentos de *O Casamento do Espírito*.

SUGESTÕES PARA TRANSFORMAR A TEORIA EM PRÁTICA

1. Arrume um diário e mantenha-o especificamente para registro de todas as suas experiências místicas e espirituais. Concretizando esses presentes preciosos por meio da escrita, você os traz desde o reino das ideias e ausência de forma para o reino da forma. Você não apenas os torna mais claros para si mesmo como também os torna mais plenos e expandidos. Começa a ver muito mais da experiência e a absorver níveis mais profundos do dom que o Espírito está lhe oferecendo. O diário ajuda a preservar esses presentes, em vez de permitir que eles sejam cobertos pelas areias do tempo e perdidos nas brumas da memória.

2. Tente lembrar-se de experiências místicas e espirituais passadas, mesmo da infância. Recapitule as experiências e escreva sobre elas com o máximo de detalhes possível no início de seu diário. Tenha a certeza de que sejam datadas, mesmo que aproximadamente. Datá-las ajuda mais tarde na compreensão dos ciclos maiores de mudanças. A história tem uma maneira de se repetir, e mudanças de percepções que aconteceram há anos serão revisitadas no futuro. A vida é uma espiral; nós voltamos para onde estávamos, mas em um nível mais alto de vibração.

Porque a clareza e a iluminação encontram-se dentro de sua própria natureza, elas são retomadas sem nenhum esforço.

– Lao Tsu

DOIS

A ALQUIMIA DE
O CASAMENTO DO ESPÍRITO

*E*ste capítulo é, essencialmente, um resumo dos princípios básicos de *O Casamento do Espírito*, visando dar aos leitores um contexto para a compreensão de alguns dos conceitos esotéricos que estão desenvolvidos em toda a primeira parte. Aqui nós veremos o princípio de unificação dos opostos e seu contexto histórico; as raízes de *O Casamento do Espírito*; a natureza da iluminação; o potencial para o novo paradigma de despertar espiritual; e os benefícios práticos do que denominamos "processamento", que é como aplicamos os princípios em nosso dia a dia. Além disso, aprenderemos a convidar a graça para nossas vidas.

UNIFICAÇÃO DE OPOSTOS

O Casamento do Espírito é o nome que dei a um seminário que ministrei diversas vezes a partir de 1988. Refere-se a um conjunto de princípios e de técnicas que possuem raízes nos antigos ensinamentos da *reconciliação* e *unificação de opostos*. Os ensinamentos são baseados em informação que, inicialmente, foi-me passada durante um período de várias décadas por mestres incorpóreos. Por meio da leitura de antigas escrituras e de livros de psicologia moderna, estudando com dois professores no início dos anos 1980 e por meio de minhas próprias experiências, acabei por validar a verdade desses princípios antigos.

O Casamento do Espírito é um curso de ajuda para o seu despertar espiritual. Os ensinamentos são uma forma de recriar equilíbrio e harmonia em meio à consciência comum do dia a dia. Eles são uma forma muito simples de endereçamento e limpeza de padrões egoicos condicionados. As técnicas têm o potencial de criar um alívio imediato dos problemas que surgem em nossas vidas a partir de situações emaranhadas, limitadas e inconscientes em nossos padrões. Reservando algum tempo para limpar esses padrões emocionais-mentais, criamos a possibilidade de vivenciar nossa essência espiritual mais diretamente. No passado, quando comecei a usar as técnicas comigo mesma, fiquei surpresa com seu poder de criar mudança imediata e permanente. Eu as venho utilizando há anos e ainda as uso, e continuo maravilhando-me com sua eficácia.

As três técnicas apresentadas na segunda parte são novas e originais, emergindo aqui em uma forma diferente daquela na qual os princípios foram utilizados em épocas antigas. Elas emergem em uma forma projetada especialmente para o mundo ocidental, mais mentalmente orientado, e são sobretudo, apesar de não totalmente, técnicas mentais fáceis de fazer. A ideia é que, como os ocidentais são tão desenvolvidos mentalmente, se use a mente para ajudar a equilibrar e a purificar a própria mente. Sri Ramakrishna, um santo indiano que viveu no século 19, referiu-se a esse princípio quando disse que se você tem um espinho em seu pé, você pega outro espinho para remover o primeiro, e aí joga os dois fora. Com as técnicas simples da unificação de opostos, podemos desfazer os nós da mente e deixá-los ir completamente, permitindo que entre a luz clara da realidade.

O princípio primário é este – através da unificação dos opostos presentes em nossa consciência, retornaremos ao nosso estado original de unidade.

A consciência neste mundo é polarizada em pares opostos. Vemos opostos à nossa volta e mantemos estados de mente que são opostos polarizados. Alguns exemplos dos mais óbvios pares de opostos que a maioria das pessoas mantém são bem-mal, certo-errado, dor-prazer, ganhar-perder. Existem muitos mais, como você verá nos capítulos subsequentes. É possível encontrar a unidade inerente por trás de todos os pares de opostos em nosso interior. Encontrar a unidade é um despertar para um estado de consciência mais expandido e para a nossa essência espiritual. E esse, com suas muitas ramificações para a nossa consciência, é o significado das técnicas.

A ORIGEM DA UNIFICAÇÃO DE OPOSTOS

A origem histórica desse princípio está evidente de várias formas em grande número de diferentes religiões e tradições – apesar de ser mais clara em umas do que em outras. Vamos ver algumas.

Na antiga tradição taoista chinesa, o princípio de opostos é muito claramente revelado no diagrama yin-yang (Figura 2.1). Nesse símbolo maravilhosamente explícito, os lados preto e branco se enroscam um em torno do outro em perfeito equilíbrio, passando a sensação de opostos pertencentes a um todo unificado, contidos dentro do círculo da eternidade. Como disse Carl Jung: "Quando yang chega à sua força máxima, o poder obscuro de yin nasce em suas profundezas. Pois a noite começa ao meio-dia, quando yang se desfaz e começa a mudar para yin" (*Collected Works*, v.13, parágrafo 13).

Figura 2.1 *O yin-yang taoista.*

No *Tantra*, que significa equilíbrio de opostos, o ideal de unidade é simbolicamente expresso através da união de *Shiva* e *Shakti*, ser e manifestação, masculino e feminino. Na prática tradicional de ioga tântrica, a unificação dos opostos é geralmente vivenciada em uma forma física. A Figura 2.2 simboliza a maneira pela qual as separações que existem dentro do reino físico são capazes de se reunificar em gesto e ação.

No *Bhagavad Gita*, a escritura principal do hinduísmo, Krishna fala a Arjuna sobre a unificação de opostos. Ele diz: "Você deve estar livre dos pares de opostos. Posicione sua mente na tranquilidade".

Figura 2.2 *A unidade masculino--feminino é um símbolo tântrico da unificação de opostos.*

No Budismo, um dos principais princípios é aquele do *Caminho do Meio*. O Buda defendia que caminhar entre os extremos dos pares de opostos era o caminho para a iluminação, ou *Nirvana*.

Um exemplo da literatura cristã está no texto gnóstico *O Evangelho de Tomé*, descoberto em 1945 em Nag Hamadi, Egito, que se acredita ter sido produzido por volta de 140 d.C.: "Jesus disse a eles: quando vocês fizerem dos dois um, e quando vocês fizerem do interior o exterior, e do exterior o interior, e do acima como o abaixo, e quando vocês fizerem do macho e da fêmea um único, de modo que o macho não seja macho e a fêmea não seja fêmea, então vocês adentrarão [o Reino]".

Apesar de os ensinamentos da *Bíblia* cristã não enfatizarem o princípio da unificação dos opostos, existem muitas referências a ele. Uma das referências mais explícitas está em Isaías (11,6-10), que implica em que o conhecer a Deus vem quando os opostos são unificados: "O lobo também morará com a ovelha, e o leopardo deitar-se-á com a jovem cabra; e o bezerro e o jovem leão estarão juntos; e uma criança pequena os guiará. A vaca e o urso pastarão; seus pequenos deitar--se-ão juntos; e o leão comerá palha como o boi; o bebê brincará perto do ninho de cobra, e a criança desmamada porá sua mão na toca da víbora... Pois a Terra será plena com o conhecimento do Senhor, assim como as águas cobrem o mar".

De fato, apesar de as três principais religiões monoteístas – cristianismo, judaísmo e islamismo – não enfatizarem a reconciliação dos opostos, sua crença em um só Deus é por si só um reconhecimento de Deus como o estado absoluto de unidade.

O ensinamento da unificação de opostos é claro também no misticismo islâmico, ou sufismo, e no misticismo judaico, ou cabala. Um mestre sufista, Hazrat Inayat Khan, é citado em *Sufismo Universal*: "Purificação mental significa que as impressões tais como bom e mau, certo e errado, ganho e perda, prazer e dor, estes opostos que bloqueiam a mente, devem ser esclarecidos vendo os opostos destas coisas. Então se pode ver o inimigo no amigo, e o amigo no inimigo. Quando pudermos reconhecer o veneno no néctar e o néctar no veneno, será o tempo em que a morte e a vida tornam-se um também. Os opostos não mais permanecerão como tal".

Como Daniel C. Matt declara em *O Essencial da Cabala*, em sua discussão sobre a absoluta não diferenciação: "Nos mais profundos níveis de divindade, todos os opostos e distinções se desvanecem, sobrepujados pela unidade".

No contexto da psicologia moderna, Carl Jung escreveu extensamente sobre a unificação dos opostos. Por exemplo: "Nada pode existir sem o seu oposto; os dois eram um no início e o serão novamente no final" (*Collected Works*, v. 9, Parte 1, parágrafo 178). E também: "Portanto o sábio aperfeiçoado liberta-se dos opostos, tendo visto através de sua conexão um com o outro e sua alternância" (*Collected Works*, v. 6, parágrafo 363). E ainda: "O *Ramayana* diz, 'este mundo deve sofrer sob os pares de opostos para sempre'. Não permitir a si mesmo estar influenciado pelos pares de opostos, mas... elevar-se acima deles, é uma tarefa ética essencial, pois a libertação dos opostos leva à redenção" (*Collected Works*, v. 6, parágrafo 195).

Se você está ficando curioso sobre como funciona esse princípio esotérico em termos práticos, pode começar a ler a introdução da segunda parte e o Capítulo 9 (Polaridades – o primeiro capítulo da Parte Dois) a qualquer momento. Ele apresenta a primeira técnica dos ensinamentos de *O Casamento do Espírito* e oferece simples instruções para a aplicação da unificação dos opostos à sua vida cotidiana. Eu recomendo, no entanto, que volte à Parte Um, os princípios, para obter conhecimento de como funcionam as leis espirituais que apoiam as técnicas.

POR QUE O CASAMENTO DO ESPÍRITO?

Casamento é a mistura mística e sagrada de dois elementos diferentes e aparentemente opostos. Os princípios contidos neste livro nos ensinam a respeito da unidade do espírito inerente por detrás de tudo na vida. Tradicionalmente pensamos em casamento como uma junção externa de duas pessoas, um homem e uma mulher. De fato, durante a cerimônia de casamento, as energias dos dois parceiros são fundidas em uma só energia. Apesar de cada um dos indivíduos reter também sua singularidade, isso cria, no nível das duas pessoas individualizadas, uma nova energia unificada. Esse paradoxo de unidade *versus* singularidade é o grande mistério de nossa natureza espiritual. A fusão de opostos é a alquimia da transformação.

O termo *casamento* também é usado por respeito aos princípios deste livro, com o objetivo de passar a profundeza total de possibilidades disponíveis para a unificação de nossos próprios aspectos masculino e feminino interiores. No caminho para o despertar, é importante que façamos isso. Não é apenas uma integração, mas também uma fusão alquímica de todos os opostos que guardamos em nossas mentes. O focar na criação de unidade e igualdade entre masculino, feminino e todos os opostos em nosso interior, é uma parte essencial do trabalho de transformação.

Na iluminação, esse casamento também acontece. Nossa consciência permanece em unidade, mas ainda assim retemos nossa singularidade individual. Unidade não significa uniformidade; a mente desperta tem a habilidade de ver a unidade e ainda assim viver dentro da diversidade da vida. Esse paradigma é conhecido como unidade na diversidade. O princípio de que *o todo é maior que a soma de suas partes* é um profundo aspecto do mistério da vida espiritual. Ele implica que, enquanto reconciliamos todos os opostos em nossa consciência, algo novo, um terceiro elemento, a presença do pano de fundo da unidade, nasce em nosso interior, para além dos estados de dualidade que tínhamos quando começamos o trabalho. Esse é o nosso despertar para a presença da unidade. Paradoxalmente, a unidade está sempre presente conosco; apenas estamos distraídos demais, pela complexidade da vida, para vê-la. Quando revisitamos esse estado de unificação, retornamos ao todo enquanto vivemos aqui, neste mundo extraordinário.

O CASAMENTO DO ESPÍRITO EM CONTEXTO

As raízes de *O Casamento do Espírito* encontram-se na importante prática da investigação, no olhar para o interior a fim de compreendermos e conhecermos a nós mesmos. A autoinvestigação é uma das muitas ferramentas essenciais para a verdadeira transformação e iluminação.

O Casamento do Espírito é um método nascido da síntese de várias disciplinas, conhecidas por suas maneiras diferentes da prática de autoinvestigação, mas ainda assim mostra uma manifestação completamente diferente a partir de suas raízes. O método nasce de muitas maneiras de uma mistura de: 1) ioga tântrico, o ioga do equilíbrio dos opostos; 2) jnana ioga, o ioga da mente, ou tornando a mente una com Deus; e 3) psicologia moderna.

A conexão de *O Casamento do Espírito* com o ioga tântrico é que ambos utilizam o princípio da unificação dos opostos para criar equilíbrio, harmonia e unidade. Entretanto, diferente do ioga tântrico tradicional, que geralmente envolve a vivência física das polaridades para encontrar-se a unidade, *O Casamento do Espírito* é, principalmente, uma abordagem mental para equilibrar os opostos.

Os ensinamentos e técnicas de *O Casamento do Espírito* também se encontram estreitamente alinhados com jnana ioga, ou autoinvestigação. A semelhança com jnana ioga tem a ver com a descoberta de quem somos, na fonte, em vez de na superfície, e com a continuidade da investigação para dentro de nossa percepção, até que encontremos a unidade inerente na mente.

A semelhança com a psicologia moderna está na disposição para mergulharmos e vermos nossos próprios padrões inconscientes de personalidade e também em permitirmos que esses padrões se reorganizem. Como mencionado no prefácio, a distinção entre *O Casamento do Espírito* e a psicologia está no fato de que *O Casamento do Espírito* se fia não apenas no desembaraço dos nós da mente, mas também no dom da graça. Fazer o trabalho interior é importante, mas em algum ponto nós temos de entregar toda a lição ao poder misterioso de cura do Espírito para trazermos mudanças verdadeiras em nossas vidas. Por meio da graça, o Espírito fornece as mudanças que buscamos.

O Casamento do Espírito derruba as paredes de nossas próprias limitações internas fazendo do inconsciente consciente, trazendo a sombra até a luz e casando o espírito com a matéria. *O Casamento do Espírito* trata do tornar-se consciente do centro de iluminação que está dentro de cada um de nós.

O QUE É A ILUMINAÇÃO?

A iluminação tem sido conhecida por muitos nomes – *consciência cósmica, autorrealização, realização de Deus*, liberação ou despertar. Poderia ser descrita como um estado místico porque parece estar emanando do mistério do ser, além de nossa consciência cotidiana, e também porque é muito rara neste mundo. Ainda assim é uma maneira muito sã e enraizada de se estar no mundo.

Todos detêm um cerne interior de consciência iluminada, mas, em geral, a maioria das pessoas está inconsciente disso. Aqueles que atingiram consciência de sua iluminação são frequentemente postos em um pedestal, como se estivessem além da vida. É certamente um estado bem diferente de qualquer outro vivenciado pela maioria das pessoas. Ainda assim, ele está apenas aparentemente além deste mundo. De fato, aqueles que detêm essa maneira de percepção estão ligados a este mundo e mais dedicados à vida do que a maioria das pessoas. O que o estado realmente fornece a alguém é uma profundidade, uma penetração na alma de toda a humanidade. É por isso que indivíduos iluminados são, frequentemente, humanitários ou mestres. Eles encontraram uma perspectiva mais profunda na vida e estão familiarizados com seu significado mais profundo. O estado de iluminação é o futuro da humanidade. É o que nos tornaremos quando crescermos e evoluirmos para a totalidade de nossa consciência de alma e além.

O estado de iluminação é vivenciado como uma percepção da unidade da totalidade da vida que a tudo abarca. É a consciência de que somos todos um, interconectados em níveis mental, emocional, físico e espiritual, mantidos e contidos pela essência do ser. Uma pessoa iluminada percebe a essência coesiva como a fonte que dá luz à existência do universo como nós conhecemos. O estado de iluminação mostra-se como um estado de naturalidade e facilidade em muitos níveis. É um estado em que o turbilhão interior cessou, em que o conhecimento da verdade da existência está sempre presente. É um profundo importar-se e uma ausência de medo. É um conhecimento visceral de si mesmo como a encarnação da presença unificada. Em última análise, iluminação não pode ser descrita em palavras, apenas vivenciada.

A HORA É AGORA – UM NOVO PARADIGMA

As pessoas em busca de iluminação costumavam separar-se da vida mundana. Isto significava que havia seres extremamente iluminados vivendo, em grande parte, em isolamento da sociedade e frequentemente em mosteiros ou no topo de montanhas. Isso não é mais, necessariamente, o que o Espírito pede de nós.

Chegamos a uma época nova e diferente;
nascemos para iluminar o plano físico, o corpo e a personalidade,
enquanto vivendo e trabalhando no mundo.

Nesta época devemos abrir o plano físico e receber a consciência iluminada diretamente para dentro da personalidade e do corpo. Apesar de ter me refugiado do mundo durante minha pseudoexperiência de caverna em Los Angeles, entre 1986 e 1988, não foi a vivência de décadas de isolamento da experiência tradicional de caverna no Himalaia. Foi em uma cidade grande e por um período relativamente curto. Considero que foi um passo na direção de ligar o velho modo com o novo. Além disso, meus guias me disseram que o que me custou dez anos entre as décadas de 1970 e 1980, levaria dois anos para outros, no futuro.

Nós estamos sendo convidados a abrir e a purificar a personalidade, a trabalhá-la em direção a um estado mais livre, tramado visivelmente no tecido do mundo. Essa expressão de iluminação integrada com a vida mundana irá muito provavelmente catalisar mudanças no meio ambiente e em instituições como o governo, a educação, as estruturas sociais etc.

Neste momento estamos presenciando um despertar espiritual sem precedentes em muitas almas, já que muitas estão agora focadas nesse processo de transformação e de autodescoberta. Vemos evidências dessa focalização em quase todos os lugares, desde o número crescente de livros de autoajuda e de temas espirituais na lista de *best-sellers* do *New York Times*, ao número crescente de pessoas que aprendem a meditar e à proliferação de comunidades espirituais florescendo nos quatro cantos do mundo. Há uma revolução enorme e silenciosa acontecendo em um segmento da população. Um número cada vez maior de pessoas está tentando achar seu verdadeiro eu em meio à visão desumanizante e mecanizada da cultura ocidental. Existe um sentido palpável de urgência espiritual – um desejo em muitos de nós de se reconectar com o Espírito, com a energia onipresente que cria e flui através da vida neste planeta.

Enquanto mais e mais pessoas despertam para sua iluminação, também se torna óbvio como a unidade e a singularidade são capazes de expressar suas perfeições únicas de forma diferente através de cada alma. Para cada indivíduo que desperta, há uma expressão diversa de consciência iluminada neste mundo. Como resultado dessa elevação em massa da consciência, uma nova maneira de viver está emergindo. Assim emerge o nascimento de um novo paradigma.

Este é o paradigma conhecido como unidade na diversidade.

Unidade é uma presença energética que é vista fluindo através de todas as coisas, por toda a diversidade da vida – pessoas, plantas, pedras, a terra, o céu, enfim, qualquer coisa que se possa nomear. É um paradigma diferente daquele em que agora vivemos, no sentido de que é o fluxo de vida vindo da unidade, e a unidade é a autoridade interior em cada pessoa. Nesse paradigma, cada um de nós torna-se a própria autoridade, nossa própria fonte de conhecimento de que estamos todos diretamente conectados à fonte. Algumas pessoas chamam isto de *ir diretamente a Deus*. A implementação desse novo paradigma resultará em uma completa igualdade e respeito pelas diferenças encontradas neste mundo, *dando completa validação a todas as diversas formas*.

O sistema em que agora vivemos é o da autoridade de uma pessoa jogada contra a outra, uma autoridade de dominação contra submissão, baseada na vontade humana e vivida na separação. É esse velho paradigma que é o paradigma de polaridades vistas como opostos – matéria contra espírito, superioridade contra inferioridade, forte contra fraco.

Viver no novo paradigma é poder viver dentro e fora das polaridades – ao mesmo tempo. O novo paradigma da consciência é a nossa capacidade de ver que todos os opostos podem também ser vistos como *complementos*, cada qual realçando o outro. Vendo-os dessa forma, possibilitamo-nos penetrar a unidade que jaz sob todas as polaridades, e isso é o início da iluminação.

Após estarem disfarçados em termos poéticos e misteriosos por séculos para o reconhecimento de uns poucos escolhidos, os ensinamentos da iluminação não mais se encontram cobertos pela privacidade de mosteiros e de topos de montanhas. No momento, a informação está mais disponível e acessível do que em qualquer outra época anterior. Os ensinamentos emergem simplificados, mais diretos, compreendidos com maior facilidade e mais praticidade para o mundo moderno.

Talvez a razão para isso seja porque esta é uma época sem precedentes de massa crítica em nosso mundo. Coletivamente, o grau de ignorância de nossa conexão com o Espírito parece ter alcançado seu zênite. Nossa sociedade tecnológica parece oscilar precariamente à beira de crises globais, como acidentes nucleares, conflitos nucleares, excesso de população, destruição da camada de ozônio, aquecimento global, devastação, erradicação de espécies e outros desastres ecológicos, além de epidemias como a Aids.

Em épocas como esta existe um potencial crescente, e mesmo uma necessidade imperativa, para que um grande número de almas desperte a uma consciência humana nova e mais equilibrada. Para aqueles que estão perturbados por essas crises globais, a forma mais profunda de contribuir é praticando a auto-investigação e a purificação do próprio ego. À medida que nossa consciência se fortalece e detemos uma intenção em conjunto com outros para a transformação global, nossa intenção conjunta começa a afetar a consciência coletiva. Algumas pessoas podem conhecer isso como o princípio do centésimo macaco. Eu gosto de chamar esse princípio de *o poder do um* porque ele reflete o poder inerente à mente do um – da mente universal, unificada, que é comum a todos nós em algum nível. *O Poder do Um* foi originariamente um romance escrito pelo sul-africano Bryce Courtenay, que mais tarde tornou-se um filme, e é sobre como o poder de um indivíduo pode realmente fazer a diferença.

Ao longo da história muitas previsões foram feitas sobre o advento de uma época como a nossa. Sábios e videntes de muitas tradições, incluindo a maia, a inca e a nativa americana, profetizaram a perda do conhecimento divino e a ascensão da mente racional e tecnológica (arraigada na crença de nossa desconexão com o Espírito) como o estado prevalecente para a nossa época corrente. A viagem da humanidade, em termos de consciência, está sempre em um ciclo da luz para a escuridão e de volta à luz – da ignorância, de volta ao conhecimento do Divino. Eu também vejo que estamos atualmente em um ponto de virada no ciclo de ignorância. Sua conclusão está anunciando a viagem de volta à sabedoria e à conexão. Esta é a época em que estamos adentrando.

Tradicionalmente, é durante as épocas de escuridão e ignorância que temos maiores chances de ser visitados por seres iluminados. E é também durante tempos de escuridão que há um ímpeto maior na direção do despertar. Um número enorme de pessoas por todo o mundo, especialmente no Ocidente, está presentemente no caminho espiritual, e sua viagem de volta à verdade, ao amor e à integridade interior já teve início. Agora é a hora do despertar de muitos.

O QUE É PROCESSAMENTO E POR QUE FAZÊ-LO?

Processamento é uma forma de autoinvestigação. O termo processar significa examinar e indagar profundamente a natureza de nosso padrão condicionado e desequilibrado, com a intenção de descobrir a verdade. Processamos nossa consciência para nos tornarmos mais purificados e para encontrar nossa integridade.

Por que escolheríamos examinar e processar nossa consciência em certos pontos durante o curso de nossas vidas? O que há sobre a vida que nos faria sentir a necessidade de adicionar essa atividade em particular aos nossos horários já carregados? Além de praticar *o poder do um* para o bem do mundo, a verdade é que possuímos um desejo forte e inerente de encontrar a nós mesmos, de descobrir quem somos. Ansiamos por descobrir mais sobre nós mesmos, já que nos sentimos tão limitados e queremos aumentar nossos recursos. É justamente *porque* nossas vidas estão mais longas que precisamos fazer esse trabalho. Precisamos soltar toda a bagagem irrelevante e alinhar o sistema mente, corpo e emoções para fazer uso máximo de nosso tempo e energia. Para funcionar no melhor de nossa capacidade neste mundo, precisamos estar dispostos a liberar algumas coisas e a fazer o trabalho de purificação a fim de abrirmos espaço para esse novo passo da vida.

As energias, movendo-se para dentro do mundo e através de todos nós, no momento, refletem uma evolução enormemente acelerada. Temos de aprender a lidar com esse passo, gostemos ou não. As coisas mudaram tanto nas últimas décadas que o que aprendemos na infância está completamente obsoleto agora. O processamento nos possibilita uma consciência mais fluida e capacidade para fluir com as mudanças na vida diária. Ele nos libera da prisão do passado e da luta com nossas metas futuras. Uma consciência clara é a ferramenta mais valiosa nesta vida. Ela nos possibilita lidar com os desafios da vida com real eficácia. Significa que nossa consciência está mais flexível e livre. Temos os recursos de *insight*, criatividade, energia enormemente aumentada e uma intensidade de propósito tal que pode nos levar ao sucesso em qualquer situação de vida que busquemos. Encontrar-se rígido, bloqueado, sem inspiração e energia é um beco sem saída no mundo moderno.

O processamento refere-se à criação de equilíbrio na mente, emoções e corpo. Na viagem que parte da ignorância em direção ao conhecimento, todos são de igual importância. A mente ocidental, em especial, é extremamente ocupada e indisciplinada. A consciência da mente deve ser limpa e aquietada se quisermos ver a verdade e nos abrir para a sabedoria. O processamento e a limpeza do turbilhão emocional significam liberação de toda a reatividade antiga de memórias emocionais guardadas. Isso leva a um refinamento da consciência do coração e possibilita a expressão das emoções superiores – estados como gratidão, amor incondicional, generosidade, humildade, compaixão e perdão (no Capítulo 10 – Triângulos, veremos mais profundamente esses estados emocionais superiores e ofereceremos maneiras fáceis e práticas de trazê-los para o nosso dia a dia. Para uma rápida prévia de uma lista mais longa de estados emocionais superiores, consulte o Capítulo 10, na Parte Dois). Por meio do processamento, o corpo físico também muda, uma vez que as camadas mentais e emocionais que obscurecem a percepção do corpo físico são derretidas. A limpeza da consciência do corpo revela seu estado original de equilíbrio e harmonia e nos ajuda a libertar apegos ao corpo físico transitório.

O processamento é uma maneira única de libertação. Não estamos fazendo algo novo com o processamento; estamos derretendo o velho. Com o tempo, o processamento é poderosamente eficaz para revelar estados mais profundos de quietude interna e externa, revelando o que é conhecido no Oriente como o estado de *samadhi*, um estado de consciência de unidade, que discutiremos com mais detalhes posteriormente.

O processamento também é uma forma de revelação do inconsciente, o que nos ajuda a liberar os desequilíbrios na mente. Tradicionalmente têm havido numerosas maneiras de revelação inconsciente – por exemplo, análise de sonhos, renascimento e regressão a vidas passadas. Esses são modos populares e válidos de expansão de consciência. Os métodos de *O Casamento do Espírito*, na segunda parte, são uma forma diferente e incomum de examinar o inconsciente.

O processamento é um caminho muito rápido para o despertar espiritual. Quando o Espírito me transmitiu esse ensinamento, disse-me que seria de muita necessidade para os tempos acelerados em que vivemos. Porque as técnicas são principalmente exercícios mentais, elas nos possibilitam mudar de consciência com rapidez – na mente. Nós ativamente engajamos os desequilíbrios na mente e os purificamos. Quando não fazemos este tipo de trabalho interno de limpeza, geralmente temos de vivenciar no mundo físico as lições que encarnamos para aprender. Essa é uma abordagem mais passiva e vagarosa. Fazendo o trabalho de limpeza mental (escrevendo em um diário) sistematicamente, aprendemos a lição sem termos que vivenciá-la fisicamente, o que significa que poupamos enormes quantidades de tempo no processo de despertar. Isso é especialmente benéfico se quisermos despertar mais depressa.

O processamento nos torna capazes de aumentar nosso fluxo de energia. À medida que limpamos padrões entrincheirados, acontece uma tremenda liberação de energia presa, física, mental e emocional. Você também encontrará, por meio do processo de limpeza, a liberdade para expressar esse nível renovado de energia em sua vida. Quanta coisa torna-se possível quando possuímos energia em abundância.

Em termos de nosso crescimento espiritual, essa abundante energia eleva nosso nível de atenção, permitindo acesso a *insights* e à sabedoria mais profunda que se encontram naturalmente presentes em nós. Sabedoria e *insight* já existem em nós. Não temos de aprendê-los. Mas é necessária energia em abundância para se resgatar aqueles níveis menos acessíveis e vibrações mais altas de consciência. Precisamos da energia para decolar, para ganhar *altitude* na vida. Fazendo o trabalho de limpeza, nossa vibração geral torna-se mais rápida e nossa atenção é elevada a um nível mais refinado de percepção. Energia abundante liberada traz alegria para a vida e torna-se divertido compartilhar com outros. A energia convida à criatividade e traz inspiração.

ATÉ ONDE VOCÊ QUER PROSSEGUIR COM O PROCESSAMENTO?

O quanto você quer prosseguir com o trabalho de purificação é uma questão de escolha e depende dos compromissos que está pronto a assumir. A limpeza se dá gradualmente, ganhando mais *momentum* com o tempo e criando minidespertares no decorrer do caminho. A limpeza parcial introduzirá mais despertar em sua consciência e melhorará as suas circunstâncias de vida. Cada um deve escolher por si mesmo as áreas da personalidade a serem enfocadas e o quanto de limpeza fazer. À medida que as pessoas se purificarem, começarão a obter sucesso em qualquer área em que resolvam se aplicar. Em outras palavras, antes de despertar para o estado iluminado ou cósmico, você primeiro se torna muito criativo, inspirado, energizado pela vida e impecável. Essas são as qualidades que fazem o sucesso no mundo material e no caminho para a iluminação.

Muitas pessoas que praticaram as técnicas de *O Casamento do Espírito* floresceram e desenvolveram carreiras de grande sucesso porque era aquilo que buscavam. Entretanto, seu sucesso é gerado por um fluxo de luz, advindo de seu centro de inspiração e plenitude interior. Não é um sucesso incentivado por metas e ambições externas, que advêm de um sentido de vazio interior e que raramente são preenchedoras e plenamente satisfatórias. Em algum ponto do fazer desse trabalho, a pessoa deve escolher direcionar-se para a experiência direta e consciente de união com o ser onipresente, que é o total despertar ou iluminação.

Foi o santo indiano do século 19, Sri Ramakrishna, que afirmou que nenhuma pedra deve ficar sem ser virada no decorrer do despertar completo, e em minha percepção isso inclui o exame total da personalidade. Entretanto, o processamento da personalidade funciona com a mesma eficiência para o indivíduo que simplesmente deseja virar algumas pedras problemáticas. Porque as técnicas de *O Casamento do Espírito* evoluem através de diferentes níveis, desde um nível simples, iniciante, até um mais complexo e avançado, e podem ser usadas para o fim que você escolher. Se estiver buscando o despertar, com o tempo você terá que olhar para cada mínimo aspecto da personalidade.

OS BENEFÍCIOS DO PROCESSAMENTO

Existem muitos benefícios no processamento, que vão desde o concreto e material até o espiritual. Conforme você prosseguir no livro e aprender a processar, tente notar quais melhoras estão se manifestando em sua vida. A seguinte lista mostra alguns benefícios do processamento.

Benefícios materiais
- Menos atritos de personalidade com os outros
- Cura de traumas físicos, mentais ou emocionais – passados ou presentes
- Capacidade aumentada para lidar dignamente com a raiva e outras emoções voláteis (suas e dos outros)
- Maior harmonia e equanimidade dentro e fora
- Mais energia para utilizar para as coisas que lhe trazem felicidade
- Menor sensação de exaustão
- Maior nível de produtividade
- Mais criatividade
- Melhores aptidões comunicativas
- Vocabulário aumentado
- Habilidade para resolver conflitos com mais facilidade
- Habilidade para liberar padrões de comportamento contraproducentes, obsessivos e autodestrutivos
- Maior tolerância, amor, compaixão e apreciação por outras pessoas e pelo mundo à sua volta
- Trabalho mais pleno
- Relacionamentos mais satisfatórios
- Habilidade para liberar negatividade e medo
- Fluxo aumentado de abundância
- Espírito de generosidade aumentado
- Maior focalização, consciência e *insight*

Benefícios espirituais
- Habilidade para viver com o coração aberto
- Conexão mais tangível com a alma
- Maior alinhamento com o seu caminho mais elevado
- Sabedoria
- Habilidade psíquica
- Pureza de mente e coração
- Conhecimento e experiência da ligação entre todas as coisas
- Experiência da paz que ultrapassa toda a compreensão (conhecida no Oriente como *samadhi*)
- Experiência do poder mágico curativo da graça
- Maior devoção ao Espírito
- Estados de felicidade (conhecidos no Oriente como *ananda*)
- Níveis cada vez maiores de despertar espiritual ou iluminação

INVOCANDO A GRAÇA

No trabalho de processamento a graça tem um papel poderoso e essencial. A fusão e a unificação de opostos ocorrem devido ao mistério sutil da graça. À medida que você faz o trabalho de integração e o entrega para a graça, ela entra e ajuda no processo de reorganização. Nos métodos de processamento apresentados na segunda parte, você e a graça, ambos, desempenham um papel.

A graça é um aspecto da incompreensível inteligência do universo. Pode até mesmo ser considerada uma expressão de seu eu superior, que orquestra as circunstâncias que você, em seu estado limitado, não consegue. Receber graça é como receber um bônus surpresa, apoiando sua situação na vida. A graça vem a você em quantidades enormes, quando seu coração está aberto. O recebimento da graça pode ser uma consequência de ausência de egoísmo, de humildade, de bons trabalhos – ou, como é conhecido no oriente, *bom carma* – e de atos de fé. A graça é sua mediante o seu pedido e é um presente – se você estiver disposto a vê-la.

Muitas pessoas vivem a maior parte do tempo de suas vidas pensando que não há nada além do que podem tocar e ver. Elas entram nos jogos e sofrem quedas. Aí, subitamente, chega a hora para considerarem que há algo mais na vida e começam então a buscar. O que procuram, quando começam a pedir mudança, é graça. Ninguém muda sem ela. Transformações ocorrem quando pedimos que a graça entre em nossas vidas e nos ajude a modificar nossas situações limitadas.

A UNIDADE É UM ESTADO SIMPLES

O conhecimento da unidade é essencialmente o que todos buscam. Parece simples, e é. É tão simples que a mente, ativamente engajada em complexidades e em pensamentos agitados, não o encontra. Se você desligar seus pensamentos por um momento, está lá. Para a consciência inexperiente é aparentemente nada, um vazio. Mas é isso o que ele é – aparentemente *nada*. Ainda assim também é tudo, uma completa contradição, aparentemente. A viagem espiritual diz respeito, principalmente, a estar-se confortável com o paradoxo. O estado unificado contém tudo e é nada em si mesmo.

Os métodos de *O Casamento do Espírito* são uma forma de criar permanentemente o vazio de pensamento que possibilita o discernimento da presença unificada, muito sutil quando você a contata pela primeira vez, mas tornando-se cada vez mais forte quando a encontra mais e mais. A maioria dos pensamentos surge a partir da bagagem guardada na mente. A mente é desordenada como um velho armário que não foi limpo há anos. Cada experiência, cada trauma, cada esperança, cada desejo, cada sonho está trancado como forma de pensamento na mente. Grande parte não é necessária, usada, ou mesmo útil.

Os seres humanos tendem a guardar coisas desnecessárias na mente. Essa velha e excessiva bagagem tende a repassar na mente com frequência de forma consciente, mas na maior parte do tempo de modo subconsciente, bem abaixo de sua consciência superficial. Quando você não tenta encontrar seu eu espiritual tornando-se silencioso e meditativo, percebe que esses pensamentos sinalizam, e sinalizam constantemente. Não importa o quanto tente, não pode desligá-los. Eles não irão se desligar até que arrume um tempo para limpar o velho material guardado, que é a fonte das formas de pensamento. Esses métodos fazem justamente isso. Eles ajudam a limpar a desorganização e abrem espaço para a presença da unidade ser sentida – tão palpavelmente que, por fim, você a sentirá em seu corpo físico.

RESUMO DO CAPÍTULO

Aqui estão alguns dos principais pontos que introduzimos até agora.

- *O Casamento do Espírito* é baseado no antigo princípio da unificação de opostos.
- Os ensinamentos dizem respeito à fusão sagrada e alquímica de dois elementos diferentes, criando uma energia nova e unificada, que reflete a unidade básica do espírito.
- *O Casamento do Espírito* nasce de uma mistura de psicologia moderna, jnana ioga e ioga tântrico.
- Todos possuem um centro iluminado de consciência que, em última análise, não pode ser descrito, apenas vivenciado.
- Estamos em uma época nova e diferente. Estamos aqui para iluminar o plano físico, o corpo e a personalidade, enquanto vivemos e trabalhamos no mundo.
- Esse é um novo paradigma conhecido como unidade na diversidade.
- O processamento é uma forma de autoinvestigação. Processamos nossa consciência para nos tornarmos límpidos e para o despertar espiritual.
- Você pode prosseguir com o processamento por meio do exercício contínuo da iluminação até quando quiser – desde a obtenção de sucesso no mundo material até a experiência direta e consciente de nossa natureza divina desperta.
- Existem inúmeros benefícios materiais e espirituais no processamento (vide lista nas páginas 51 e 52 deste capítulo).
- A unificação de opostos acontece através do poder de cura da graça.
- A unidade é o estado simples que todos buscam.

SUGESTÕES PARA TRANSFORMAR A TEORIA EM PRÁTICA

1. Se você está curioso sobre como o princípio da unificação de opostos funciona em termos práticos, leia o Capítulo 9 – Polaridades, e mais tarde retorne à Parte Um.
2. Quando os opostos são unificados movemo-nos a estados mais elevados de emoção. Para obter uma ideia de onde o trabalho de processamento o levará, medite sobre a lista de estados emocionais elevados no Capítulo 10 da segunda parte – Triângulos.

3. À medida que você aprender a processar, esteja ciente das mudanças que se manifestam em sua vida interna e externa como resultado. Escreva em seu diário tudo o que perceber.
4. Anote afirmações todos os dias em seu diário ou faça algumas preces para convidar a graça à sua vida de uma forma mais profunda e consciente.

É apenas no ato de contemplação, quando as palavras e até mesmo a personalidade são transcendidas, que o puro estado de Filosofia Perene pode ser, na verdade, conhecido. Os registros deixados por aqueles que o conheceram desta forma tornam abundantemente claro que todos eles, sejam hindus, budistas, hebreus, taoistas, cristãos ou muçulmanos, tentavam descrever o mesmo Fato essencialmente indescritível.

— Aldous Huxley

TRÊS

CONHECENDO DEUS

Existe um estado de consciência que, em determinado ponto de nossas vidas, a maioria de nós aspirou conhecer. Podemos chamá-lo de Deus ou *conhecimento de Deus*. O nome que damos não importa; existem muitos nomes para ele. Talvez não pensemos em Deus especificamente como um *estado de consciência*, porque isso implicaria que esse estado é uma parte intrínseca de nossa própria consciência. Quando o estado de consciência é reconhecido e compreendido como um estado interior, Deus é vivenciado como uma parte intrínseca de nós mesmos, não mais se encontrando fora ou distante, não havendo, portanto, qualquer sentido de separação.

O conhecimento de Deus pode significar muitas coisas diferentes para diferentes pessoas. Deus pode ser uma ideia mantida na mente. Pode ser uma crença emocional mantida no coração, como o amor por Deus. Pode ser uma vida a serviço de Deus. Também pode ser o desejo de ser bom para poder obter a redenção. Talvez o associemos vagamente a uma época mais conectada de nossa infância, sem forma e aberta, e ansiemos por sua volta. Ainda assim, em cada uma das possibilidades, geralmente existe uma experiência intrínseca de Deus como algo fora de nós, existindo alhures. A maioria de nós caiu na negação de que Deus está dentro de nós, aceitando o treinamento que a vida nos dá, que nos afasta dessa verdade, e escolhendo, em vez disso, identificar-nos com a personalidade limitada.

Reexperimentar a conexão direta e palpável com aquele estado de consciência divina é uma possibilidade muito real. Por toda a história a humanidade procurou entender seu relacionamento com Deus. Procuramos voltar para a experiência de conexão com o Divino; procuramos aprofundar nosso conhecimento desse mistério insondável que nos tem intrigado e atraído por eras. O que são o conhecimento e a conexão com o Divino? O que significam em nosso dia a dia? O que seremos quando os tivermos? Será que há algo a ser ganho através dessa experiência divina, algo que dê realce a nossas vidas? Quem somos nós em relação a Deus?

Embora a totalidade deste livro se dirija a essas questões, neste capítulo veremos alguns princípios básicos envolvidos na tentativa de respondê-las. Este capítulo é, primeiramente, uma discussão sobre quando, por que e como vivenciamos a separação do Divino. Em segundo lugar, olharemos para o paradoxo inerente a isso, já que todas as filosofias místicas, em sua forma mais pura, dizem-nos que, em realidade, não há qualquer separação. Terceiro: exploraremos, resumidamente, o contexto histórico para a jornada mística. Quarto: discutiremos de que forma os princípios de *O Casamento do Espírito* são um caminho para a reunificação.

A JORNADA DESDE A SEPARAÇÃO ATÉ A UNIDADE – UMA BREVE HISTÓRIA

Nosso sentido de separação tem estado conosco desde os primórdios dos tempos, e os ensinamentos para a viagem de volta também se estenderam para além de nossa memória.

Podemos estar certos de que, pelo menos durante os últimos cinco mil anos, aproximadamente por toda a história registrada, a maior parte da humanidade tem vivido em um estado de separação de Deus. Quando e onde aconteceu nossa separação original? Uma resposta possível é que aconteceu em algum ponto no tempo antes deste ciclo de civilização. Para explorarmos o mistério mais profundamente, daremos uma olhada em um dos registros mais antigos e familiares da história de nossa origem: a história da queda da "graça" sofrida pela humanidade e a perda do Éden, conforme contada pelo livro do Gênesis. A lenda insinua que, em algum ponto de nossa história, caímos profundamente em um sentido de separação de Deus. Ela sugere a possibilidade do Éden ter sido uma forma mais antiga de civilização onde isso não acontecia. Se isso for verdade, não temos qualquer registro conclusivo sobre o fato.

Você pode estar imaginando que relevância esta lenda teria em relação à humanidade ocidental moderna. Ainda assim, sendo essa história literal ou mesmo uma descrição alegórica de nossa origem, a influência que teve na consciência humana em suas contínuas narrações, através dos milênios, deixou marcas na formação de nossa percepção. Precisa ou não, literal ou alegórica, o fato é que a temos ouvido tantas vezes que acabou por se tornar um arquétipo passado através das gerações e, portanto, mantém o poder de afetar nossa aparelhagem mental.

Se a história de Adão e Eva é uma alegoria de nossa evolução até a forma humana, então é também uma descrição de nossa *queda* aparente na separação. Enquanto a história insinua muitos aspectos de perda para a humanidade, o que queremos examinar aqui é a ideia de que nos tornamos autônomos. Olhamos para isso no contexto de nossa discussão porque separação implica autonomia. Após a queda, o apoio de Deus desapareceu, ou pelo menos foi essa a impressão criada. Adão e Eva não mais podiam se aproveitar dos prazeres do Éden que Deus gratuitamente fornecia, a menos que trabalhassem para si mesmos.

Eles tornaram-se separados do aconselhamento de Deus e do apoio de Deus, e foram, de fato, amaldiçoados. Adão e todos os seus descendentes, devido à sua separação e autonomia, precisariam trabalhar para garantir sua sobrevivência e para cuidar de si mesmos. Em algum nível de nossa consciência gravamos essa história como a perda de nossa conexão divina. Ela descreve metaforicamente a condição à qual a humanidade está agora sujeita – aquela de ter que aparentemente sustentar-se –, assim como as condições através das quais os véus de separação começaram a existir. Esses são exatamente os véus que obscurecem a centelha divina em nosso interior – a centelha divina que os místicos dizem estar em nossa verdadeira natureza.

É interessante notar aqui, entretanto, que a história também implica ter havido um ganho para a humanidade, no fato de ela ter-se tornado separada e autônoma. Separação e autonomia também vieram a criar o efeito de estarmos no controle ou, aparentemente, *brincarmos de Deus no mundo*.

O Gênesis (3,22-23) diz: "E o Senhor Deus disse, eis que *o homem tornou-se um de nós*, conhecendo o bem e o mal. Portanto o Senhor Deus expulsou-o do jardim do Éden, para cultivar o chão de onde ele foi tirado". Então, paradoxalmente, essa experiência de separação e autonomia também nos dá a experiência de ser como um deus e encenar ser um deus em relação ao mundo, em vez de ser um com Deus, o que é o estado de iluminação. Autonomia é a aparente capacidade de estar no controle de nossa própria vida, de ser o *fazedor*. Também nos torna sujeitos à polaridade – bem e mal.

Seja qual for a data em que essa lenda começou, a crença em separação e autonomia – tanto na perda como no ganho para a humanidade – tem persistido em nosso mundo até os dias de hoje. É essa a crença prevalecente que a humanidade no Ocidente tem hoje de seu relacionamento com Deus.

Antes da dissolução das civilizações de deusas mais antigas e antes do advento da era patriarcal, que começou por volta de 3000 a.C., a mente estava mais enraizada na natureza e, portanto, mais em conexão com o espírito da terra. Nas antigas culturas de deusas, uma cosmologia de muitas formas diferentes de energia e divindades da natureza era venerada e celebrada em lugar prescrito e próprio do cotidiano. Apesar de os habitantes das culturas de deusas viverem de uma maneira que permitia algo como uma união mística com os reinos invisíveis, ainda assim vivenciavam certo grau de separação entre eles e Deus.

A separação, ainda que em menor intensidade do que em nossa presente época, já estava presente na mente humana.

Quando nossa era se iniciou, com o nascimento do patriarcado, por volta de 5 mil anos atrás, o pouco sentido de conexão que havia começou a ser perdido. Com a exceção de muitas culturas indígenas, que ainda guardam reminiscências de aspectos das culturas de deusas antigas e cujo relacionamento com a natureza e o Espírito tem sido mais integrado, o humano moderno e tecnológico tendeu a escorregar para dentro de uma filosofia de profunda separação em relação ao Espírito. Nós viemos a viver progressivamente essa separação, mal lembrando que existe qualquer outra maneira de ser. À proporção que os milênios se passaram, a humanidade construiu um programa na consciência que a tem levado mais e mais em direção a um estado de ignorância sobre a sua verdadeira natureza.

Em seu fascinante livro *Arte e Física*, Leonard Shlain afirma que "a partir do século V a.C., Parmênides dividiu o mundo em ser e não ser. Seu pupilo, Demócrito, logo o seguiu separando rigidamente o 'átomo' e o 'vazio'. Platão e Aristóteles, posteriormente, endossaram a lógica do 'isto, ou aquilo', e o Cristianismo incorporou uma dualidade maniqueísta na doutrina de bem e mal, e céu e inferno. Mais tarde, Descartes dividiu o dentro e o fora e, fazendo isso, fortemente influenciou todos os filósofos e cientistas subsequentes".

Por gerações a humanidade moderna tem estado condicionada a manter Deus no exterior. Apesar da pregação de Jesus, que nos disse claramente há dois mil anos que "o reino de Deus está dentro de vós" (Lucas 17,20), ainda estamos procurando a verdade fora de nós. Ainda mantemos a crença de que o exterior é separado e também desconectado daquilo que, intrinsecamente, somos em nossos corpos e em nossas identidades limitadas.

Parece ter sido o destino da humanidade construir a sua separação e desconexão da fonte, como a viagem do filho pródigo, o propósito da vida sendo o de crescer de volta em direção à unidade. O estudo dessa viagem é o que chamamos de metafísica. O porquê de fazermos essa viagem em primeiro lugar é uma das questões metafísicas mais básicas, ainda que mais complexas.

A VOLTA – ESCOLAS DE MISTÉRIOS E TRADIÇÕES ANTIGAS

A verdade mística de quem realmente somos, e de como estamos divinamente conectados em nosso interior, é a descoberta de que nunca houve uma "queda" e que não há, de fato, separação ou véus entre cada um de nós e a fonte. Fomos iludidos por uma crença na separação, que tem sido passada através das gerações desde, pelo menos, a lenda de Adão e Eva. Se essa história de nossa queda apenas aparenta ser verdade, talvez você possa perguntar: "por que temos de viver neste estado de ilusão?". E a resposta é que, em verdade, não precisamos. Quando chega nossa hora de fazer essa viagem consciente de volta à unidade, algo profundo no interior da alma nos chama a liberar a velha realidade. A vida acaba por mudar sua direção à medida que começamos a ver relances de unidade, reconhecendo-os como nosso lar, e conscientemente buscarmos esse estado. Tornamo-nos iniciados na jornada e inteirados de todo um novo reino de consciência.

Sentimos o anseio para descobrir a centelha divina em nosso interior de formas diferentes. No Oriente isso é conhecido como descoberta do Ser Superior, ou o início do caminho de autodescoberta. Algumas vezes nasce de um *flash* intuitivo, uma experiência de *satori*, que nos eleva tão acima de nossa antiga realidade que nos inspira a alcançá-la novamente. Algumas vezes a necessidade nasce da dor de nos sentirmos tão frustrados, bloqueados e amarrados a limitações e dificuldades da vida, que imaginamos que deve haver outra maneira de viver, que deve haver algo mais na vida. Com frequência é uma mistura dos dois, filtrando a descoberta vagarosa e permanentemente para dentro da consciência, como um jato de mel que vaza para dentro, ainda assim pontuado por repentes de *insight* e de despertar espiritual.

Nas variadas culturas antigas, que foram algumas das geradoras de nossa presente civilização, como a egípcia, a indiana, a celta e a grega, apenas para mencionar algumas das mais familiares, havia dois níveis de religião. Um era a prática religiosa popular para as massas. O outro era a escola de mistérios, secreta, para as almas mais desenvolvidas. Nessas culturas, a cosmologia religiosa era um panteão de deuses e deusas, expressando as muitas essências vibratórias da vida em sua forma transcendental. A maioria das pessoas via os deuses e as deusas como um ponto focal de sua adoração, porque seu sentido humano de separação requeria uma forma no exterior para que ela pudesse ser focada.

Apenas nas escolas de mistérios é que a verdade do equívoco da separação era ensinada. Elas davam iniciações e instruções na ciência e na arte da integração de volta à unidade. Isso levou iniciados e adeptos à derradeira percepção da verdade na experiência humana – aquela de completa união com Deus. Com o tempo, esses ensinamentos de mistérios vieram a ser conhecidos como Filosofia Perene.

Remanescentes desses ensinamentos de mistérios, que descreviam o estado de separação e como atingir a união consciente com o divino, têm-nos chegado em forma de histórias pitorescas e escrituras, algumas das quais ainda estão vivas e muito em uso nos dias de hoje. Veremos alguns exemplos.

Uma é a história de Ísis, Osíris e Hórus, das escolas de mistérios do antigo Egito. Não é possível datar a história, já que foi mantida secreta pelos sacerdotes e era apenas para iniciados da escola de mistérios. Mais tarde tornou-se conhecida do público, quando os gregos entraram no Egito. É a simbólica história da queda de Osíris na sua separação e fragmentação em muitas partes. Através da paixão de Ísis, que representa o amor do feminino divino, ele vivencia a reunificação. É a união do divino feminino e masculino que produz Hórus, o seu filho. Hórus é conhecido como o grande unificador e tornou-se um símbolo da união com o divino.

Alguns outros exemplos estão na literatura dos *Vedas*, cujas partes mais antigas foram escritas em alguma época entre 12000 a.C e 4000 a.C., de acordo com a maioria dos eruditos iogues, se não antes. Expressões de parte dos *Vedas* – o *Ramayana* e o *Mahabarata* – são antigos poemas épicos sânscritos da Índia. Eles retratam a era védica, quando reis guerreiros reinavam sobre o mundo, guiados por santos e místicos espiritualmente conscientes. Nesses trabalhos supostamente verdadeiros, as histórias são contadas sobre seres despertos, totalmente conscientes de sua própria divindade, como Rama e Krishna, que viveram há milhares de anos.

Krishna Dharma, um estudioso dos antigos escritos sânscritos da Índia, e parte de uma linha ininterrupta de discípulos desde o mestre espiritual que escreveu o *Ramayana*, comenta na introdução de sua tradução do *Ramayana*: "Era uma época em que homens viviam na compreensão de que eram almas eternas, passando de vida a vida, em direção a um estado de emancipação final. Logo, a busca pela virtude e pela verdade era considerada suprema e a vida humana era vista como uma oportunidade para alcançar-se a liberação espiritual". No *Mahabarata*, o homem-Deus Krishna, no primeiro relance de despertar da civilização, guia "as famílias dos filhos de Deus" em uma batalha contra seus parentes, "os filhos do homem", implicando na luta da humanidade em relação à separação entre Deus e a existência humana.

Do *Mahabarata* vêm as passagens conhecidas hoje como *Bhagavad Gita*, as escrituras principais do hinduísmo. Elas são uma descrição precisa dos quatro principais caminhos do ioga em direção ao despertar, dados por Krishna a seu guerreiro/devoto Arjuna. Hoje, esse trabalho forma a base dos ensinamentos dos quatro iogas principais e é estudado por milhões. A prática moderna de ioga ainda mantém os ensinamentos da volta, a partir da separação, em direção à unidade. De acordo com W. F. Evans-Wentz, em seu livro *A Ioga Tibetana e as Doutrinas Secretas*, "o ioga implica em uma junção, ou um laço, entre a natureza humana não iluminada e a natureza divina iluminada, de tal maneira a permitir que o mais alto guie e transmute o mais baixo".

Também existem reminiscências desses ensinamentos de mistérios em alguma literatura cristã. No texto gnóstico *O Evangelho de Tomé*, Jesus disse: "Se aqueles que os lideram disserem a vocês: 'Vejam, o Reino está nos céus', então os pássaros dos céus os precederão. Se eles lhes disserem: 'Está no mar', então os peixes os precederão. Mas o Reino está dentro de vocês e fora de vocês. Se vocês conhecerem a si mesmos, então serão conhecidos e saberão que são os filhos do Pai Vivente. Mas se não conhecerem a si mesmos, então estarão na pobreza e serão a pobreza".

SERES ILUMINADOS

Onde tomou forma pela primeira vez o conhecimento de que era possível alcançar esse estado, de voltar à fonte? De onde vieram os caminhos que levavam de volta à verdade e quem arquitetou o treinamento rigoroso exigido pela escolha do caminho? Podemos apenas especular a respeito das respostas, já que se perderam nas brumas do passado.

Sabemos, entretanto, que no decorrer de todas as eras, as pessoas mais incomuns, emissários, descritas por aqueles que as conheciam como despertas, têm vindo ajudar o mundo através da iniciação e assistência àqueles que buscavam religar-se com sua própria natureza divina interna. O Buda, Jesus, Lao Tsu e Maomé são os mais conhecidos e os mais recentes. Mas houve muitos outros, alguns famosos e lembrados por nome; outros, esquecidos. Existem alguns até com a reputação de terem vindo em períodos mais remotos do que podemos lembrar, que, apesar da época, mudaram o mundo com a mensagem de amor que trouxeram e através de seus pontos de vista radicalmente diferentes.

O estado místico, conhecido no Oriente por séculos como iluminação, tem sido um feito raro em nosso mundo. Suas ocorrências, bem documentadas em várias culturas como a védica, em tradições de ioga e budistas, assim como no cristianismo (Jesus) e no islamismo (Maomé), são prova suficiente para a maioria de que o estado existe. Ainda assim alguns relevam que a fronteira entre fato histórico provável e lenda é obscura nessa área. Como uma maneira de contornar essa obscuridade, as tradições iogues, védicas e budistas têm se apoiado em um sistema de escolas que tem perpetuado a compreensão da unidade com o *Self*. Esse sistema tem sido repassado de mestre iluminado para aluno, por milhares de anos. Muitas dessas escolas existem hoje em práticas religiosas por todo o Oriente, especialmente na Índia e no Tibete.

A MENSAGEM DO AMOR

Além de compartilhar com discípulos as compreensões da Filosofia Perene, existem muitos outros motivos pelos quais esses seres iluminados aparecem no mundo, em variadas épocas. Aqui está outro texto da introdução de Krishna Dharma à sua tradução do *Ramayana*:

"Se Rama for aceito como Deus, então surge a pergunta: por que ele aparece? O que ele está fazendo enquanto move-se pela terra, parecendo agir exatamente como homens comuns? Tais perguntas são respondidas em outra das literaturas védicas, o Bhagavad-Gita. Lá está escrito que Deus aparece no mundo por diferentes motivos. Ele vem para estabelecer religiões e para destruir elementos demoníacos na sociedade, quando se tornam muito

poderosos. Mas ele também aparece para tornar recíproco o amor de seus devotos. É este último fato o mais significativo e que é dito ser o motivo principal para o surgimento do Senhor. O Bhagavad-Gita explica que o Senhor não possui propósito material para preencher quando aparece. Ele não está agindo da mesma forma que os homens comuns, interessados em ganhos materiais tais como lucro, fama e adoração. O Senhor também não surge por qualquer propósito político. Ele simplesmente está agindo por amor".

O que fica claro em todos os ensinamentos ministrados na totalidade das escolas de mistérios é que o amor é a força com o poder de dissolver nosso senso errôneo de separação. E é o amor que cura os comportamentos discordantes e aberrantes que surgem de nossa equivocada identidade com o ser separado. Assumir a exploração da consciência com a intenção de criar transformação integrativa é, mais do que qualquer coisa, um retorno ao amor. O amor é um componente importante do despertar e do estado unificado; ele se torna um de nossos mestres enquanto buscamos a união com o Divino. Devemos aprender as lições que o amor nos ensina; de outra forma, nunca encontraremos o estado unificado.

O amor é a cola que junta nossas partes fragmentadas e desequilibradas. É uma força com o poder de dissolver todas as resistências e retenções. Ele tece todas as falhas que faltam, amacia todas as juntas e preenche todos os buracos. Quando presente em sua forma pura, é a força de união e de dissolução que funde a consciência com o Divino. O amor é, no final, a força que repetidamente nos atrai para o caminho e nos mantém indo em frente, através de seu chamado para seu estado mais primitivo, a unidade.

NÓS JÁ SOMOS ILUMINADOS

Videntes e mestres, através das eras, têm afirmado categoricamente que já somos todos iluminados e que não há maneira de *tornar-se* iluminado. Isso é verdade e é o grande mistério de nossa verdadeira natureza. Assim como todos os assuntos de natureza metafísica, entretanto, também é uma afirmação paradoxal, porque não vemos nossa iluminação. A verdade desse paradoxo choca a mente em direção ao despertar. Ele torna-se um tipo de *koan* zen, surpreendendo a mente com sua lógica paradoxal e expondo à vista a presença luminosa além da mente superficial. O *koan* revela que a presença unificada está sempre conosco, invariavelmente, de uma forma permanente e ininterrupta, como a base de nosso ser –

basta apenas poder vê-la. Essa presença nos diz que, em verdade, podemos vê-la se soubermos o que estamos procurando.

Por que será que não vemos essa verdade de que a presença de Deus, ou unidade, está sempre conosco como base de nosso ser? Por que não vivenciamos sempre a presença unificada em nossas vidas como uma aproximação tangível e inerente? Por que não encontramos a habilidade para atrair conscientemente as fontes inteligentes dessa presença? Por que nossas preocupações mundanas nos distraem tanto que não notamos que ela está lá? O que acontece em nossa consciência para bloquear esse conhecimento? Essas são as mesmas perguntas que fiz em 1971, durante a experiência descrita no Capítulo 1, na qual minha mente se abriu para revelar o vasto conhecimento da consciência livre. A exploração dessas questões é parte do propósito deste livro. No restante deste capítulo e nos capítulos seguintes, compartilharei alguns dos *insights* que tenho recebido nos últimos anos, na esperança de torná-los mais compreensíveis.

A PERSONALIDADE É UMA IDENTIFICAÇÃO FALSA

O que não nos deixa conhecer nossa própria iluminação é a identificação com nossa personalidade condicionada. Essa personalidade é constituída por todas as formas que vemos e descrevemos baseados nos valores que aprendemos quando crianças, com nossos pais, com o sistema escolar, com a mídia e tudo o que ajudou a nos moldar e a nos ensinar a respeito de quem somos. Por exemplo, uma pessoa pode se descrever como um artista criativo, intuitivo, emocional e de espírito livre, mas que também é normalmente desorganizado e caótico. Tomamos esses traços, que são baseados nos condicionamentos que recebemos do mundo, e nos identificamos com eles. Pensamos que esses traços são quem somos. Chamamos essa identidade pessoal, em metafísica, de o *falso eu* ou o *ser separado*, porque não é a verdade de quem somos, e porque nos mantém presos em uma realidade separada e limitada. A psicologia moderna refere-se a ela como o *ego*.

Esse ser separado é composto por coisas como ideias na mente que geram pensamentos aparentemente aleatórios, bagagem emocional estocada, reações emocionais a situações de dia a dia, desejos, medos, esperanças, sonhos e sentidos físicos, assim como por nossa percepção da aparência física, nenhuma das quais é realmente quem somos. Nosso estado simples de ser é sobrepujado por elementos descritivos e egoicos. Por exemplo, talvez alguém diga, "eu sou muito gordo e detesto minha aparência". Ou "eu sou alto, bonito e amo minha aparência".

Pensamos que isso é o que somos. A dissolução gradual da tendência que todos possuímos de nos identificar com esses elementos que compõem o ser separado, permite-nos sentir a qualidade do ser, pura e incondicional, da consciência original, que é nosso verdadeiro *Self*. As técnicas de unificação de opostos apresentadas na segunda parte ajudam a dissolver o véu do ser separado.

Paradoxalmente, abrir mão da identificação com o ser separado não significa uma perda de identidade. Em vez disso, ganhamos uma nova identidade como o *Self*, e nos vivenciamos como sendo mais expandidos e mais conectados com o espírito e com o mundo (Figura 3.1).

É claro que se torna impossível representar a qualidade infinita de Deus/o *Self* em um diagrama, devido à natureza limitada do próprio diagrama. Entretanto, aqui tentamos fornecer uma moldura visual para os conceitos apresentados, fazendo uso do oval para representar Deus/o *Self*.

A mente egoica, com suas polaridades, é como um labirinto. É por isso que parece tão difícil sair do sistema separado. Atravessar um labirinto é uma tentativa de alcançar seu centro ou sua saída. Ainda assim, quando se está no labirinto, você não pode ver seu caminho em direção à meta; encontrá-la é algo acidental na melhor das hipóteses. Em tempos antigos, labirintos eram construídos em forma física tanto para diversão quanto para simbolizar a viagem da alma de volta à fonte (Figura 3.2).

Figura 3.1 *Tornando transparente o véu do eu separado, a luz do* Self *brilha através dele.*

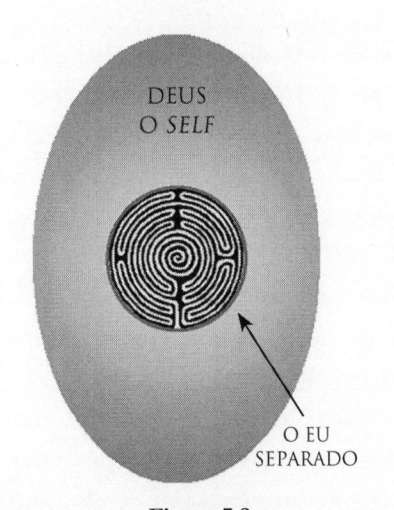

Figura 3.2

A menos que exista alguém que esteja disposto a mostrar-lhe o caminho, ou que se lembre do caminho ter-lhe sido mostrado em outra vida, ou que você possua ferramentas excelentes para ajudá-lo a navegar no labirinto, nunca encontrará a porta de saída. A maioria dos indivíduos luta, incapaz de encontrar as aberturas sozinha. É por isso que o conhecimento tem sido passado de mestre para aluno, geração após geração. Como uma bússola e um mapa, a técnica de unificação de opostos, na Segunda Parte, é uma ferramenta simples para ajudá-lo a escapar do labirinto.

O CONVITE À MUDANÇA

A descoberta e a vida em um estado mais integrado é um convite oferecido pela alma em um ponto de nossa evolução. Aprender a viver em um fluxo constante com eventos e mudança é algo necessário. Se escolhemos aceitar o convite, podemos esperar mudanças enormes na percepção e mesmo em nossas vidas. De fato, encontramo-nos encarando muitas mudanças e isso pode ser desconcertante. Ainda assim já vivemos em um mundo onde nossa experiência de mudança está se acelerando constantemente. Pode parecer demais considerar o mergulho deliberado com o objetivo de mudar ainda mais.

O desenvolvimento que certas culturas estão experimentando em comunicações eletrônicas e tecnologia da era da informação está, sem dúvida, estimulando a mudança em muitos de nós, cada vez mais, a cada ano. A vida está se acelerando. Se estivermos comprometidos com a transformação espiritual, aprender a encarar a mudança com equanimidade faz parte do treinamento. Com a prática, torna-se mais fácil e confortável encarar a mudança.

A preparação para a viagem além das fronteiras do sistema separado dá-se quando convidamos a mudança para nossas vidas. No início da jornada, isso pode tomar a forma de curiosidade sobre a vida e seu significado, sobre Deus e sobre si mesmo, ou apenas do sentimento de que deve haver algo *mais*. Algum tipo de decisão é tomado no sentido de encontrar respostas, ou nos comprometemos com o Espírito ou com nós mesmos, para encarar as mudanças. A dor e a sensação de aprisionamento são fatores motivadores que nos impelem a buscar mudanças.

Quando estamos frustrados ou angustiados, não importa se somos iniciantes ou almas já experientes, encontramo-nos no limite do potencial máximo para mudança. Essa é uma época excelente para assumir o compromisso de crescimento.

Frequentemente pode haver o sentimento de que qualquer coisa é melhor do que a situação em que nos encontramos. A maioria de nós pode se lembrar de, pelo menos uma vez, ter afirmado ao Espírito que faria qualquer coisa, faria o que fosse preciso, para quebrar o ciclo em que se via envolvida. Compromissos assumidos em épocas como essas são altamente significativos e podem vir a afetar profundamente nossa situação de vida. Tomemos um momento para falar sobre o poder do compromisso.

O PODER DA INTENÇÃO E DO COMPROMISSO

A transformação é instigada através do compromisso e da intenção. À medida que se inicia o caminho espiritual, você aciona a mudança na direção em que deseja somente em função do compromisso de iniciá-la. É impossível subestimar o poder que seus compromissos possuem para iniciar mudanças. Se você for realmente sincero quando assumir um compromisso, ele iniciará um ciclo de alterações que não se completará até que tenha atingido a mudança que se comprometeu a fazer. Se não foi muito sincero e, sim, hesitante e um tanto indiferente, no que se refere ao compromisso, o processo será obstruído de certa forma, apesar de ainda assim tentar realizar-se.

O processo de transformação torna-se obstruído por compromissos contraditórios ainda mantidos no inconsciente e advindos do passado. Muito de sua antiga realidade e de sua expressão padronizada permanece no lugar por intenções assumidas há muito tempo e das quais você não está mais consciente. Podem ter sido assumidas há tanto tempo que já estão esquecidas. Ainda assim possuem o poder de afetar sua mente e comportamento no presente. Por exemplo, quando criança, você pode ter feito um voto ao universo, em um momento de frustração e de raiva, de que *nunca* seria igual a sua mãe, ou mesmo de que *nunca* se colocaria em uma posição de subserviência, ou de que enriqueceria *não importando o que acontecesse.* Frequentemente, no trabalho de processamento, você encontrará essas velhas intenções e compromissos; faz-se necessário rescindir e dissolvê-los conscientemente. A formação de novos compromissos muda o fluxo de energia para algo que está mais alinhado com o novo propósito e intenção de sua vida.

Eu sugiro uma renovação do compromisso com seu crescimento, seja qual for a maneira que sinta estar de acordo com seus desejos espirituais, toda vez que você completar uma parcela de trabalho transformador. Algumas vezes as pessoas sentem que o compromisso original que assumiram, logo que iniciaram o caminho do despertar espiritual, levá-las-á a iluminação e que não precisam se preocupar com sua renovação. Por exemplo: "Eu assumo o compromisso de despertar"; ou algumas vezes as pessoas sentem que um compromisso geral, assumido há muito tempo para curar um assunto desequilibrado em sua consciência, já é o bastante. Por exemplo: "Eu assumo parar de culpar aos meus pais por meus problemas". Isso não é justo para com o processo de transformação. Quando assume um compromisso, você o faz com aquela parte sua que está consciente. Na medida em que progride, mais de si sai do inconsciente para a consciência, e essas novas partes necessitam de novos compromissos. Cada vez que vivenciar uma resolução de um problema ou a cura de uma situação preocupante, dedique-se novamente ao próximo passo. Dessa maneira as coisas continuarão se movendo.

ENCONTRANDO O *SELF*

Quando despertamos para nossa verdadeira identidade, temos a capacidade para continuamente manter o conhecimento profundo e central de que somos mais que personalidade. Nós somos um com o *Self*. Nesse estado estamos ligados a um conhecimento do qual nos originamos, porque sentimos a presença divina tanto no interior quanto no exterior. Tornamo-nos o *Self*, o *um*, sempre consciente de sua existência eterna, de sua noção de *qualidade de ser*. O *Self* conhece a si mesmo. Ele não vivencia a si mesmo refletido de volta a partir do outro. Ele se sente completo e inteiro em si mesmo, não necessitando de outro. O estado de unificação, o *Self*, é chamado o *um sem um segundo*, implicando que não é dual. Nada desejando, ele permite que a vida flua através de si completamente, a cada momento presente. Enquanto as confusões da vida se desdobram incessantemente à sua volta, em constante metamorfose, o estado unificado torna-se um pano de fundo da atividade da verdadeira natureza. À medida em encontramos o *Self*, encontramos o segredo de nossa própria imortalidade espiritual.

RESUMO DO CAPÍTULO
Aqui estão alguns principais pontos que introduzimos até agora.
- ♦ Somos condicionados a acreditar que somos separados de nossa verdadeira natureza divina interior.
- ♦ Podemos retornar à nossa verdadeira natureza como o *Self*, se assim o quisermos.
- ♦ Os sentimentos de separação aprofundaram-se nos tempos modernos.
- ♦ Os ensinamentos de mistérios nos dizem que não somos realmente separados e que já somos iluminados.
- ♦ *O Casamento do Espírito* oferece técnicas para a integração e dissolução do eu separado.
- ♦ As técnicas são baseadas na unificação de opostos.
- ♦ Para vivermos em um estado de ser saturado com a presença divina, precisamos dissolver as separações aprendidas que a vida diária embutiu na personalidade.

SUGESTÕES PARA TRANSFORMAR A TEORIA EM PRÁTICA
1. Você se sente confortável com a mudança? Considere fazer uma afirmação diária por um período de algumas semanas, mentalmente ou em seu diário, no sentido de convidar mais transformação pessoal para a sua vida. Ore e peça ajuda interiormente para que possa iniciar um caminho de autoinvestigação ou para ter seu caminho de autoinvestigação acelerado.
2. Examine alguns de seus velhos compromissos e intenções. Considere a rescisão de qualquer um que o esteja limitando e que não esteja alinhado com o caminho de transformação e de autoinvestigação. Renove qualquer um que queira manter. Você pode fazer isso simplesmente escrevendo em seu diário ou mesmo repetindo interiormente para o Espírito que os rescinde ou renova.
3. Assuma novos compromissos, como "eu desejo vivenciar o despertar espiritual" ou "eu desejo trilhar o próximo passo em meu caminho para o despertar espiritual". Então, nos dias que se seguirem, esteja consciente, alerta e aberto para a possibilidade do preenchimento de seu compromisso.

As pessoas estão em cativeiro porque ainda não removeram a ideia do ego... Quanta confusão de pensamento advém de nosso interesse no eu e de nossa vaidade quando pensamos: "Eu sou demais" ou "Eu completei essa grande façanha"? O pensamento de seu ego está entre sua razão e a verdade; extinga-o, e então você verá as coisas como são. Aquele que pensa de forma correta livrar-se-á da ignorância e ganhará sabedoria.

– Buda

QUATRO

A NATUREZA DO EU SEPARADO

A presença da unidade, interligada a tudo na existência, está sempre conosco. Ela espera que a percebamos em nível de personalidade. Ela é o que somos. Percebemos a presença da unidade com os níveis mais profundos de nossa consciência, mas não, geralmente, com a mente consciente. O estado interior de unidade aparece escondido por detrás dos véus da personalidade. Porque esses véus não nos permitem experimentar a consciência do *Self* autêntico, a personalidade superficial torna-se nosso senso substituto de identidade. Tão inautêntico quanto possa ser, assumimos que essa personalidade é tudo o que temos. Essa é uma identidade baseada em como nos vemos fisicamente, quais são nossas aptidões e atributos, como pensamos e sentimos, assim como do que gostamos ou não, desejamos ou tememos. Através dela, nós (a consciência do *Self*) fomos iludidos a pensar que somos a personalidade. Trancamo-nos em um estado rígido e fixo de identidade, presos a enormes limitações. Esse método de autodescrição, ensinado a nós desde a tenra infância, é uma descrição completamente superficial e inadequada de quem realmente somos. Ela não leva em consideração o nosso *Self* eterno, o ser luminoso por trás da personalidade, que anima todas as qualidades dessa personalidade e que lhes fornece vida.

Contudo, a descrição feita acima é uma abordagem superficial da natureza do eu separado. Causas mais profundas de nossa separação e seu contexto mundano encontram-se no projeto básico do sistema – um sistema que vim a denominar de *sistema separado*. A consciência possui uma estrutura nesse sistema – uma arquitetura e uma engenharia. Analisando o projeto e a engenharia do sistema separado podemos ver como acabamos por cair nele.

Existem quatro fatores diferentes no projeto do sistema separado que acabam por afetar nossa consciência de formas limitadoras. Eles são: a dualidade, a alternância dos opostos, o inconsciente e a polarização negativa e positiva.

NOSSO MUNDO É UM MUNDO DE DUALIDADES

Este mundo é conhecido como um mundo de dualidades. É um mundo de opostos – negativo e positivo, bem e mal, certo e errado, dor e prazer, guerra e paz, superior e inferior, noite e dia, além de muitos mais. A lista de dualidades neste mundo é extremamente longa, como você logo verá, já que o trabalho de opostos é o que faremos. Quase tudo em que você possa pensar possui seu lado oposto. Um momento de exame revelará essa verdade. Exploraremos isso em detalhes nas páginas que se seguem. É uma parte integral do projeto arquitetônico do sistema como um todo. Como um fator primário de consciência neste mundo, a dualidade, mais que qualquer coisa, possui o maior impacto em nossa consciência. O seu impacto é sentido mais fortemente na forma como nos prendemos à nossa autoidentidade e na maneira que escolhemos viver nossas vidas. Logo, neste mundo parecemos estar limitados por um sistema projetado para incorporar a dualidade em nossa consciência. Uma outra maneira de dizer isso é:

Nosso estado original, a energia unificada, foi aparentemente impresso com dualidade.

Aqui está uma descrição muito simples de dualidade. Imagine que você tem uma maçã na sua frente. A maçã representa consciência pura, indiferenciada e unificada. A maçã inteira representa *tudo o que há*. Ela contém em seu interior tudo como potencial. A consciência, que é o que somos além de nosso estado humano, é como a maçã. Se cortasse a maçã em duas partes, você estaria criando dois pedaços de maçã. Ela está dividida em duas partes. Ela se tornou dualística, ou dois. O projeto arquitetônico para a consciência dualística neste mundo é um programa sobreposto à consciência original, não dualística e indiferenciada. E isso torna a consciência neste mundo parecida com uma maçã cortada em duas metades. É essa divisão da consciência unificada em dualidade que faz surgir todos os estados de polaridade que conhecemos neste mundo.

Imagine que você pudesse juntar novamente as duas metades da maçã. Se isso fosse possível, tornar-se-ia uma maçã unificada ou uma consciência unificada novamente. Esse é o princípio da unificação de opostos. Ele diz respeito à reunificação de todas as dualidades percebidas em nossa consciência individual, permitindo-nos um retorno a uma percepção do estado total, original e unificado.

O sistema separado é mantido unido e limitado por um campo eletromagnético. O que isso significa para nós é que no momento da criação, quando a consciência é separada do todo, três coisas acontecem: 1) a consciência, mantida unida através de um campo magnético, divide-se em dois (dualidade); 2) ela é magnetizada em positivo e negativo; e 3) ela se divide em consciente e inconsciente.

A consciência, no sistema de dualidade, é dividida em dois e torna-se presa na dança do magnetismo. Um polo desenvolve carga positiva e o outro carga negativa, o que une os dois lados fortemente. A isso chamamos polarização. Todas as dualidades em nossa consciência estão agora sendo mantidas em termos de atração-repulsão, em relação umas às outras, um puxa-empurra dinâmico entre positivo e negativo.

A LEI DOS OPOSTOS E A ROTAÇÃO

Algo óbvio para todos é que neste mundo estamos sujeitos a constante mudança. Um fator notável, porém menos óbvio dessas mudanças, é que todas as dualidades no mundo também mudam de lado. As estações se revezam, dia e noite se alternam. A humanidade passa por épocas de paz e tempos de guerra, tempos de prosperidade e tempos de escassez. As secas vêm, assim como as chuvas ou inundações. Assim também as dualidades em nossas mentes alternam seu posicionamento em nossa consciência. Isso acontece porque todas as diferentes dualidades neste mundo são carregadas positiva e negativamente, e giram uma em torno da outra. Essa alternância faz surgir uma lei que devemos respeitar, que é:

Dentro do contexto do contínuo espaço-tempo,
tudo acabará se tornando seu próprio oposto.

Encontramos tudo em nossas vidas finalmente se tornando seu oposto, desde nossos humores passageiros até as circunstâncias de vida. Podemos, por exemplo, um dia experimentar o sucesso e, em outro, ter que encarar o fracasso. Essa lei espiritual é a lei para todos que vivem no sistema separado. A lei dos opostos não especifica quanto tempo qualquer dualidade levará para tornar-se seu oposto. Ela apenas indica que isso acontecerá em algum ponto. Podemos, portanto, ter certeza de que, em algum ponto, nossa depressão, autoconfiança ou tédio tornar-se-ão seus opostos; talvez amanhã, talvez no mês que vem, talvez na próxima vida.

Estamos em grande vantagem quando nos damos conta de que estamos presos a essa lei, porque podemos começar a trabalhar à sua volta. Existe uma maneira de fazermos isso. No curso normal dos eventos, entretanto, a maioria das pessoas nega a lei dos opostos e as mudanças trazidas por ela. Elas lutam para permanecer no lado positivo da personalidade pelo maior tempo que puderem, ficando devastadas quando se encontram mudando para o lado negativo.

De fato, aprender a estar confortável diante da mudança contínua criada pela alternância é um dos passos importantes no caminho para o despertar. Apenas o fato de saber a respeito da inevitabilidade da alternância dos opostos já ajuda nos estágios iniciais. Ajuda-nos na direção de uma aceitação da natureza cíclica da vida. Efetivamente, à medida que o indivíduo se torna consciente da presença da unidade, a mente e as emoções tornam-se muito centradas, equilibradas e desapegadas dessa alternância de opostos.

ATRAÇÃO E REPULSÃO

Atração e repulsão levam a mente a dividir todos os fenômenos mundanos em diferentes campos de negativo e positivo, dando a tudo um valor negativo ou positivo. Isso nos leva à separação e à compartimentalização de tudo em nossas mentes. Nossa tendência condicionada é alinharmo-nos com um lado (atração) e rejeitar ou evitar o outro (repulsão).

Não temos escolha nisso; estamos implacavelmente limitados por esse sistema de julgamento. A vida é vista através deste filtro de negativo e positivo – isto é, até que concordemos em nos engajar no trabalho transformador. No momento em que decidimos que há mais coisas relacionadas à vida e desejamos explorar outras opções, temos o potencial para nos mover em direção a outro paradigma, o que existe para além do negativo e do positivo.

A maioria das pessoas tem a tendência de apegar-se ao positivo. Nós, por exemplo, prendemo-nos desesperadamente a algo como o prazer, esquivando-nos da dor, e uma dinâmica de atração-repulsão acaba por ser formada. Atração-repulsão é uma dinâmica poderosa, que acaba por girar nossa energia mental e emocional. Enquanto nos prendemos ao prazer, rejeitamos a ideia de sentir dor. Ainda assim os dois estão unidos e, devido à lei dos opostos, revolvem um à volta do outro. Um segue nos calcanhares do outro. Devido a nosso apego ao positivo, o ciclo continua se movendo e, por fim, muda a polaridade para a dor. Finalmente retorna ao prazer e então, é claro, tentamos nos agarrar ao prazer porque é o que nos favorece, e o ciclo acaba por se repetir. Devido ao favorecimento e ao apego a um lado da polaridade, a tremenda atração pelo prazer, puxamo-lo em nossa direção e a roda de nossos desejos continua girando. Isso é o que é conhecido no Oriente como a *roda do carma* e é do que desejamos escapar a todo custo. Através do apego ao prazer, inevitavelmente criamos o retorno da dor e permanecemos presos.

As energias de atração e de repulsão são forças extremamente poderosas. Elas possuem o poder de dar forma à nossa consciência e ao nosso mundo externo. A força do nosso desejo é capaz de atrair coisas materiais e até mesmo pessoas até nós. E a força de nossa repulsão é capaz de afastar coisas e pessoas para longe de nós. O ato da repulsão é uma forma muito sutil de violência, não apenas com os outros, mas também com nós mesmos. Ele possui o efeito de fraturar a totalidade de nosso campo de consciência. Através do poder da repulsão, a separação acaba sendo criada.

A maneira de mover-se para além dessa fragmentação é através da unificação de opostos. Pelo exame de estados de consciência polarizados, que mantemos dentro do campo eletromagnético da consciência, temos a oportunidade de fundi-los de volta à unidade, e todo o nosso campo finalmente torna-se menos denso e mais transparente. A consciência pode então passar através dele em direção à totalidade da mente universal, o que também é uma maneira de dizer que a consciência pode mover-se para além do desejo e do medo, do bem e do mal, do gostar e do desgostar e para além de qualquer julgamento. Isso ocorre quando nos desapegamos da atração, da repulsão e da rotação.

TENDEMOS A NEGAR UM LADO DE UM PAR DE OPOSTOS

Estamos todos limitados por cada um dos pares polarizados de opostos, estejamos ou não conscientes disso. O que geralmente acontece a um indivíduo é que ele ou ela, no decorrer do drama da vida, representará um lado de um par com mais consciência, enquanto o outro lado viverá escondido no inconsciente, não visto e frequentemente negado. O padrão de personalidade de alguém pode, por exemplo, permitir um sentimento positivo de autoconfiança na consciência, mas enterrará profundamente os sentimentos negativos opostos de desvalorização, na esperança de que nunca precisem ser sentidos ou encarados.

É da índole do ser humano negar o lado oposto negativo de todos os pares de opostos. Enquanto escolhemos viver conscientemente um lado, empurramos o outro para o inconsciente. Isso divide a consciência em parcialidades e define a personalidade. Em referência ao exemplo acima, alguém poderia se identificar com o estado positivo dizendo algo como "eu posso fazer qualquer coisa que decida fazer". Essa é uma afirmação definitiva de confiança. A pessoa está se definindo por meio do estado de autoconfiança. E ela realmente acredita nessa afirmação, porque é essa a natureza da autoconfiança.

A partir do posicionamento dividido da dualidade, a personalidade não consegue ver seus lados positivos e negativos simultaneamente, porque um lado do par está escondido no inconsciente. Esta cegueira é uma das maiores causas de limitação na personalidade. Quando um estado polarizado muda para seu oposto, o que invariavelmente acontece, apenas então podemos ver e vivenciar o lado oposto. Pessoas com altíssima autoestima podem, subitamente, descobrir que perderam sua confiança e estão imersas em insegurança. Isso pode pegá-las completamente de surpresa, já que criaram uma identidade forte em torno da alta autoestima e uma forte negação de seu oposto. Também pode deixá-las extremamente perdidas, confusas e envergonhadas – levando-as até mesmo a uma crise completa de identidade, desequilibrando suas vidas e demorando meses para elas se curarem. Foi justamente a negação, de longo prazo, do lado escondido que fez com que a queda fosse tão dura de encarar. Foi uma surpresa tão completa, puxando o tapete debaixo de seus pés com tanta força, que elas não só caíram em direção à desvalorização, mas também em direção ao choque.

Para essas pessoas, o equilíbrio e a cura de seu espírito acontecem quando encontram um espaço de aceitação em seu interior, e concordam que possuir um lado oposto de desvalorização durante algum tempo é normal. Enquanto isso pode soar como uma reversão de seu otimismo prévio e como algo que pode deixá-las para baixo, na verdade é um passo na direção de uma autoconsciência mais realista e equilibrada. Você verá como isso pode ser mais uma vantagem do que uma desvantagem conforme progredirmos em nossa compreensão dos princípios e técnicas. Se a pessoa no exemplo soubesse, de antemão, que toda a consciência na vida é dividida em opostos e que todos estão sujeitos à rotação desses opostos, ficaria muito menos surpresa e estaria muito mais disposta a aceitar o período de reversão da autoconfiança. Finalmente, se o indivíduo pudesse ver que nenhum dos lados da personalidade, positivo e negativo, é o que ele ou ela realmente é, estaria dando um grande passo em direção à liberdade. À medida que exploramos para além das parcialidades e limitações da personalidade, existe um caminho através da selva que nos leva ao nosso despertar.

No eu separado geralmente há uma tentativa de enterrar qualquer estado com valor negativo no inconsciente. A maioria das pessoas sente um real preconceito no sentido de até mesmo admitir sua existência. O inconsciente, que exploraremos nas páginas seguintes, foi criado por nosso desejo de negar grande parte de nós mesmos. Porque é supostamente muito mais confortável viver no lado positivo, a maioria das pessoas está em negação absoluta de tudo que elas empurraram para o inconsciente negativo. Essa é uma escolha muito limitadora, e continuaremos a observar suas implicações para o buscador espiritual conforme progredirmos.

NOSSOS LIMITES HUMANOS

Dentro do esquema da criação vivenciamos a consciência dividida em miríades de estados diferentes, através do sistema de dualidade. O efeito disso é duplo: em primeiro lugar, dá-nos o dom da vida e da beleza, assim como da enorme diversidade do mundo que nos cerca. Em segundo lugar, faz surgir as limitações com as quais devemos lidar, na medida em que fazemos parte deste mundo – um mundo onde parecemos ter perdido a maior parte de nossas fontes universais, onde a totalidade é quebrada e dividida em suas muitas partes e onde nos sentimos separados de Deus, de outras pessoas e do resto do mundo.

Nossa percepção tornou-se limitada a cinco sentidos, e perdemos grande parte de nossas faculdades transcendentais como a intuição, a capacidade psíquica, a telepatia e a clarividência. Em vez disso, viemos a confiar principalmente na lógica e no raciocínio dedutivo. Estamos limitados pela dimensão física e pela dualidade, e nos tornamos desligados de nossa afinação com os ciclos da natureza e com a teia da vida.

Logo abaixo da consciência, vemos essa limitação de recursos e a maneira pela qual ela afeta nosso estado no mundo por meio da redução de nosso poder. Aprendemos a perceber, desde a infância, enquanto o ego se desenvolve, que não apenas nosso poder encontra-se polarizado com a impotência, mas também se encontram assim a criatividade, a inspiração e o *insight*, além do poder físico; todos polarizados com seus opostos – ser não criativo, sem inspiração, entediado e letárgico, o que faz parecer que a força nem sempre está conosco. Durante todo o tempo descobrimos que temos muitos sonhos a realizar e um destino para viver, mas ainda assim tropeçamos em um senso inerente de dúvida internalizada a respeito de possuir ou não recursos suficientes para realizá-los.

O desafio e a desvantagem da vida é encontrar maneiras de realização quando não possuímos a totalidade de recursos e todas as ferramentas de que precisamos. O desafio de lidar com limitações é o que molda o caráter. Em um sentido evolucionista, as vidas das pessoas são definidas pela maneira como elas escolhem lidar com essa situação. A vida oferece todo tipo de soluções, tanto sutis como extremas, tanto saudáveis como não. Devido à aparente escassez de recursos, por exemplo, alguém pode vir a compensar a sutileza através da alimentação excessiva ou através do acúmulo de posses materiais. Comportamentos compensatórios mais extremos podem incluir coisas como cleptomania ou alcoolismo. O encontro com o desafio de limitação da vida também pode fazer surgir o melhor lado da natureza humana. O estado que entendemos como heroísmo é feito disso. Imagine, por exemplo, duas pessoas com limitações físicas e que, ainda assim, conseguem viver, tirando alegremente o máximo de suas situações, quando poderiam ficar irritadas ou se sentirem vítimas. Anos atrás, eu vi uma exibição de arte por indivíduos sem as mãos. Eles haviam aprendido a segurar lápis e pincéis com suas bocas ou com os dedos dos pés. Lembro-me que tentava imaginar, já que eu mesma era pintora, como seria minha vida sem as mãos. A limitação é relativa. Algumas vezes é preciso uma consciência de herói apenas para se chegar até o fim do dia. O *Bhagavad Gita* diz: "Um espírito sereno aceita o prazer e a dor com uma mente constante e não é movido por ambos. Ele sozinho é merecedor de imortalidade". Esse é o herói. Todos nós possuímos nossos desafios físicos, emocionais ou mentais. Não podemos conhecer nosso próprio heroísmo, ou crescer em heroísmo, sem ter as limitações da vida para nos instigar.

Poderíamos supor que o sistema foi projetado dessa forma para que pudéssemos, finalmente, afastar-nos das limitações e do ser separado em direção ao Espírito, para iniciarmos nossa viagem de volta. Mas quantas vidas são necessárias até que nos deparemos com isso! O sucesso para o ego está em fazer com que a vida funcione e em encontrar preenchimento com nossos recursos limitados, dentro do sistema separado. Ainda assim, eventualmente, damo-nos conta de que há outra maneira de ser, que não a maneira egoica. Isso geralmente apenas acontece após termos tentado todas as outras permutações. À medida que largamos o ser separado e sua vida aparentemente autônoma, e que desistimos de fazer o papel de Deus, em prol da verdadeira experiência de retorno à consciência de que somos Deus, acabamos por recapitular nosso poder universal.

É hora agora de definir alguns dos limites na consciência, que encaramos no sistema separado. É importante começar a torná-los familiares para que os reconheçamos quando nos depararmos com eles e sintamos como nos retraem ou expandem.

Primeiro, estude-os visualmente abaixo, observando-os, relacionando-se com eles, saboreando seu significado. Isso é para dar a sensação de algumas das principais cisões que você virá a compreender, de forma tanto pessoal quanto mais geral e arquetípica. Elas estão intimamente ligadas às nossas vidas, frequentemente de formas extremas e dramáticas. Reserve um momento para realmente estudá-las. Tire um tempo especialmente para associá-las com suas próprias experiências de vida. Deixe que a extensão e a profundidade da dimensionalidade da vida que elas passam para você realmente penetrem em sua compreensão.

MASCULINO — FEMININO
CONSCIENTE — INCONSCIENTE
NEGATIVO — POSITIVO
ATIVO — PASSIVO
BEM — MAL
VIDA — MORTE
ESPAÇO INTERIOR — ESPAÇO EXTERIOR
DOR — PRAZER
TIRANO — VÍTIMA
ELOGIO — CENSURA
SUPERIOR — INFERIOR
ATRAÇÃO — REPULSÃO
GOSTAR — DESGOSTAR

PERDA — GANHO
VALOROSO — SEM VALOR
ABANDONADO — QUERIDO
APROVAÇÃO — DESAPROVAÇÃO
AMOR — ÓDIO
PODER — IMPOTÊNCIA
REJEITADO — ACEITO
FORMA — SEM FORMA/ESPAÇO
TEMPO — ATEMPORAL
EXISTÊNCIA — ANIQUILAÇÃO
CAOS — ORDEM
CRIATIVO — DESTRUTIVO
CÉU — TERRA

DESEJO — MEDO   CÉU — INFERNO
GUERRA — PAZ   MATÉRIA — ESPÍRITO
TRABALHO — LAZER   SAGRADO — SECULAR

Cada um é uma fonte de separação e uma experiência dos limites em nossa consciência. Eles são uma mera fração do número total de estados que formam os limites aos quais a humanidade se encontra sujeita em nosso estado presente. É importante lembrar que, devido às leis de atração e de repulsão operando neste mundo, os dois lados de uma polaridade são mantidos inseparavelmente em uma tensão dinâmica um com o outro.

Além disso, eles são todos parte de uma gama de estados a que temos acesso. Formam uma planta ou projeto de consciência presente em nossas mentes. Fazem o acesso da consciência para a diversidade da vida. Se, à primeira vista, isso pode não parecer claro ou óbvio, lembre-se de que estamos observando a maneira pela qual a natureza dualística da consciência nos define e às nossas limitações. Tenha paciência consigo mesmo. A compreensão virá à medida que você começa a trabalhar com algumas de suas próprias dualidades. Se ainda não começou a trabalhar no Capítulo 9 – Polaridades, pode ser que ache útil iniciar agora. Quando começar a praticar o processamento de polaridades, você logo verá como as dualidades parecem prender a consciência dentro de limites definidos.

NO INÍCIO – CRIAÇÃO COMO SEPARAÇÃO

Na primeira vez que encarnamos e vivenciamos a separação, a consciência caiu para fora da totalidade do campo unificado em uma sequência muito particular. A primeira divisão dualística aparente, a separação original, emergiu do estado unificado ou do todo. Isso resultou em uma divisão sujeito-objeto, entre *o tudo o que há e a alma*. A alma contém todas as frequências com as quais a consciência é tecida nesse sistema. Eu utilizo a palavra frequência porque a criação, em seu nível mais fundamental, é vibratória, com as *frequências* particularizadas emergindo da unidade, que as contém em forma latente. Essa forma de alma andrógina inclui frequências tanto masculinas quanto femininas, tanto o negativo quanto o positivo e ambos, consciente e inconsciente (Figura 4.1).

A segunda cisão se refere à divisão entre o eu individualizado, ou eu separado, e a alma. Ela institui a divisão entre consciente-inconsciente, negativo-positivo e masculino-feminino. O individual é dividido nas frequências masculinas, se estiver em um corpo macho, ou frequências femininas, se estiver em um corpo fêmeo. A consciência da alma manifesta um corpo em qualquer um dos gêneros, fazendo uma seleção das frequências adequadas para encaixar-se com o gênero. Ela também se encaixa com as frequências relevantes necessárias para apoiar o padrão de personalidade, em particular, que está se manifestando.

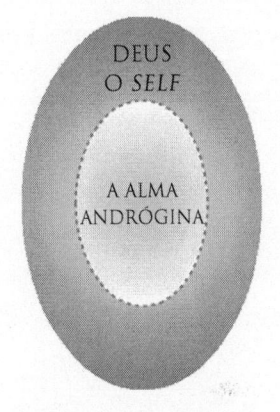

Figura 4.1 *A primeira cisão: a divisão sujeito-objeto.*

Dessa forma, por exemplo, alguém em um corpo masculino poderia possuir uma personalidade com muitas qualidades femininas integrantes de sua constituição, ou vice-versa. Nós utilizamos apenas uma pequena porção das frequências disponíveis da criação para nossa vida limitada e padronizada. As frequências restantes não utilizadas, a grande maioria, são projetadas no inconsciente. Na hora da morte todas as frequências retornam para o interior da alma (Figura 4.2).

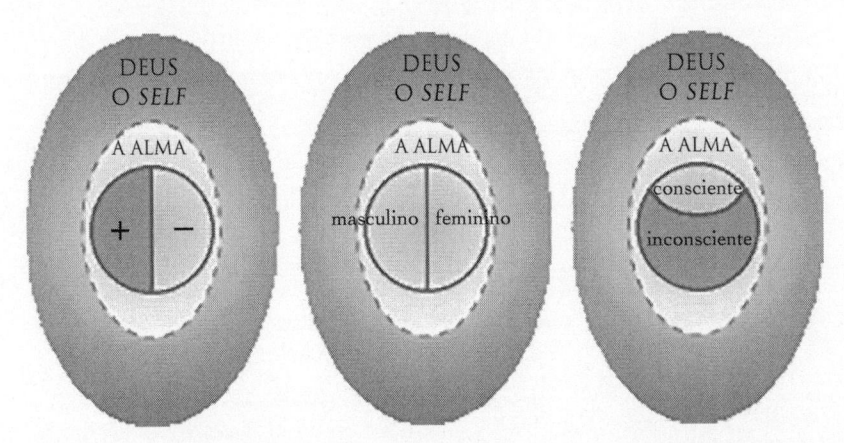

Figura 4.2 *A segunda cisão: divisão entre alma e eu separado (o eu separado é representado pelo círculo interno). Cisões simultâneas acontecem entre negativo-positivo, feminino-masculino e consciente-inconsciente.*

A DIVISÃO ENTRE CONSCIENTE E INCONSCIENTE

No instante em que a consciência vasta da alma é, aparentemente, espremida para a manifestação e limitação, e torna-se o eu individualizado, ela é impressa com dualidade. A memória da totalidade original se perde. Essa é a cisão entre o consciente e o inconsciente. O inconsciente é nosso lado escondido, o lado de nossa consciência que não podemos ver; é desconhecido. Estamos, sob circunstâncias normais, bem cegos em relação a esse lado. Outros podem, por vezes, ver nossos aspectos inconscientes, mas nós normalmente não os vemos.

Já que manifestação significa que estamos agora divididos em dois, e que a maior parte de nossa consciência está aprisionada em forma inconsciente, não podemos saber tudo o que sabíamos em nosso estado original. Já que nossa parte inconsciente é muito maior do que a consciente, resta-nos apenas uma porção mínima, limitada de nosso *Self* original.

Culturalmente, o aspecto superficial consciente é geralmente o que a sociedade escolhe reconhecer. Há realmente uma pressão sutil por parte da sociedade para não se arranhar demais por debaixo da superfície, e então a superfície é o que a maioria das pessoas conhece. A humanidade escolhe, na maioria das vezes, manter a consciência tão superficial quanto possível. Nós temos mesmo um ditado que diz que ignorância é felicidade, o que descreve o fenômeno com muita precisão. Algumas pessoas vivenciam dor associada a essa superficialidade, especialmente as crianças. Lembro-me vividamente de dor na infância em referência a esse assunto.

Sempre fui tachada como uma criança um tanto profunda e séria. O que me incomodava era a maneira como isso era sempre dito por adultos, assim como por amigos de infância, como se fosse um assunto proibido. A mensagem que entendi foi que eu não era apenas diferente, mas que também era de alguma forma incognoscível. E isso se traduziu para meus jovens ouvidos como inaceitável. Eu era aceita contanto que não expusesse o que subsistia abaixo da consciência superficial. Como criança, eu aparentava ter uma consciência um tanto expandida, e isso foi profundamente rotulado. Suponho, relativamente falando, que isso era verdade. Então, aprendi rapidamente, como muitas crianças, a esconder a profundidade e as maneiras através das quais eu era diferente, tentando encaixar-me mais com os outros, adaptando-me.

Entretanto, o lado bom disso é o fato de que há muito mais em nós do que nosso mundo presente nos faz acreditar. Estamos livres para começar a resgatar partes de nosso inconsciente e expandir nossa consciência de volta à sua totalidade original, tão logo desejemos. A penetração no inconsciente geralmente acontece apenas com o desejo e o compromisso de entrar nele.

TEMOS A TENDÊNCIA DE TEMER O INCONSCIENTE

A divisão entre consciente e inconsciente é um de nossos limites mais fixos. A visão é definitivamente encoberta. A personalidade consciente é apenas a ponta do *iceberg* em relação ao inconsciente.

Temos a tendência de temer nosso inconsciente, projetando que ele contém todo tipo de males, incluindo nosso próprio ego negativo. O inconsciente algumas vezes é chamado de *o lado escuro*, não porque seja mau ou negativo, mas porque se encontra escondido. Muitas pessoas interpretam mal o lado escuro, entendendo-o como mau ou negativo. Parece ameaçador, mas essa definição não é necessariamente verdadeira. O lado inconsciente escondido pode ser tanto negativo quanto positivo, bom ou mau, já que a projeção bom-mau é subjetiva.

A mente inconsciente tem um aspecto positivo
assim como um negativo, tal qual a mente consciente.

O inconsciente é também conhecido como *o lado sombra* da humanidade; e cada pessoa no planeta, sem exceção, possui um inconsciente, a menos que tenha trabalhado para tornar tudo consciente (Figura 4.3).

Entrar no inconsciente também é o caminho de retorno ao conhecimento de nossa universalidade e de nossa multidimensionalidade.

Devemos desenvolver a disposição para desvendar o inconsciente, se queremos retornar ao *"tudo o que há"*. Até que estejamos dispostos a entrar, não descobriremos todos os tipos de joias que ele contém, incluindo-se os dotes e atributos da alma advindos de outras vidas. A maior parte dos indivíduos nem imagina possuir um vasto reservatório de consciência disponível, pronto a ser acessado para obtenção de informação, compreensão, sabedoria e inspiração. Em vez disso, as pessoas tendem a sentir que são apenas compostas pelos comportamentos e pela personalidade superficiais, sentindo, além disso, que não possuem acesso a nenhum grau de sabedoria e de inspiração. Um exemplo: se tivéssemos tido uma vida passada em que nos distinguíramos, de alguma forma, nas artes ou nas ciências, o conhecimento obtido estaria guardado no inconsciente. Poderíamos acessar aquela sabedoria da alma para aumentar os recursos desta vida.

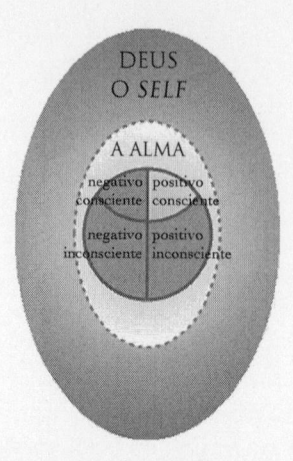

Figura 4.3 *A mente consciente e inconsciente.*

O inconsciente contém o poder armazenado de muitas vidas. Anos atrás, quando iniciei meu caminho de descoberta do Eu, tive um sonho no qual Anúbis, um homem com cabeça de chacal, veio a mim e me iniciou em minha jornada pelo reino do inconsciente. Quando acordei, eu não sabia quem era Anúbis e nem compreendi o significado do sonho. Mas o sonho foi tão vívido que lembrei seu nome e procurei em um dicionário de mitologia. Descobri que ele era o antigo deus egípcio dos mundos inferiores. A definição de Anúbis, no dicionário, estava um tanto limitada, como mais tarde descobri. Ela associava os reinos inferiores aos mortos e não aos vivos. Isso para mim foi aterrador. Encontrei-me congelada pelo medo durante vários dias, até que disse a mim mesma que havia sido apenas um sonho e que não era real.

Quando finalmente arrumei coragem para lidar com o medo, percebi que eu havia não apenas assumido que o sonho era sobre morte, mas também que havia tido uma reação reflexa sobre os reinos inferiores como lugares indesejáveis, onde demônios e horrores inacreditáveis espreitavam. Pensei estar perdida, com certeza. A minha mente os associou ao Inferno, no sentido cristão da palavra, mesmo eu não sendo mais uma cristã praticante. Levou algum tempo antes que eu pudesse perceber que não havia sido apenas um sonho, mas sim uma mensagem de meu inconsciente, e que foi, na verdade, uma bênção. Um amigo jungiano finalmente apontou para mim que esse era um sinal de que eu estava prestes a recuperar meu poder espiritual. O poder espiritual está em fazer do inconsciente, consciente.

O desejo de ser bom é frequentemente um motivo para reprimir e negar o inconsciente. Ser bom não é o caminho de volta para *tudo o que há*, no sentido em que viemos a entender a palavra bom. Observemos como a maior parte das pessoas deseja dar ênfase ao positivo. Relacionamos o positivo com ser bom. Reprimimos as partes negativas ou más e tentamos escondê-las dos outros, até mesmo negando-as para nós próprios. Fazemos isso porque acreditamos que devemos ser bons para sermos redimidos de volta ao Paraíso – algo que desejamos mais do que qualquer outra coisa, pelo menos inconscientemente. Essa é uma crença arquetípica dada a nós pelo condicionamento, especialmente no Ocidente. A interpretação parece ter suas origens nas práticas religiosas do Ocidente.

Essa crença cria um problema para o indivíduo, se estiver empenhado no despertar, porque se faz necessário desvelar o inconsciente. Quando você tenta se livrar de partes de si mesmo, das quais não gosta, não há outro lugar para essas partes irem a não ser o inconsciente. Já que tudo é consciência, que é eterna, nada pode ser perdido ou descartado. Portanto, suas partes reprimidas permanecem presentes, mas tornam-se veladas.

A repressão pode ser uma solução maravilhosa em teoria, mas, na prática, as partes encobertas ainda exercem influência sobre a sua vida. Elas reordenam seu mundo nas maneiras que você precisa acolher, já que não pode ver como seu inconsciente está fazendo esse reordenamento. No estado de dualidade você tem o luxo de um inconsciente, no qual pode varrer seu lixo para debaixo do tapete; mas o lado negativo é que você fica passivamente sujeito ao efeito disso.

No processo da descoberta do Eu, você precisa dar conta de todos os pedaços de si mesmo que estão faltando, mesmo aqueles que rotulou como negativos. Não pode mais escolher ignorar essas partes que faltam por meio da criação de uma sombra sobre elas. Deve criar outro plano para o negativo que não envolva repressão, fuga ou negação.

Na compreensão de que as polaridades unificam-se em direção a um estado vibratório superior, considere assumir o compromisso de tornar o inconsciente consciente, o que engatilhará o processo de seu crescimento. Isso o libera da necessidade de enviar qualquer coisa para o inconsciente.

TORNANDO O INCONSCIENTE CONSCIENTE

Nós possuímos um inconsciente pessoal, relacionado a nossos eus individuais, assim como um inconsciente impessoal, comum a todos. Jung chamou o inconsciente impessoal de *inconsciente coletivo*, assumindo que essa consciência coletiva de toda a humanidade é um estado comum a todos nós. Em minhas próprias incursões à consciência coletiva, durante meditação profunda, comprovei a verdade dessa afirmação. O inconsciente coletivo é um reservatório rico de todos os arquétipos, memórias e sabedoria da humanidade. À medida que você o explora, no curso de sua transformação, entra em contato com a totalidade de todas as consciências e torna-se capaz de acessá-las energeticamente. Enquanto progride através dos passos delineados na Parte Dois, você se tornará familiarizado com algumas novas maneiras de olhar para o inconsciente. Por ora, faz-se apenas necessário dar-se conta da importância de observar para dentro do inconsciente. Em outras palavras, o indivíduo deve tornar o inconsciente consciente.

No final, voltamos à compreensão da verdade absoluta apresentada nos ensinamentos de mistérios e nos postulados da física moderna, de que todas as separações são uma ilusão. Então, apesar de parecer que a consciência unitária original está agora dividida em um lado consciente e um inconsciente, isso é apenas uma aparência. Nunca aconteceu realmente. Uma forma de descrever essa verdade é dizer que nossa percepção de separação é um programa imposto à consciência. Poderia ser comparado a um programa de computador – o programa presente para a vida no planeta Terra. Nossas vidas são um tipo de realidade virtual criada para fornecer à consciência (nós) uma experiência de vida vivida em limitação. Entretanto, quando você está inserido nela, e até que desperte para a verdade, parece muito real.

Em essência somos consciência pura. Pensamos ser todos os tipos de outras coisas particularizadas, como espertos, atléticos, educados e desejáveis, mas não somos essas coisas. Nossa verdadeira natureza é energética, ou luminosa.

COMPREENDENDO E DISSOLVENDO A PERSONALIDADE CONDICIONADA

A personalidade é uma matriz de frequências energéticas entrelaçadas formando um desenho. Possui forma e estrutura. Devido à sua organização estruturada e à sua densidade no contínuo espaço-tempo, ela tende a tocar e a retocar como uma fita velha, fornecendo poucas opções para manipulação e prendendo a personalidade em limitações. Pessoas vivendo e identificando-se com a personalidade encontram-se no automático, tornando-se robóticas em seus comportamentos e com pouca habilidade para fluir com a vida.

O condicionamento é a impressão de padrões na argila fresca, primeiro do infante e depois da criança. Pais, membros da família, ancestrais, o sistema escolar, a mídia e o mundo são responsáveis pelo processo de condicionamento. Eles nos ensinam a ser pessoas em relação *ao mundo*. Nosso condicionamento infantil estrutura a consciência no sentido de quem e o que somos no senso mundano. Mas essa é nossa identificação *com a personalidade* – com todos os estados condicionados que constituem a personalidade. É a identificação com a personalidade que nos força a viver no mundo como uma personalidade, em vez de possuir o conhecimento mais profundo de nós mesmos como consciência pura.

Enquanto você se identificar com a personalidade dessa forma, estará realmente preso a seus padrões limitados e desequilibrados. Isso acontece porque é realmente difícil abandonar alguma coisa enquanto se pensar que ela faz parte de si. Você estaria tentando abandonar a si mesmo, e isso é impensável, porque o ego possui uma necessidade imperativa de saber que existe.

Como você pode mudar sua maneira de autoidentificação? O primeiro passo na direção do abandono de sua identidade condicionada, enquanto inicia o processamento, é examinar as maneiras através das quais acredita ser a personalidade. Discutiremos isso em detalhes mais tarde no livro, mas por ora é o bastante praticar esse primeiro passo. Se praticar o abandono da sensação de que você é a padronização da personalidade, poderá ver os padrões, mas não sentirá que necessita deles como identidade. Por exemplo, todos temos a tendência de continuar nos definindo pelas qualidades da personalidade, e a dizer coisas como "estou raivoso". Você está, na verdade, dizendo "eu sou a raiva", algo que você não é. Isso significa que está se definindo através de sua raiva – um pensamento errôneo e a fonte de muito de sua limitação e dor emocional. Quando deixamos de usar nossos estados mentais e sentimentos para definir a nós mesmos, dizemos algo como "eu tenho raiva no momento" ou "a raiva está passando por mim". Fazendo isso, você se diferenciou da raiva. Leva um pouco de tempo, mas, a partir do momento que realmente vê que não depende da personalidade como um barômetro medindo quem você é, pode permitir a mudança.

Isso significa que é benéfico tentar desapegar-se da identificação com a personalidade. A personalidade, ou a identidade que nós entendemos como eu, não é nossa verdadeira essência do eu.

Você gradualmente começará a ver que:

*Nós não somos a personalidade condicionada, ou ego.
Nós somos, de fato, consciência pura, indivisível e não dualística –
energia, luz e amor.*

Algumas dessas impressões condicionadas são, obviamente, importantes e úteis em nosso dia a dia, e não iríamos querer nos livrar delas. Por exemplo, nossos pais nos condicionaram a não colocar as mãos no fogão ou a brincar com o fogo. Outros sistemas de crenças e condicionamentos, entretanto, são obstáculos no processo de despertar e precisam ser examinados, processados e liberados.

Também vivemos com a crença de que nosso mundo interior é nosso domínio particular, prendendo a consciência na cela do espaço interior. A impressão de autonomia, significando que só nós estamos no domínio de nossas vidas, é o que dá origem ao *"fazedor"*. No interesse de estar-se no controle, a personalidade é aquela que se encontra unicamente, e muitas vezes desesperadamente, responsável por fazer com que a vida funcione. O *fazedor* deixa sua marca na personalidade e na vida externa; ele nos coloca em um esquema muito limitado de possibilidades. Nossa sensação de estar vivendo separadamente do todo faz com que nos sintamos cortados, separados da vida e das outras pessoas. Frequentemente nos sentimos tão desligados em nosso interior que acabamos por nos sentir alienados das coisas do mundo, de maneiras sutis e, às vezes, não tão sutis. Pensamos que temos de trabalhar muito duro, religando-nos com as coisas das quais presumimos estar em desconexão. Exemplos de algumas formas aberrantes através das quais tentamos nos conectar com outras pessoas são coisas como falar além da conta ou alto demais para obter atenção, representar para obter aprovação e atenção ou vícios sexuais. Outras vezes, se essas coisas não funcionam, talvez apelemos para formas de ligação negativas, porque mesmo isso é melhor para o ego do que não se conectar. Isso poderia surgir como quebra de regras para obter atenção, rebelar-se contra as autoridades ou mesmo atos de violência. Realmente, nessas instâncias de busca de conexão com as pessoas e coisas que interpretamos como sendo separadas e fora de nós, estamos simplesmente procurando uma conexão com as partes de nós mesmos que faltam. Estamos realmente querendo nos religar com o *tudo o que há*. Não que a conexão seja certa e boa ou má ou errada. Esse não é o ponto aqui. Em vez disso, no caminho da autodescoberta, tornar-se consciente das motivações por trás do desejo de conexão é extremamente benéfico. Isso acontece porque nosso desejo de conexão algumas vezes advém de um espaço de alienação profunda em nosso interior, onde somos incapazes de ver nosso lugar na vida e nossa conexão intrínseca e natural com tudo. Descobrir nossas motivações escondidas nos comportamentos ajuda-nos a desembaraçar a personalidade condicionada e limitada que nos mantém presos em um estado de separação; portanto, ajuda no processo do despertar.

PROCESSANDO O EGO

Torna-se rapidamente evidente para qualquer pessoa na senda, que está realmente interessada na iluminação, que o indivíduo deve praticar a autoinvestigação e lidar com o ego. Mesmo com as maiores das convicções, entretanto, ainda assim é uma das coisas mais difíceis de se fazer. Por quê? A maior parte das pessoas não se vê claramente. Todos temos uma versão idealizada do que gostaríamos de ser, e outra versão acomodada com a realidade desse ideal.

Não compreendemos quem realmente somos, então temos que inventar histórias sobre nós próprios, frequentemente nem mesmo nos dando conta de que são histórias. É porque nos sentimos tão fragmentados e confusos, em nosso interior, sobre nossa verdadeira identidade, que a maioria de nós exibe uma resistência extremamente potente em encarar a si próprio. Temos medo do que poderemos encontrar em nosso interior. Temos medo de olhar para a fragmentação, medo de descobrir que não somos o que esperamos ser. Obstruído pelo lado de dentro, assim como pelo lado de fora, o ego resiste à mudança de si mesmo. Ele possui mecanismos interiores de sobrevivência para bloquear a mudança – e transformação refere-se à mudança. O processamento do ego possibilita a mudança, sobrepujando as sombras com as quais nos envolvemos e a confusão que as sombras criam em nossas mentes. Dentre os benefícios que recebemos por meio do processamento do ego estão a permanência das mudanças e o aumento de energia, além da personalidade tornar-se mais suave.

Muito antes de chegar ao ponto em que sentirá realmente a consciência de unidade em base contínua, você atravessará certo número de estágios nos quais vivenciará o amaciamento de todos os nós duros e rugas presentes na personalidade. Todas as coisas que o tornam desconfortável consigo mesmo começarão a cair. A mudança ocorre. Você se tornará alguém de quem realmente gosta. É possível realmente gostar de si mesmo, amar-se. Muitas pessoas não são assim. Muitas pessoas têm grande dificuldade em viver consigo mesmas. Existem aspectos que elas apoiam, defensiva e orgulhosamente, como sendo de extremo valor. E também existem pequenas coisas que tentam esconder, porque viver com elas é muito desconfortável. De fato, sentir-se valorizado é ego, e sentir-se desvalorizado também é ego. Estamos no ego tanto quando sentimos que somos o pior como quando sentimos que somos o melhor.

Finalmente, verá que não é nem "com" nem "sem valor". De fato, com o tempo, você verá que toda a sua identidade é um papel assumido. É algo que lhe é dado no nascimento e durante a infância, quando é condicionada a uma certa maneira de ser.

LIBERANDO A PERSONALIDADE

Quando vivi na Califórnia, estava na praia certo dia, lidando com meu processo que não rendia. Gostaria de apenas abrir, descascar e sair do eu condicionado, abandonando-o, assim como via os surfistas fazerem com seus trajes após terem terminado suas atividades. Dentro do contexto do trabalho de processamento, a personalidade é como aquelas vestes molhadas – uma pele preta e grossa, que se abre pela frente. Desde então, pude ver que essa analogia é bem precisa. A transformação é uma emergência maravilhosa, como uma cobra que sai de sua pele velha, ou como uma borboleta que emerge de seu casulo.

Trazendo essa metamorfose para si, você se torna capaz de se ver *fazendo* suas rotinas de personalidade limitada, e se surpreende. Você se pega no ato, por assim dizer, enquanto está representando seu papel condicionado. Efetivamente, pode vir a descascar o eu separado, dissociando-o de seu *Self* divinamente iluminado, e sair para a luz.

Todos os jogos de personalidade que você vive, as histórias e dramas nos quais está viciado, bloqueiam a consciência da presença divina. Eles precisam ser minuciosa e suavemente examinados e liberados com o tempo. Eles são a parte grossa, negra e de borracha da vestimenta molhada, e não o verdadeiro *Self*.

Toda a existência é consciência, e aquilo que você é não é exceção. Nós somos a pureza em si, em nosso estado essencial e original. Em nossa forma humana, o processo de condicionamento significa que somos impressos, por assim dizer, com uma personalidade. Mas essa personalidade é como um papel que um ator assumiria em uma peça. Ela pode também ser comparada às roupas que usamos quando nos vestimos todos os dias. A metáfora para nosso estado essencial seria então o corpo nu. Enquanto processamos, podemos aprender facilmente a remover nossas fantasias e máscaras; e quando estamos prontos para fazer isso, torna-se uma parte inevitável de nossa evolução. Apesar de termos levado décadas usando-as, podemos retirá-las, descobrindo quem somos em nosso estado desnudo e adotando o vestuário de nosso novo paradigma. A nossa verdade, nossa verdadeira identidade, é como espírito. Com o tempo, é possível abandonar por completo a velha identidade e conhecer quem realmente somos.

No caminho da autodescoberta estamos sempre buscando os pedaços de nós mesmos que estão faltando. Para encontrá-los temos que poder vê-los dentro do inconsciente. Uma das maneiras pelas quais podemos fazer isso é através do exercício simples de fazer a pergunta "qual é o oposto disto?", quando estivermos presos na crença de que somos os estados da personalidade, como a raiva, por exemplo. Frequentemente obtemos resultados surpreendentes. Estamos tão acostumados a ver apenas um lado da história que nos falta o ar quando vemos seu lado oposto. É algo como uma epifania quando simplesmente perguntamos: "Qual é o oposto disto?". Quando vemos que somos amor, por exemplo, e não ficamos apenas presos à raiva, damos mais um passo em direção à nossa totalidade.

É extremamente difícil transformar e integrar a personalidade sem que se veja seu oposto polar. Isso ocorre porque temos apenas metade da história. É essencial ver-se o todo para criar mudança e para crescer.

VENDO CICLOS DE CRESCIMENTO E DISSOLUÇÃO

É da natureza da existência correr em ciclos. Eles podem ser vistos em todos os lugares – nas estações, no clima e no nascimento, vida e morte de todos os seres vivos. Assim, também são os ciclos de mudança que possibilitam crescimento e evolução em seu próprio ser. Se desacelerar esses ciclos, momentaneamente, e utilizar uma lente de aumento nesse processo natural, poderá ver com mais precisão o que está acontecendo. Quando um velho ciclo se completa, ele para o seu próprio processo de desenvolvimento e adentra o processo de seu oposto. Esse é um ciclo de dissolução e decadência. A ordem prevalecente é mudada.

Cada dissolução é seguida por uma renovação e um renascimento.

Isso é verdadeiro no que se refere à sua consciência também. É importante permitir a dissolução e não se ater ao velho. Este deve naturalmente fluir para fora de si. Tenha fé de que um novo ciclo tomará o lugar do velho. Assim, também nesta vida seu corpo passa por um processo de nascimento, crescimento, maturidade, declínio e morte. Esses ciclos são naturais e ocorrem dentro dos limites da vida. É possível aceitá-los com humor e graça, como uma fase inevitável e natural, e não se apegar àquilo que ficou para trás. Em vez disto, olhe para o nascimento do novo e sinta o fluxo de vida à sua volta.

RESUMO DO CAPÍTULO

Aqui estão alguns dos pontos principais que introduzimos até agora.

- Estamos examinando a arquitetura e a engenharia do sistema separado de consciência.
- Este é um mundo de dualidade.
- Ele é magnetizado em positivo e negativo.
- Ele é dividido em consciente e inconsciente.
- As dualidades se alternam, e com o tempo tudo efetivamente girará em direção a seu oposto.
- No sistema dualístico estamos limitados pela atração e repulsão do positivo e do negativo – até que concordemos em fazer o trabalho de transformação.
- Tendemos a negar um lado (geralmente o negativo) de um par de opostos e empurrá-lo para o inconsciente.
- O sistema de dualidade dá início à beleza e diversidade do mundo e às suas aparentes limitações – incluindo nossa perda de recursos, totalidade e conexão com Deus, com outras pessoas e com o resto do mundo.
- A consciência degenerou da totalidade em uma sequência particular de cisões.
- Primeiro há a cisão sujeito-objeto (entre o *tudo o que há* e a alma andrógina)
- Em seguida há a cisão alma-indivíduo (e inclui as cisões masculino-feminino, consciente-inconsciente e negativo-positivo).
- Tendemos a temer o inconsciente, o que resulta em repressão, supressão ou negação.
- No caminho da autodescoberta é importante tornar o inconsciente consciente.
- Também é importante compreender, dissolver e abandonar a personalidade condicionada, o que é como descascar uma vestimenta apertada.

- Nós não somos a personalidade condicionada; somos consciência pura, não dividida, não dualística – energia, luz e amor.
- Toda dissolução é seguida por uma renovação e um renascimento.

SUGESTÕES PARA TRANSFORMAR A TEORIA EM PRÁTICA

1. Tente tornar-se consciente de como você nega, evita ou reprime o lado de um par de opostos. Escreva em seu diário sobre o que observa (se precisar de ajuda com isso, pode considerar a técnica de processamento de polaridades, no Capítulo 9 da Parte Dois, se já não o fez).
2. Medite sobre a lista de polaridades deste capítulo. Como elas se relacionam com sua própria experiência de vida? Escreva em seu diário sobre o que pôde observar.
3. Considere assumir um compromisso para começar a tornar o inconsciente consciente.
4. Pratique o desapego de sua identificação com a personalidade. Comece com algumas afirmações diárias, falando sobre elas, repetindo internamente ou escrevendo-as em seu diário. Podem ser coisas como:
   - "Eu não sou minha personalidade";
   - "Eu sou consciência pura – o *Self*";
   - "Eu sou inteiro, completo e ilimitado".
5. Quando você se encontrar em uma situação desconfortável ou estiver exibindo um padrão desequilibrado de comportamento — por exemplo, uma explosão irracional de raiva — pergunte a si mesmo: "Qual é o oposto disso?". Tente encontrar sua totalidade vendo os dois lados da polaridade. Peça internamente à graça para que ela venha e ajude com as mudanças. Escreva em seu diário sobre o que você observa e vivencia.

Não julgueis para que não sejais julgados. (Mateus 7,1)

– Jesus

CINCO

JULGAMENTOS E ESPELHOS

Como já vimos, a vida é uma dança de empurrões e puxões, de atração e repulsão, à medida que atravessamos nossas experiências. Colocamos rótulos, como *bom e mau*, à dinâmica positivo-negativo em ação na maior parte de nossas experiências e, consequentemente, nossa repulsão ou atração, em direção a um ou outro lado de uma polaridade, mantém nossa consciência em rotação. A maior parte disso acontece em nível inconsciente e o que percebemos – física, mental e emocionalmente – é um sentido de estar desconfortável e instável em nosso meio. O truque é, então, não se identificar com os aspectos positivos ou negativos das experiências, vendo a totalidade das circunstâncias, o que traz mais equilíbrio a nossas vidas, sabendo que somos consciência pura.

Neste capítulo examinaremos mais a fundo a arquitetura e a engenharia do sistema separado – especificamente, como seu projeto incorpora julgamentos e espelhos. Observaremos quatro aspectos principais: primeiro, a maneira pela qual nossos julgamentos positivos e negativos afetam nosso mundo e nossa consciência; segundo, como os julgamentos levam a projeções que criam nossa realidade exterior; terceiro, como o lado inconsciente escondido de nossos julgamentos retém a chave para nossa liberação do sistema separado; e quarto, como o mundo externo espelha nosso próprio inconsciente.

A MENTE DISCRIMINATIVA – "OU ISTO OU AQUILO"

Assumindo uma posição em um lado do par de opostos, somos colocados em um estado de percepção de "ou isto ou aquilo". No geral, é difícil sintetizar e estar consciente de ambos os lados a um só tempo. Por exemplo, é normal estarmos felizes ou tristes em determinado momento. É incomum sentir felicidade e tristeza ao mesmo tempo. Em regra, podemos ser apenas vencedores ou perdedores, não ambos. Podemos estar certos ou devemos estar errados.

Ou, o que é mais comum e mais perigoso, nós estamos certos e a outra pessoa está errada. A polarização em nosso interior e com os outros pode levar a separações e a desconfianças causadas por diferenças, podendo até mesmo chegar facilmente à alienação ou mesmo a uma guerra total. A polarização leva à inimizade. Podemos dizer algo como: "Ou você está a meu favor ou contra mim". Estar em um lado ou em outro é o que a mente discriminativa faz com a polarização. Devido ao fato de termos assumido uma posição em um lado de uma polaridade, perdemos o estado que a tudo abarca, que liga ambos os lados.

É claro que existem muitos tons de cinza entre o preto e o branco, neste mundo. Não estamos sempre em polarização extrema. Algumas pessoas possuem a habilidade de entrar e sair de áreas cinzentas mais facilmente do que outras, e também de ver ambos os lados de uma situação polarizada. Essa é a característica da diplomacia, e ajuda a criar relacionamentos compatíveis. Mas se você examinar atentamente as áreas cinzentas, elas também incluem graus de polarização, apesar de serem menos extremos do que o branco e o preto. Por exemplo, em um extremo podemos ter amor-ódio. Uma polaridade menos extrema é gostar-desgostar. Uma polaridade ainda menos extrema é tolerância--intolerância. Então, existem níveis brutos e sutis de polaridade. Mas quando nos encontramos em qualquer tipo de consciência polarizada, ainda assim estamos na mente discriminativa e aparentemente perdemos a conexão entre os dois lados. Devido a isso, a polarização é o que nos mantém presos à consciência limitada e em uma pessoa limitada.

Nós nos tornamos programados na limitação, devido ao julgamento positivo-negativo que agora nos bloqueia, impedindo-nos de conhecer a natureza verdadeira e intrínseca de tudo o que existe, impedindo-nos de olhar profundamente o mistério da vida e ver aquilo que realmente é – *sua qualidade de ser*.

De fato, enquanto assumimos posições de julgamento a respeito dos dois lados em uma polaridade, desenvolvemos uma posição bem definida para nós mesmos – o início de uma identidade completamente fixa, presa em limitação. Então nos definimos como positivo, o que significa ser certo e também certo aquilo de que gostamos, ou negativo, que significa o errado e o de que não gostamos. Nossa linguagem nos descreve perfeitamente. Observe a construção da palavra:

INDIVÍDUO = (IN-DIVIDIDO-DUAL)
Um ser humano é consciência dividida e em dualidade. Dividido em dois.

Vejam como se tornou diferente o significado da palavra *individualidade* para nós agora. O uso corrente da palavra descreve nossa singularidade, algo que valorizamos. Deve ser dito, neste ponto, que também valorizamos nosso estado de dualidade, de outra forma não estaríamos aqui neste mundo. Ele nos oferece uma impressionante experiência de diversidade, de autonomia e de controle aparente, de beleza e de feiura, de amor e de guerra; da montanha russa da vida com todos os seus altos e baixos. Mas temos em nosso interior o potencial para também *ser tudo*; podemos reter a capacidade para viver nas dualidades, conhecendo e experimentando a unidade também. Podemos reter nossa individualidade no sentido em que correntemente utilizamos a palavra, significando singularidade, mesmo enquanto nos movemos em direção à iluminação. Há uma garantia inerente fornecida pela graça: cada indivíduo manterá sua singularidade. Possuímos o potencial de nos conhecermos como um reflexo do espírito divino, "um com tudo", ainda assim também expressando nossa singularidade no mundo. Paradoxal, mas verdadeiro.

A maioria das pessoas não se dá conta de que a volta consciente para a totalidade inicial, ou saúde (em inglês, *wholeness*, totalidade, e *health*, saúde, têm a mesma raiz), é nosso direito de nascença. Não apenas isso, mas a maioria das pessoas não vê que depende delas mesmas reclamar esse direito. Em certo sentido, a volta à totalidade é uma "volta" ou um redespertar para o Éden interior e exterior, nosso estado original. É uma volta à percepção da conexão com tudo, com o estado onisciente de nossa natureza universal, nosso corpo maior de consciência, além e ainda assim incluindo todas as polaridades negativas e positivas.

VIVENDO EM UM SISTEMA DE JULGAMENTO

Devido à mente discriminativa, nada percebemos com visão verdadeira. É por isso que este mundo pode ser descrito como *um sistema de julgamento negativo e positivo*, o que faz parte da engenharia do sistema separado. Já que aprendemos desde o nascimento a dar valor a tudo, vemos as coisas como positivas ou como negativas. Gostamos delas ou não. Somos atraídos e as desejamos, ou somos repelidos e as tememos. Com esse tipo de visão bom-mau, projetamos julgamentos em tudo. Esse ver e projetar tudo como tendo um valor específico está firmemente arraigado, e frequentemente acontece tão instantaneamente que tendemos a não levá-lo em conta. Nós simplesmente não nos vemos fazendo isso. O fato é que o reflexo de julgar tudo tem profundo efeito em nossas vidas, prendendo-nos em uma percepção limitada e impossibilitando-nos de ver a natureza verdadeira das coisas. Quando julgamos, somos iludidos com a ideia das coisas sendo apenas boas ou más, e a maravilha intrínseca do dom da diversidade da vida, a natureza intrínseca e única de cada objeto, incluindo nossa própria natureza intrínseca, o simples ser de tudo, não se evidencia.

O julgamento não é, necessariamente, bom ou mau. O discernimento, a partir de uma posição equilibrada, é um aspecto importante e necessário da vida em um corpo físico. Mas o julgamento inconsciente, por hábito, sem o conhecimento de seus efeitos e repercussões, mantém-nos presos na limitação. Isto é o que leva ao sofrimento. Devido à escolha de nossa alma de adentrar o sistema de julgamento, o sistema separado, nossa consciência se encontra limitada por acordos que a mantêm separada. Nós, portanto, não olhamos para a teia luminosa da conexão; costumamos *ignorá-la*. Observe a construção da palavra ignorância:

IGNORE – ÂNCIA
Ignorância é a prática de ignorar.

De fato, no Oriente, a palavra inglesa para *mal* (*evil*) é frequentemente traduzida como ignorância, implicando que julgamentos baseados no sistema dualístico de bem e mal nascem da ignorância de *tudo o que há*. Ignorando nosso lado inconsciente, nossa conexão e nossa divindade interior, tornamo-nos ignorantes e olhamos para o tão chamado *mundo real* da vida através do estado de separação, que se encontra impregnado de julgamentos, dificuldades e separações. Devemos então viver com o fato de que geralmente, em algum lugar em nosso interior, sentimo-nos sozinhos, desligados e com recursos limitados.

Nascido do nosso sentido de isolamento e do conhecimento superficial de nossa constituição, parece pertencer à natureza humana o imaginar que somos da maneira que somos – e ninguém mais é como nós. Então, as pessoas que sentem o lado negativo tendem a ter tanta vergonha desses sentimentos que tentam escondê-los. As pessoas projetam em outras o fato de que ninguém sofre tanto quanto elas, que ninguém mais possui traços negativos, que elas devem ser as únicas que os possuem. Em realidade, tudo o que estão vendo é que os outros talvez estejam tendo mais sucesso em esconder seus julgamentos e assuntos negativos. É de utilidade saber que todos, sem exceção, vêm completamente equipados com um lado positivo e outro negativo em suas personalidades. Faz parte do *software* do ser humano.

JULGANDO O EXTERIOR
O julgamento das coisas do mundo e a visão delas como separadas de nós, e como ocorrências aleatórias, é algo que fazemos sem pensar; parece algo muito natural. Como um peixe na água, nós sequer estamos conscientes da existência da água, na maioria das vezes. E a vida em um estado inconsciente, com nossos julgamentos negativos e positivos, induz-nos a manter nosso mundo de limitação e de dualidade no lugar. Por meio da transferência dos valores das coisas, aparentemente separadas, para o nosso exterior, e ao não perceber a nossa conexão, perpetuamos os problemas do mundo e não conseguimos manifestar os desejos em nossos corações. Isso nos leva a culpar o exterior quando, em realidade, a raiz do assunto está em nosso interior.

Em geral, tendemos também a avaliar a diversidade e todas as diferenças percebidas no mundo físico, projetando nelas hierarquia. Além das diferenças visuais óbvias entre as formas no mundo físico, vemos, por exemplo, as diferenças entre espécies muito claramente. Não percebemos necessariamente nosso parentesco e nossa semelhança, muito menos nossa conexão direta, por exemplo, com o reino animal – menos ainda com os reinos vegetal e mineral. Em geral respondemos a essas formas diversas a partir de uma posição separatista, com julgamentos de nossa superioridade e da inferioridade deles. Geralmente o seu valor para nós se reflete no fato de como poderemos utilizá-los para nossas necessidades. Geralmente não os respeitamos como parte da grande unidade e nem apreciamos sua natureza intrínseca. Como podemos ver sua natureza intrínseca, já que não vemos a nossa? Da maneira como o mundo está estruturado no momento, a humanidade frequentemente não vê outros grupos raciais e culturais como parte do mesmo círculo que nós mesmos habitamos. Vemos as diferenças com olhos de superioridade e de inferioridade. Tornamos a diversidade desigual, e parecemos sentir instintivamente que igualdade deveria significar uniformidade.

Ainda assim, de muitas formas somos seduzidos por toda a diversidade neste mundo. Ela nos tenta com o que parece ser uma grande gama de escolhas pessoais. Especialmente no Ocidente, nosso mundo material existe pleno em abundância de escolha e diversidade. Apenas observe a internet ou as centenas de canais de TV a cabo e você verá que o mundo parece ser a nossa ostra, onde sentimos que podemos degustar e vivenciar a diversidade. E podemos até certo ponto, mas ainda assim, para a maioria das pessoas, essa oportunidade de vivenciar a diversidade frequentemente se mostra muito limitada nas experiências reais que se desdobram na vida. Devido a nossos padrões e limitações, muito do prazer em potencial a ser encontrado na diversidade nos escapa. As pessoas desejam muitas coisas, mas raramente conseguem manifestar mesmo uma fração de seus desejos, apesar de seus melhores esforços. E se podem manifestá-los, frequentemente o resultado não é enriquecedor. Por que isso acontece?

É preciso muito esforço para a maioria dos indivíduos apenas manter o funcionamento de suas vidas, nunca manifestando seus sonhos pessoais – sem mencionar ideais como paz entre as nações, alimento e educação para todos ou estabilidade ecológica. Não importa o quanto desejemos essas coisas, o pessoal e o impessoal, não parecemos ser capazes de criá-las para nós mesmos. Por que isso acontece? Por que não conseguimos sequer resolver nossos problemas mais críticos, aqueles que parecem ameaçar a sobrevivência de nossa espécie – sem falar das outras!?

Estamos presos a pensamentos padronizados – porque não compreendemos como dissolver os padrões de comportamento através dos quais vivemos ou como nos mover para além do julgamento. Reconhecemos que a mudança se faz necessária, mas não compreendemos como torná-la concreta. Vemos a necessidade de eliminar os problemas, mas o ego é limitado e não possui recursos para encontrar soluções a partir do mesmo nível do qual os problemas são criados. Frequentemente, em vez disso, acabamos por eliminar outras espécies, mesmo outras pessoas, quando parecem estar criando os problemas.

Não podemos e nunca conseguiremos encontrar soluções
de vencer-vencer com uma mente vencer-perder.

Na verdade, todos os problemas originam-se na consciência, não no mundo físico, apesar de nele os vermos espelhados. As fontes dos problemas são os nós mantidos em nossa padronização. Eles criam os obstáculos que vemos se manifestar em nossa vida externa. A realidade que nos é fornecida quando somos crianças não nos ensina isso.

Encarando nossos padrões, começamos a ver onde mantemos julgamentos, crenças errôneas, princípios emaranhados e necessidades não preenchidas. Esses tipos de padrões são nós na consciência, geralmente mantidos em lugares onde fizemos a escolha de retrair nossa energia da vida. Eles estão alojados em nossa consciência mental-emocional, geralmente devido ao medo e à dor impressos, derivados de experiências traumáticas antigas. Desemaranhando e limpando os padrões, tornamo-nos mais purificados e capazes de manifestar uma expressão mais total em nossas vidas.

Frequentemente, a impotência para proporcionar a mudança necessária é devida à nossa incapacidade de ver onde jaz a fonte do problema. Estamos procurando no lugar errado. A fonte do problema está em nosso interior, não no exterior, no mundo à nossa volta. A resolução dos problemas deve começar em nosso interior – com o processamento de nossos próprios assuntos emaranhados. Em vez disso, o que geralmente acontece é uma tentativa de mudar o exterior como uma forma de mudar o interior – frequentemente com resultados infrutíferos e dolorosos. O exterior mudará fácil e naturalmente se olharmos para a causa interna do obstáculo e mudarmos isso.

Uma maneira comum de resolução de problemas é tentar embaralhar novamente o baralho e mudar as circunstâncias externas da vida, na esperança de que obtenhamos uma melhor combinação. Em nosso desespero por soluções, podemos mudar de emprego, de parceiros nos negócios ou de casamento. Podemos mesmo chegar a emigrar para outro país na esperança de que isso nos faça felizes. Essa abordagem tende a ser uma solução de acerto-erro. Quando o verdadeiro assunto, que é a nossa padronização, não foi modificado, provavelmente recriaremos a mesma situação nas circunstâncias novas. Ostensivamente nada há de errado com a mudança das circunstâncias físicas da vida de uma pessoa, mas algumas vezes é mais fácil e menos doloroso para todos os envolvidos se tentarmos modificar primeiro o padrão que está causando a infelicidade. Talvez pelo processamento dos assuntos e limpeza dos problemas em nível mais profundo estejamos aptos a tomar decisões mais benéficas para todos os envolvidos. Então os movimentos físicos que faremos serão verdadeiros passos em direção ao crescimento.

Por exemplo, em cada nação há uma mudança de liderança de tempos em tempos. Cada vez que uma nação democrática escolhe promover uma eleição política, há um rearranjo dos jogadores no jogo selvagem da dança das cadeiras. As pessoas estão tentando encontrar melhores líderes para resolver seus problemas. Vemos isso ousadamente exposto em uma pequena tela, na qual nossos líderes lutam contra suas próprias limitações e contra nossos problemas. Observando passivamente, desistimos de nosso poder pessoal em prol daqueles que tentam liderar e, além disso, culpamo-los quando falham. Esperamos que nossos políticos resolvam nossos problemas por nós – ainda assim eles não possuem mais recursos que nós. Não podemos resolver problemas projetando-os nos outros ou culpando as circunstâncias externas. Na raiz de cada problema que vivenciamos há um padrão emaranhado em nosso interior.

Imagine como seria o mundo se todos, por vontade própria, examinassem seus assuntos, assumissem responsabilidade por eles e os limpassem por si mesmos. Seria um lugar muito diferente – os políticos estariam ali para administrar a logística da nação em vez de tentar, geralmente sem sucesso, resolver nossos problemas.

Aqui estamos, em um beco sem saída. Para resolver os problemas do mundo precisamos mudar nossos padrões limitados de comportamento e mover-nos para além de nosso julgamento de inferior-superior. Mas, como o peixe que nem sabe que está na água, como podemos transcender a natureza inerente do sistema separado no qual vivemos quando estamos cegos em relação a ele? Como mover-nos para além da visão das coisas e para além do julgamento, considerando-os separados e fora de nós, quando essa é a própria natureza do sistema separado? À medida que cada um de nós fizer o trabalho interior de transformação e de autodescoberta, religando-nos com nossa própria divindade interior, mover-nos-emos para além do julgamento. Com muitos indivíduos vivendo nessa posição, poderemos criar uma nova realidade para este mundo.

Quando você processa e cria mudanças, aqueles com os quais você interage passam a agir de forma diferente. Apenas devido ao fato de você processar e limpar algo, eles mudam. Como isso é possível? Isso se torna possível devido à interligação entre todas as coisas. No final, para todos, sempre há um reconhecimento surpreendente dessa realidade escondida conforme se percebe a interconexão entre seus comportamentos e os comportamentos daqueles à sua volta. As mudanças em relação ao mundo externo são apenas possíveis se existir uma conexão energética entre você e o mundo ao seu redor. É necessário estar-se alinhado com a unidade para poder ver esse princípio.

Comece a reparar, enquanto você desenvolve sua prática de processamento, como a atitude e o comportamento dos outros mudam em relação a você. Escrever sobre isso ajuda-o a enraizar a experiência e a aprofundar sua compreensão.

RECUPERANDO NOSSO LADO INCONSCIENTE

Na realidade, unidade e totalidade são tudo o que há, mas, em nosso estado de limitação, temos uma visão muito parcial do todo. O inconsciente contém o resto das frequências vibratórias da existência que perfazem o todo. Se quisermos recuperá-las, assim como a nosso estado de totalidade, devemos olhar à nossa volta para tudo que parece estar fora de nós como se estivesse em nosso interior. Isso significa que devemos internalizar a noção de que:

Não somos apenas o corpo, mas muito mais.
Somos também aquilo que está fora do corpo.

Em nosso estado ilimitado de consciência, teoricamente podemos estar em qualquer lugar. Nossa consciência não está limitada a nossos corpos.

Exemplos da consciência sendo mais que o corpo são comuns em todos os livros populares de experiência pós-vida. Muitas e muitas pessoas vivenciaram sua consciência viajando muito além dos limites do corpo físico e então voltaram ao corpo para contar seus relatos. Além disso, muitas pessoas vivenciam, durante a infância, o fenômeno da consciência de ser mais que o corpo. Lembro-me de ter vivenciado isso quando minha mãe costumava escovar meu cabelo. Eu tinha um cabelo fino que se embaraçava durante a noite e detestava escová-lo porque doía. Lembro-me de todo o procedimento, com 6 anos de idade, enquanto o via do outro lado da sala. Frequentemente, se algo é doloroso, a consciência sairá do corpo. Isso é especialmente verdadeiro para crianças pequenas, que ainda não se ligaram completamente a seus corpos. As portas da percepção ainda estão bem abertas para elas.

Ver o exterior como não sendo separado de você é muito difícil, a princípio. Na verdade, leva muito tempo antes que você realmente o perceba experimentalmente como sendo parte de você mesmo. Apenas após ter alcançado estados de unidade, poderá verdadeiramente experimentar o mundo físico que está fora e separado de seu corpo como estando ligado a você.

Isso é uma experiência. À medida que o ego é purificado, você pode verdadeiramente sentir o que as pessoas estão pensando, mesmo que estejam no outro lado da sala. E isso não ocorre como se você estivesse fora de seu corpo e entrasse no delas para sentir. Você, em verdade, sente isso dentro de si, porque o seu interior é o cosmo.

Todos nós contemos tudo e somos muito mais que o corpo. Como Ajit Mookerjee descreve em seu livro *Kundalini: The Arousal of the Inner Energy* [*Kundalini – O Despertar da Energia Interna*]: "[...] o microcosmo é um exato paralelo do macrocosmo. O completo drama do universo é repetido aqui, neste mesmo corpo. O corpo inteiro, com seus processos biológicos e psicológicos, torna-se um instrumento através do qual o poder cósmico se revela. De acordo com princípios tântricos, tudo o que existe no universo está no corpo individual". Estamos tão identificados neste mundo com a ideia de sermos o corpo, que tudo o que podemos ver é a lógica do "este é o meu corpo, aquele é o seu corpo, e não há nada senão espaço entre nós dois". Em outros níveis, existe um fluxo energético tremendo entre duas pessoas. Uma vez que comece a abrir o inconsciente, você se dá conta disso. Discutiremos a capacidade de estar consciente e de ver essas trocas de energia com mais detalhes no Capítulo 7 – Vendo a Luz.

NOSSAS PROJEÇÕES ENCOBERTAS

Através de nossos desejos criamos um campo energético que puxa as coisas a partir do exterior em nossa direção, e através da repulsão ou do medo, empurramos as coisas para longe. Esses são fluxos energéticos reais, também conhecidos como projeções. Então, quando você olha para seus amigos ou seus pais, ou seus parentes, você os verá obscurecidos por suas próprias projeções. O que vê naquela pessoa é o que está projetando nela.

Já percebeu que você pode ver um indivíduo de certa forma, mas, se perguntar a mais alguém como vê esse mesmo indivíduo, essa pessoa diz que o vê de uma forma completamente diferente da sua? Talvez haja características que ambos veem. Essas sempre existirão porque somos muito semelhantes, e as coisas que projetamos são frequentemente muito similares também. Mas, em verdade, você verá o que quer ver naquela pessoa, e a outra pessoa verá o que ela também quer. Essas são projeções sutis e subjetivas.

Você pode dizer: "Bem, será que aquela pessoa na qual projetamos possui vida objetiva própria?". Sim, é claro que sim. Mas talvez você nunca veja a verdade de quem aquela pessoa é. Tudo o que você pode ver são suas próprias projeções. Quando você reconhecer e internalizar as projeções, tornando-as conscientes e integrando-as em seu interior, então talvez veja aquela pessoa pela primeira vez. Talvez veja quem ela é.

Acreditar que o exterior nada tem a ver conosco, que não é conectado, é uma escolha. "Ver é crer, e não vejo meu corpo ligado ao exterior. É assim que quero que seja porque quero ter um relacionamento com o mundo exterior. Não quero que o exterior seja eu mesmo. Se for eu, não há nada com o que me relacionar". Então, essa é nossa escolha. Escolhemos viver no sistema separado. Isso é perfeito para a maior parte das pessoas neste planeta. É essa a escolha que estão fazendo. Mas, se desejamos despertar, temos que fazer outra escolha e precisamos estar dispostos a nos apropriar do fato de que somos muito mais que o corpo. Temos que estar dispostos a explorar o vasto e expandido inconsciente e a nos abrir para a experiência de sentir o vasto inconsciente em nosso interior. Com o surgimento da iluminação, realizamos e vivenciamos que todo o cosmo está em nosso interior.

PROJEÇÕES E ESPELHOS

Nossos pensamentos, crenças, julgamentos e assuntos internos emaranhados colorem nosso mundo. Isso sabemos ser verdade. A dinâmica não vista é como o lado oposto de nossa consciência (que foi jogado no inconsciente) – afeta o mundo ao nosso redor. É, de fato, o lado escondido, o lado inconsciente, que detém a chave verdadeira que mantém nossa realidade externa no lugar e que leva à liberação do sistema de separação e limitação.

Quando empurramos algo para o inconsciente, empurramos a coisa para longe de nós, e nos aferramos ao lado consciente. De fato, empurramos o inconsciente para tão longe que acaba por se manifestar fora de nós mesmos e torna-se parte de nossa realidade. O princípio é o seguinte:

*Tudo que se encontra fora do corpo e no mundo que o rodeia
é um espelho de seu próprio ser inconsciente.*

Normalmente você fica cego e não reconhece sua projeção do lado escondido no mundo externo, e nem nas pessoas e nas coisas aparentemente fora de si. Leva tempo para, em verdade, dar-se conta de que o mundo à sua volta é uma projeção de seu próprio inconsciente. Em um paradigma mais integrado isso é a verdade, embora não pareça a verdade deste mundo.

Para ilustrar o ponto, observemos um exemplo muito simples, porém claro. A maioria das pessoas nasce e aprende um julgamento de valores sobre bem e mal. A maioria das pessoas ama a bondade e despreza a maldade. Tentamos nos ater à bondade tanto quanto possível, tornando-a nossa realidade consciente. Isso significa que tentaremos ser bons, comportando-nos de certas formas – obedecendo às leis da terra e mantendo a companhia de pessoas que seguem a lei, identificamo-nos como sendo bons. Empurramos o lado oposto, ser mau, para dentro do inconsciente. Nesse ponto, projetamos pessoas más externamente, assim como dentro do inconsciente. Enquanto nossa consciência interna estiver separada em julgamentos de valores bons e maus, nossa realidade externa refletirá isso. Quando nos identificarmos como sendo bons, a maldade permanecerá no inconsciente e, portanto, acabará por emergir no mundo externo. Quando nos identificarmos como sendo maus, então a bondade estará no inconsciente e fora de nós. Geralmente, agimos motivados por um lado da polaridade e o outro lado, o lado inconsciente, será representado pelo mundo externo. Quando reconciliamos e unificamos ambos os lados da polaridade, criamos equilíbrio e totalidade em nosso interior, assim como no mundo à nossa volta.

Os métodos de processamento de polaridade na Parte Dois ajudam, de maneira muito específica e prática, a despertar essa consciência de nossa realidade externa como representando nosso próprio inconsciente, e isso começa a propiciar uma vida mais equilibrada e integrada. Pode ser útil para você seguir até o primeiro capítulo da segunda parte, após ter completado este capítulo, para obter alguma experiência prática desse princípio metafísico, caso o assunto pareça esotérico demais para ser entendido neste momento.

AJA COMO SE O EXTERIOR FOSSE VOCÊ

Poder aceitar-se como consciência pura, de certa forma exige que você primeiro assuma algo como um contrato com o seu eu superior – ainda que aceitando intelectualmente, a princípio, os termos do contrato. O contrato diz que, em termos de seu trabalho de processamento:

*Você se dará conta de que tudo o que observa fora de si
é, em realidade, uma parte escondida de você mesmo.
Se inicialmente tiver dificuldade em ver isso,
você pode agir como se fosse verdade.*

Agir como se o exterior fosse você, mesmo se ainda não estiver sentindo isso, começa a permitir que o princípio se registre em sua mente consciente. Concordando em ver a vida dessa nova forma, você começa a reconhecer e a apropriar-se das partes separadas de seu ser, escondidas em seu inconsciente e que são refletidas de volta a você, a partir do mundo exterior. À medida que se dá conta disso e se apropria delas, você começa a trazer a consciência de volta à totalidade, com seu trabalho de processamento. Inicialmente, esse acordo de alterar sua percepção não parecerá muito real porque aprendeu, como parte de seu estado separado, que o exterior não está ligado a você. Entretanto, se estiver disposto a agir *como se assim o fosse*, você se tornará capaz de ver seu mundo e a si mesmo de maneiras surpreendentemente novas. Isso leva, certamente, a uma experiência de unidade. Por exemplo, se você tenta se identificar com ser bom, deveria tentar agir como se as pessoas fora você, que julga más, fossem em verdade uma parte sua. Talvez na próxima vez que você vir o noticiário e assistir a uma reportagem a respeito de algum criminoso, você faça uma afirmação mental ou oração de que deseja apropriar-se do criminoso como parte de seu próprio inconsciente. Ou pode também tentar com alguém que você conheça, que você julgue mau. Além de utilizar afirmações mentais, pode também simplesmente imaginar como seria estar na pele daquela pessoa. Escreva em seu diário sobre quaisquer mudanças em consciência que surgirem como resultado. Fazendo isso, sua percepção da vida tornar-se-á mais integrada, total e, como resultado, muito mais plena e estimulante.

Esse contrato de apropriação do exterior como sendo você não é tão incomum assim. De fato, na *Bíblia* cristã, Jesus conta uma parábola que possui inclinação diferente, mas que, em efeito, contém o mesmo princípio. É Mateus (25,34-40): "Então dirá o Rei aos que estiverem à sua direita: 'Vinde, benditos de meu Pai, possuí por herança o reino que vos está preparado desde a fundação do mundo; porque tive fome, e destes-me de comer; tive sede, e destes-me de beber; era estrangeiro, e hospedastes-me; estava nu, e vestistes-me; estive na prisão, e fostes ver-me'. Então os justos lhe responderão, dizendo: 'Senhor, quando te vimos com fome, e te demos de comer? Ou com sede, e te demos de beber? E quando te vimos estrangeiro, e te hospedamos? Ou nu, e te vestimos? E quando te vimos enfermo, ou na prisão, e fomos ver-te?'. E, respondendo o Rei, lhes dirá: 'Em verdade vos digo que, quando o fizestes a um destes meus pequeninos irmãos, a mim o fizestes'". No início, à medida que faz o trabalho de processamento, o acordo para apropriar-se do exterior como sendo você mesmo pode ser tão simples quanto os ensinamentos religiosos de ver a face de Cristo ou do Buda em todos.

Se puder lembrar-se do contrato na maior parte do tempo, a integração será mais completa e mais abrangente.

Se você deve se conhecer como um com tudo, que é o estado de iluminação, então deve começar a apropriar-se de tudo como sendo você.

Inicialmente, você pode assumir um compromisso de ver dessa maneira durante orações e afirmações, ou lembrando a si mesmo sobre seu compromisso, simples e tão frequentemente quanto creia necessário. Dependendo de seu nível de seriedade a respeito da transformação e do despertar, pode ser que se perceba querendo assumir esse contrato com muita profundidade. Seja qual for seu nível de compromisso, verá que na verdade vai contra tudo aquilo que aprendeu, que é ver o mundo exterior como separado de você. Essa forma antiga, condicionada e ilusória de ver a vida continua em você – por um bom tempo. Então, precisamos agir como se não houvesse separação – por um bom tempo. Ainda assim é possível ganhar muito terreno em seu trabalho de integração se puder saltar e seguir com isso. No decorrer dos anos trabalhando com as pessoas, percebi que elas se movem muito mais rapidamente quando assumem esse compromisso.

À medida que aceita que seu modo de percepção é extensamente limitado em projeção ao exterior, você começa a se compreender mais. Se observar o mundo à sua volta com esse princípio em mente, poderá ver as partes escondidas de si mesmo, e você desenvolverá enorme compaixão. Conforme se liberta mais e mais das projeções, finalmente começa a ver o mundo como realmente é. Começa a tornar-se um vidente da verdade.

Isso sem dúvida parecerá mágico, mas assim acontece pelo fato de o interior e o exterior serem um, e isso é uma verdade superior. Quando um muda, o outro também o faz. E dessa forma aparentemente miraculosa é que é possível, com o tempo, modificar toda a dinâmica que mantém seu mundo no lugar – e com isso mudar seu mundo. Você pode, frequentemente, mudar o ambiente à sua volta, mas de uma forma que é mais necessária para o mundo, e isso sem tomar as atitudes costumeiras na resolução de problemas. Por exemplo, se você teve uma discussão com um amigo que terminou em uma troca raivosa, seu primeiro impulso pode ser o de tentar enterrar os sentimentos de ressentimento e tentar remendar as coisas tão rapidamente quanto possível. A menos que se purifique no interior primeiro e se equilibre, atingindo igualdade e verdadeiro perdão em seu interior através do processamento necessário de seus próprios assuntos, pegar o telefone para ligar para seu amigo pode resultar apenas em um remendo tênue e superficial da amizade. Ou você pode mesmo piorar o problema dizendo as coisas erradas.

Isso não significa que, em algumas ocasiões, não possa tentar conversar com a outra pessoa. Entretanto, processadores experientes geralmente tentarão fazer primeiro todo o processamento necessário para limpar o assunto antes de pegarem no telefone. Eles modificam a consciência de antemão, para terem certeza de que a chamada terá efeitos positivos. Isso não é manipulação ou mágica. É uma sequência natural de sua própria resolução interna-externa.

Através da mudança da organização de sua própria consciência,
torna-se possível a abertura de um caminho
e a manifestação da mudança exterior que você busca.

Os bloqueios e obstruções que encontramos em nossas vidas externas são, frequentemente, resultado de convoluções estranhas que habitam o interior de nossas próprias mentes e de nossas projeções aos outros. As convoluções são baseadas em conceitos, crenças e ideias condicionadas de nós mesmos. As técnicas na Parte Dois dizem respeito à purificação e ao equilíbrio da consciência, e, como resultado, o mundo externo reflete esse lugar claro e equilibrado.

UM EXEMPLO DE AGIR COMO SE O EXTERIOR FOSSE VOCÊ

Eu estava processando com um homem que sentia como se sua vida estivesse uma bagunça, principalmente na área financeira e com seu trabalho, que era de autônomo, construindo móveis finos. Ele já trilhava um caminho espiritual há algum tempo, possuía um certo grau de desenvolvimento espiritual e havia tido experiências de ver que o mundo externo é um espelho de sua realidade interior. Mas ele reclamava que se sentia especialmente preso nas áreas de trabalho e de dinheiro, de que sua vida de alguma forma não estava funcionando nessas áreas.

Ele disse que as pessoas com as quais fazia contratos frequentemente desistiam e não entregavam os materiais na hora, ou simplesmente não apareciam. Ele também disse que frequentemente seus contratantes e clientes eram terríveis tiranos, fazendo demandas irracionais e duras, enraivecendo-se com ele, manipulando e dominando-o para conseguir o que queriam. Também explicou que as pessoas eram muito rígidas com seu dinheiro em relação a ele. Frequentemente tinha problemas em fazer com que as pessoas pagassem no prazo estipulado, e reclamava que a maioria das pessoas estava sempre tentando pechinchar com ele para reduzir o preço.

Ele havia se frustrado tanto no decorrer dos anos, tendo que lidar constantemente com esse tipo de comportamento advindo do mundo exterior, que havia tentado várias vezes vender o negócio. Disse-me que estava completamente confuso e perplexo pela situação, porque pensava ser um artesão e negociante muito honesto, trabalhador e confiável. Sentia que tratava todos os seus contratantes e clientes com justiça e que eles o estavam tratando injustamente. Ele não podia ver e não estava disposto a apropriar-se de seu mundo exterior como uma parte sua, como um espelho de seu próprio inconsciente. No desespero, ele queria processar para tentar mudar as coisas.

Eu lhe pedi para imaginar que o mundo externo, seus contratantes e clientes, eram na verdade ele mesmo. Eu disse: "Se isso fosse verdade, o que você faria? Como você se sentiria?". Ele disse que se sentiria terrível se tratasse as pessoas daquela maneira e que iria querer mudar. Então, o primeiro passo que tomou foi o de fazer a técnica de processamento de polaridades (apresentada no Capítulo 9), que inclui escrever uma lista de todos os comportamentos e traços de caráter de seus contratantes e clientes que o incomodavam. Ele utilizou palavras como fora de horário, inconsistente, não aparecer, tirano, irracional, duros, raivosos, manipuladores, dominadores, coisas do seu jeito, rígidos com dinheiro, pagamentos atrasados, pechinchas, preços reduzidos. Após ter terminado sua lista, ele olhou para mim e disse, incrédulo: "Esta lista sou eu?!". Foi algo difícil de engolir, e ele não conseguia se apropriar daquilo como parte dele. Eu lhe assegurei que era apenas ego, de qualquer forma, que era apenas a metade da figura, e que, em verdade, nada daquilo representava quem ele realmente era.

O próximo passo foi o de fazer uma prece. Ele pediu para lhe ser mostrado como a lista de palavras era verdadeiramente seu próprio espelho inconsciente, e pediu ajuda em agir como se o exterior fosse parte dele. Então terminou os próximos dois passos simples na técnica e aguardou a mudança ocorrer.

Os *insights* que vieram a ele na hora seguinte foram poderosos e mudaram sua vida. Reexaminando sua lista, começou a ver aspectos de sua própria vida em que ele se comportava exatamente como seus contratantes e clientes. Entretanto, nunca lhe havia ocorrido que houvesse uma situação paralela acontecendo entre suas realidades interna e externa. Ele nunca havia visto o efeito do espelho porque estava tudo no inconsciente – até que fez uma lista e tornou tudo consciente. Contou-me que, realmente, muitas de suas namoradas reclamavam de sua inconstância, falta de compromisso e irresponsabilidade, que são exatamente os comportamentos que ele reclamava sobre seus relacionamentos de negócios.

Viu áreas em sua vida nas quais era um enorme tirano, também. Especialmente com suas namoradas, disse que, por vezes, podia ser bem irracional, duro e raivoso. Também viu como exibia o mesmo grau de raiva em muitos de seus relacionamentos de negócios, assim como eram com ele – exceto que ele nunca o expressava porque tinha muito medo. Em vez disso, preferia reprimir sua raiva e deixar que permanecesse no inconsciente, o que significava que ele sempre lidava com contratantes raivosos – estavam representando, para ele, sua raiva inconsciente.

No que se refere ao aspecto financeiro, viu uma dinâmica na qual ele manipulava com seus clientes as cotas de preços, aumentando-as de forma enganosa com falsa informação, porque tinha medo de que eles, de alguma forma, prejudicassem seu lucro com negociações manipuladoras. Então, seu comportamento era, em verdade, tão manipulador quanto o deles, mas em sua mente ele havia de alguma forma justificado e nem se dava conta do que estava fazendo! Estava enganosamente aumentando os preços de seus produtos, assim como sabia que seus contratantes estavam fazendo com ele. Também reconheceu que sua própria natureza sovina se externava dessa forma – e especialmente com o imposto de renda. Confessou que sua contabilidade criativa com os registros devidos ao imposto de renda era tão extensa e enganosa que ele nem desejou começar a explicá-la para mim. Nunca havia ligado seu comportamento com o imposto de renda ao seu comportamento em relacionamentos de negócios. De alguma forma, em sua mente, ele havia justificado seu comportamento com o imposto de renda dizendo a si mesmo que não contava. É claro que sua própria falta de generosidade com o imposto de renda e com seus negócios era o tipo de comportamento avarento que reclamava nas outras pessoas.

Começou a ver como essas experiências paralelas entre seu próprio comportamento e os comportamentos do mundo exterior em relação a ele estavam, de alguma forma, relacionadas. Estava disposto a reconhecer que talvez o exterior fosse, verdadeiramente, um espelho de alguma parte sua, e que seu próprio comportamento estava, de alguma forma, ligado a uma dinâmica com o exterior. Foi no agir como se o exterior fosse seu próprio espelho inconsciente, e através da prece por ajuda para vê-lo, que ele obteve alguns *insights* profundos para conhecer a verdade da situação.

Por agora, até que tenha tido uma chance de aprender os métodos expostos na Parte Dois, apresento aqui alguns lembretes das maneiras simples pelas quais pode começar a agir como se o exterior fosse você.

- Ponha-se no lugar da pessoa no exterior e escreva sobre o que você observa e como se sente.
- Faça uma lista de adjetivos e outras palavras descritivas a partir dessas observações e tente ver os aspectos de si mesmo nessa lista.
- Ore por ajuda agindo como se o exterior fosse você e vendo como o exterior é você.
- Ponha bilhetes em lugares criativos de sua casa que digam coisas como "o exterior sou eu".

RESUMO DO CAPÍTULO

Aqui estão alguns dos pontos principais que introduzimos até agora.

- No sistema separado percebemos a partir da mente ou/ou.
- Um *indivíduo* é consciência dividida em dualidade.
- O sistema separado é um sistema de julgamentos negativos e positivos.
- *Ignorância* é a prática de ignorar.
- Julgar e culpar o exterior é muito natural para nós.
- Não podemos encontrar soluções de ganho-ganho com uma mente ganho-perda.
- Não somos apenas o corpo, mas muito mais. Somos também aquilo que se encontra fora do corpo.

- Já que tudo está interligado, quando mudamos nossa realidade interna, o exterior muda também.
- Sermos capazes de nos aceitar como consciência pura requer que assumamos um contrato com o eu superior. Concordamos em nos apropriar de tudo o que vemos fora de nós como uma parte escondida de nós mesmos. Se isso for difícil a princípio, podemos agir como se fosse verdade.
- Se devemos nos conhecer como sendo um com tudo, que é o estado de iluminação, devemos então nos apropriar de tudo como sendo nós mesmos.
- Através da mudança da organização de nossa própria consciência é possível abrir um caminho e manifestar a mudança exterior que buscamos.

SUGESTÕES PARA TRANSFORMAR A TEORIA EM PRÁTICA

1. Comece a observar como julga as coisas do mundo, vendo-as como separadas de si e como ocorrências ao acaso. Você pode discernir alguns de seus padrões e nós na consciência nos pontos onde retém sua energia da vida? Escreva em seu diário sobre o que observa.
2. À medida que aprende a processar, perceba como as atitudes e comportamentos dos outros em relação a você mudam. Escreva em seu diário sobre o que observa.
3. Durante uma semana, escreva uma afirmação diária em seu diário ou faça uma prece diária de que deseja agir como se o exterior fosse você. Escreva sobre as mudanças que percebe.
4. Tente as quatro sugestões simples de maneiras de agir como se o exterior fosse você, descritos na página anterior.

*Ioga é a restrição da flutuação do conteúdo da mente...
Então o observador (isto é, o Self) permanece em si mesmo.*

– Patanjali

SEIS

A TESTEMUNHA

Já vimos que a arquitetura e a engenharia do sistema separado incluem a percepção através de uma mente discriminativa e do julgamento das coisas externas com valores negativos e positivos. Apesar de ser muito natural julgarmos e culparmos o exterior, podemos chegar a maior acordo com a vida quando aprendermos a nos perceber como um com nossa realidade externa. Essa nova maneira de percepção leva ao equilíbrio e à harmonia, e é o que chamamos de experiência da testemunha. O desenvolvimento da testemunha é um aspecto essencial do caminho da autodescoberta.

Aqui falaremos sobre o que vem a ser a testemunha, como e por que funciona, a importância da testemunha, quais os benefícios de ter-se uma testemunha e quais são alguns dos obstáculos ao testemunhar, como o medo, a dúvida e a culpa. Introduzimos o conceito oriental de samadhi, um estágio avançado de testemunhar, que, na religião cristã, se equipararia à *paz que ultrapassa toda a compreensão*. Também introduzimos alguns passos básicos e simples sobre como desenvolver a testemunha. Na Parte Dois, Capítulo 14 – Desenvolvendo a Testemunha, observaremos estágios avançados de testemunhar. Se você sentir que precisa de base para entender os conceitos apresentados neste capítulo, pode ser de utilidade seguir ao Capítulo 14 imediatamente após ter lido este capítulo, e tentar utilizar algumas das sugestões e exercícios.

TESTEMUNHANDO A PERSONALIDADE

No caminho em direção ao despertar, temos que encontrar maneiras criativas e engenhosas de nos ver *assumindo* os papéis da personalidade. Essa visão desapegada é a única maneira de conhecermos a personalidade por dentro e por fora. Temos que nos tornar capazes de vê-la agir a partir de seu condicionamento padronizado para podermos transcendê-la. Já que nos ensinaram a perceber que *somos* a personalidade limitada, poderíamos supor que isso seja impossível. A dificuldade está em ver. Quando estamos identificados com a personalidade – o que significa "eu penso que sou a personalidade"– é muito difícil ver com clareza o ser limitado. Quem estaria vendo, então, se pensarmos que somos a personalidade? Seria mais ou menos como um olho tentando ver a si mesmo, como Alan Watts disse tão suscintamente nos anos 1960. Para despertar, temos que escolher assumir a posição da testemunha e observar de fora da personalidade.

A princípio, é necessário um pouco de reorientação para que possamos nos ver sendo a personalidade limitada. Mas o fato é que podemos, na verdade, testemunhar a personalidade de um ponto de vista exterior à estrutura da própria personalidade. Isso, por si só, prova que não estamos exclusivamente trancados na personalidade. Tampouco somos a personalidade. Nossa verdadeira natureza é consciência ilimitada. À medida que vemos e compreendemos os padrões limitados da personalidade, liberamo-nos deles e podemos nos ver como presenças eternas e amorosas.

*A mudança de nossa percepção no sentido de testemunhar a personalidade
é imediatamente possível e extraordinariamente benéfica.*

Uma testemunha já se encontra presente, até certo ponto, para todos. Temos uma parte de nós mesmos que observa a personalidade *fazendo* vida o tempo todo. Todos já nos vimos, em uma época ou outra, fazendo coisas como explodir, ser irracionais, fazer uso de charme para conseguir o que queremos, mentir, depender de outro etc. Todos já nos observamos nos entregando a padrões rudes de comportamento como esses, que são autodestrutivos e manipuladores, ou mesmo, por vezes, a padrões mais sutis que nos limitam de alguma forma. Quando há o reconhecimento desse fato, é possível desenvolver e fortalecer o aspecto testemunha de nós mesmos. O fortalecimento da testemunha é importante na medida em que ajuda a descobrir as limitações e aspectos inconscientes da personalidade.

Para começar a desenvolver e fortalecer a testemunha é preciso, simplesmente, pedir internamente que isso aconteça. Em uma prece ou afirmação em seu diário, peça que sua testemunha seja oficialmente instituída. Isso dá início ao processo. Você pode repetir a oração ou afirmação tão frequentemente quanto quiser – semanalmente, diariamente ou muitas vezes ao dia –, o que o ajudará a fortalecer a testemunha. Quanto maior a frequência, melhor. Isso não apenas o lembra conscientemente de que você não é a personalidade, mas também convida a mágica da graça para ajudá-lo na lembrança. Com o tempo, como uma consequência natural da prática das técnicas de processamento descritas na Parte Dois, sua testemunha irá se desenvolver e crescerá. Por agora é o bastante começar com essa simples sugestão, enquanto exploramos mais sobre o que é a testemunha, como funciona e o que ela faz por nós.

O CAMINHO DA NEUTRALIDADE

Existe um caminho através do labirinto da vida que está limitado pela lei dos opostos. Algumas vezes denominado o caminho do meio, o terceiro caminho ou, ainda, o fio da navalha, é o caminho da neutralidade, em que desistimos da ideia de que devemos ser atraídos ou repelidos por algo, seja em direção ao lado negativo, seja em direção ao lado positivo de qualquer polaridade. Escolhemos, em vez disso, identificar-nos com o lugar de neutralidade, o ponto central entre dois lados. Essa é uma posição na qual a testemunha tem o poder de observação sem a reação do julgamento. O desenvolvimento da capacidade de ver a vida a partir da posição central ou neutra ajuda enormemente a libertar-nos dos ciclos da roda do carma. O centro é o olho da tempestade, o ponto parado, o eixo da roda, o lugar da testemunha neutra.

A regra para o iogue é não ser atraído nem repelido.

Isso não significa que nunca mais iremos vivenciar dor e prazer ou qualquer outro estado de mente e de sentimento. Esses pares de opostos são experiências ricas de vida. Em vez disso, algo mais acontece, uma experiência surpreendentemente profunda. Um aspecto de nós mesmos, a testemunha, se desapega dos extremos, das oscilações entre as polaridades negativas e positivas e, daquela posição, apenas observa. Isso não significa que a experiência de intercâmbio de um lado a outro não aconteça. Acontecerá, mas agora teremos também uma testemunha que observa a oscilação. E isso faz toda a diferença; significa que parte de nós, a testemunha, não participa da oscilação; está apenas observando a ação.

Com a testemunha focada no lugar neutro, no ponto central entre os polos negativo e positivo, a dinâmica de todas as polaridades muda. A consciência posicionada no lugar neutro, entre os polos positivo e negativo, tem o efeito imediato de estabilizar toda a situação. Nós somos a testemunha, ao tomar a posição central entre os extremos. O equilíbrio ocorre porque não mais nos identificamos com os dois polos extremos. Tem-se um novo ponto-base de onde se pode ver a realidade mutável dos extremos polarizados. Normalmente nos aferramos a um estado polarizado e somos forçados a ver a vida a partir daquele ponto. Se, em vez disso, nos ativermos ao ponto estável no centro entre os dois extremos, e testemunhá-los, podemos escolher deixá-los passar pelo campo de consciência, permanecendo mais calmos, estáveis e centrados. A vida continua acontecendo, mas a testemunha possui visão a partir do centro, o que é muito mais abrangente. Ela nos possibilita ser menos passionais no que se refere ao oceano turbulento de dramas chamado vida. Ela facilita a ascensão a um estado vibratório mais alto – para além da identificação com as posições polarizadas.

O PONTO DE APOIO

A liberação da identificação com a personalidade é muito difícil, a menos que haja algo mais com o que se identificar. A testemunha serve a um propósito aqui. A obtenção de uma testemunha neutra é algo que pode trazer possibilidades na abertura de outro canal no campo de consciência. Nós temos os dois canais presentes no ser humano, o positivo e o negativo. E adicionamos um canal extra. Por exemplo, é como se você estivesse adquirindo um novo canal a cabo para a sua televisão. Antes você só possuía dois em sua televisão, o positivo e o negativo. Você está adicionando um terceiro, um canal neutro, que é a testemunha neutra. Você não abre mão da experiência dos outros dois; você adiciona um terceiro (Figura 6.1).

POSITIVO   NEGATIVO

TESTEMUNHA
NEUTRA

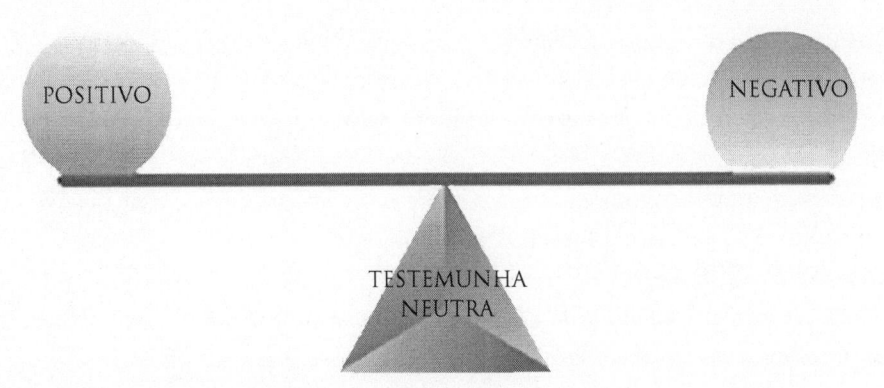

Figura 6.1 *A testemunha neutra adota uma posição de equilíbrio entre os dois lados de uma polaridade. Ela torna-se o fulcro de nosso campo de consciência. Ela está fora da turbulência e da subjetividade da vida.*

A testemunha neutra é um componente muito importante na transformação e na ascensão. A posição neutra é o que também é conhecido como estar centrado. A testemunha neutra é consciência desperta no centro. É o núcleo. Ela nos mantém estáveis, equilibrados e enraizados. A bênção que traz é que nos possibilita ver o todo em nossos assuntos.

*A testemunha neutra é, em verdade,
sua conexão com seu eu superior
e com o Self absoluto.*

Quando já tiver convivido com sua testemunha por um tempo, você se dará conta de que essa é uma maneira de acessar seu eu superior. À medida que a testemunha se fortalece, você percebe que ela é consciência superior, a consciência do superconsciente, em que a inteligência pura, o ser puro, todo o conhecimento podem ser acessados. Quando a neutralidade da testemunha for bem desenvolvida, funciona como o *professor interior*, sendo simplesmente o estado de consciência de unidade, a fonte de onde brotam toda a inteligência e inspiração.

Ao passo que a testemunha brota na consciência do dia a dia, ela ajuda a purificar os corpos mental e emocional e a despertá-los. Ter uma testemunha nos desperta! Estamos realmente despertos quando imersos nela. Com as posições positivas e negativas estamos inseridos no conteúdo do drama da vida.

Um dos estágios iniciais do trabalho de limpeza é viver mais próximo do coração e da alma, em um nível muito mais profundo que a personalidade.

A testemunha nos leva lá, permitindo à consciência ascender a partir da antiga realidade. A testemunha é essencial nesse processo de ascensão. Ela ajuda a consciência a deixar um nível e a mover-se para outro. Não é um pequeno feito mover a consciência para outro paradigma. Para tanto, tudo deve ser feito da maneira correta. Com a testemunha ancorando a consciência no eterno, torna-se possível deixar o velho modo de ser.

*Finalmente, passamos a perceber que a testemunha
é uma abertura desde a mente pessoal limitada
até à mente universal.*

A TESTEMUNHA TENDENCIOSA

Muitas pessoas afirmam que, no início, sua testemunha se parece mais com um juiz do que com uma testemunha. Em termos ideais a testemunha mantém uma posição neutra no panorama geral da percepção, o que significa que não exibe tendências negativas ou positivas. A consciência diária e comum da maioria das pessoas é extremamente polarizada e cheia de tendências.

Essa testemunha tendenciosa é, frequentemente, um dos pais internalizado. A natureza do ego é embeber-se do condicionamento dos pais – que obtemos na infância – tão completamente que, muitas vezes, não precisamos de pais no exterior para nos condicionar. Em outras palavras, nossos pais e aqueles que nos condicionaram estão agora em nosso interior. Eles são agora programas internalizados que funcionam no automático, influenciando nossas projeções e nos lembrando de nossos julgamentos, ainda que possam não estar presentes fisicamente em nossas vidas. Mesmo que, conscientemente, tentemos ser diferentes de nossos pais, a menos que tenhamos feito algum trabalho de limpeza interior, estamos ainda vivendo em reação a eles e à forma através da qual nos condicionaram. Nossas projeções e julgamentos também seriam influenciados por nossos pais, quer pensemos que somos como eles, quer não.

A transformação da testemunha-juiz, ou do progenitor internalizado, em testemunha neutra, dá-se na medida em que desenvolvemos a capacidade de encontrar a posição neutra entre os extremos positivo e negativo. Os métodos de processamento apresentados na Parte Dois são especificamente projetados para trazer a consciência ao caminho do meio, à posição da neutralidade ou do equilíbrio entre os extremos.

Por meio da observação lenta de que não somos os traços da personalidade e através do aprofundamento de nossa capacidade para testemunhar, acabamos por despertar. No desapego das identificações com esses traços, eles gradualmente caem e a personalidade torna-se mais límpida. E à medida que a personalidade torna-se mais límpida, nossa vida externa torna-se mais fácil, mais abundante, mais plena e facilitada, e a vida interior mantém-se na verdade.

O DESAPEGO AUMENTA SUA CAPACIDADE DE AMAR

A palavra *neutralidade* é um sinônimo para desapego. A palavra neutralidade soa muito branda e enfadonha para alguns. Eu a utilizo porque indica o espaço entre o negativo e o positivo quando falamos de magnetismo. Quando utilizada em contexto espiritual, existe um componente escondido que a palavra *neutralidade* implica, que é a luz da superconsciência que adentra quando a neutralidade está presente. Algo mágico ocorre quando acionamos a neutralidade. Naquele momento, nosso mundo humano e polarizado entra em equilíbrio, e a eternidade entra em nossas vidas. Isso traz grande beleza, luz e presença. Um espaço foi criado para que o superconsciente adentre. Enquanto estivermos presos a um lado de uma polaridade, estamos mantendo fora o superconsciente. *Desapego* também soa brando e enfadonho, mas é desejável porque muda nossa experiência de vida com a presença do superconsciente.

O desapego não deve ser confundido com repressão, negação ou fuga. Não estamos falando aqui sobre engajar-se nesses tipos de comportamentos desequilibrados. Isso nos manteria firmemente arraigados ao sistema separado, varrendo para debaixo do tapete e empurrando as experiências para o inconsciente. Isso não funciona no que concerne ao desapego. Desapego não se refere a fingir que não estamos vivenciando pensamentos e emoções que nos invadem. Em vez disso, é a capacidade para vivenciar essas coisas, ambas negativas e positivas, de maneira completa, consciente e simultânea, sabendo que somos o *Self*. Essa capacidade vem como resultado do trabalho de purificação.

Algumas vezes as pessoas perguntam se o desapego significa que não podem vivenciar amor por algo. Justamente o contrário é que é verdadeiro. Quanto mais desapegados nos tornamos, mais intensa é nossa capacidade para amar e mais purificada e clara ela se torna, por mais paradoxal que possa parecer. Na prática do desapego aprendemos a amar de forma universal. Quando nos encontramos polarizados, existe preconceito em nosso amor; ele se encontra tendencioso – vivenciamos amor ou não amor, e mesmo ódio. Existe uma cisão em nosso universo e estamos sujeitos à atração e à repulsão. Nunca podemos estar completamente de coração em algo porque metade de nós é atraída e a outra metade é repelida. Não estar completo é não conhecer o amor. Temos de estar completos para vivenciar o amor – amor no sentido verdadeiro da palavra.

É um erro de percepção muito comum e óbvio pensar que o favorecimento do sistema polarizado, em detrimento do superconsciente, enriquecerá nossa experiência.

NOSSO MEDO DO DESAPEGO

Alguns indivíduos temem que, através da prática do desapego, perderão tudo. Essa é uma noção muito normal. É o que o ego pensa que acontecerá. Os seres humanos temem a perda acima de tudo. Em verdade, não existe tal coisa, não no sentido absoluto. Então, quando saímos do sistema de julgamento e separação, não há a experiência da perda. Existe apenas a luz extática da presença eterna e atemporal, no outro lado da pequena membrana egoica à qual estamos presos. Mas ficamos horrorizados, com medo de que isso signifique perda definitiva ao quebrarmos os muros. Essa é a mensagem que o ego manda para dentro da consciência quando tentamos o rompimento. É por isso que quase ninguém tenta escapar da jaula egoica.

De fato, o que estamos lembrando quando encaramos a porta de saída é da perda primal que assumimos quando caímos da totalidade – *o tudo o que há*. Uma vez, éramos um com tudo, tínhamos poder e amor infinitos, e então algo aconteceu. Não temos bem certeza do quê, mas aparentemente perdemos tudo em um segundo quando encarnamos em um corpo e tornamo-nos impressos com humanidade.

O lado negativo da impressão humana é uma impressão com perda e culpa porque interpretamos o que aconteceu conosco como um erro de nossa parte – caímos da graça e nos tornamos pecadores. Tememos assumir outra grande perda como a original. Temos perder o pouco que nos resta. E vivenciamos esses temores inconscientemente, na maioria das vezes. O medo nos torna paranoicos no que se refere às nossas escolhas, coloca um entrave no que se refere a assumir riscos e nos mantém sentindo muito apegados às coisas materiais e ao *status quo* da personalidade limitada. Na verdade, à medida que processamos, passamos a nos dar conta de que estamos sendo governados por uma impressão ilusória, que nos fornece falsa informação, e podemos então nos desapegar com mais facilidade. Somos, assim, capazes de utilizar diferentes motivações para nossas escolhas, e nos libertamos.

O éden se encontra do outro lado do véu egoico do medo. Infelizmente, a maioria das pessoas nem sabe, conscientemente, que chegou a uma porta que leva para fora do sistema separado, e acabam afastando-se dela. Chegaram à porta sem mesmo se darem conta que ela estava bem à sua frente. Até que tenhamos desenvolvido uma testemunha forte e neutra, a porta nem pode ser vista; todo o processo de fuga é inconsciente. É assim que o mundo é mantido no lugar, com as pessoas evitando grandes mudanças a todo custo. O desapego é uma das chaves para a porta.

OUTRO CAMINHO, UM CAMINHO INCOMUM

Com muita frequência, um buscador acordará para o sentimento de que deve haver outro caminho. Isso geralmente é acompanhado por um intenso desejo de mudança. Quando a paixão pela mudança de nossas circunstâncias está presente e quando houver uma determinação inabalável de que isso irá acontecer, a mudança ocorre com facilidade. Esse é o nascimento do estado de desapego. É esse o primeiro sinal de que existe mais em relação à vida do que aquilo que se encontra bem à nossa frente, e de que não temos que nos conformar com as mesmas velhas rotinas. Conscientizamo-nos de que estamos presos em rotinas que apenas se repetem eternamente nesse sistema de altos e baixos, negativo e positivo. Vemos que não importa o quanto mude o cenário, estamos reencenando as mesmas velhas rotinas. A testemunha é aquela que está nos mostrando isso. Mesmo que não saibamos que estamos utilizando a testemunha, é ela quem nos está iniciando no caminho. É ela que nos segura e nos mantém estáveis à medida que liberamos os assuntos velhos e limitados, mudamos e assumimos riscos, incentivados por um compromisso determinado. A mudança torna-se, então, possível porque somos apoiados pela testemunha neutra, que é um estado constante e invariável em nossas vidas. Em um mundo de variáveis, a testemunha é um estado imutável.

Definitivamente, você desistirá da identificação com a personalidade e escolherá identificar-se com a testemunha. Então verá, por si mesmo, que a testemunha é o Self.

SOMOS CONSCIÊNCIA PURA

Começamos a ver que aquilo que identificamos como sendo nós mesmos, a personalidade superficial, é realmente apenas a superfície do jogo da consciência através da condição de ser. De fato, o núcleo de nosso ser é a essência de todo o ser. Somos, em essência, nada mais que pura consciência, a própria base do ser. Isso se torna mais claro enquanto fazemos o trabalho de processamento.

Outra ferramenta poderosa que nos ajuda a perceber isso é a meditação. A meditação, em conjunto com o processamento, é valiosa em ajudar no desenvolvimento da testemunha e em acelerar nosso despertar. Frequentemente notamos, a princípio, em nossas meditações, que os pensamentos com os quais normalmente nos identificamos passam à nossa frente e esvoaçam. Não temos a inclinação de nos apegar a eles. Então começamos a ver que podemos fazer isso enquanto estamos em ação. O que descobrimos é que é possível estar-se bem desapegado deles. Podemos observá-los; eles vêm, eles vão. Não temos de segui-los, não precisamos nos envolver com eles, enfeitá-los ou mesmo traçá-los. Eles simplesmente parecem surgir em nosso campo de consciência por si mesmos. Se não nos prendermos a eles, apenas passam e se vão, deixando um espaço até que o próximo surja. Isso é o ideal. Com a iluminação, definitivamente os pensamentos que nos distraem se vão por completo.

Se não somos os pensamentos, então quem somos? Quem observa os pensamentos? Penetre no espaço entre os pensamentos e deixe que ele o permeie. É nesse espaço entre os pensamentos, e devido ao que descobre lá, que você se dará conta do benefício do trabalho de processamento egoico que fez.

É nesse espaço entre os pensamentos que você se percebe como consciência pura – apenas ser.

Existe um fluxo contínuo de pensamentos atravessando seu campo de consciência quando você medita. Mas alguém ou alguma coisa está consciente do fluxo de pensamentos. Quem? Quem ou o quê percebe esse fluxo, o jogo dos pensamentos que vêm e vão, e ainda assim parece não se afetar nem se apegar aos pensamentos? Quem é essa testemunha que pode ver e conhecer a personalidade? Com a percepção de que *eu não sou meus pensamentos ou minha personalidade*, vem a pergunta: "Então quem sou eu, ou o quê sou eu?". A resposta está em ver que *eu sou a essência através da qual os pensamentos e os estados de personalidade passam.* Isso é a testemunha, autoconsciente, observando, sendo consciência, sendo o *Self*. A testemunha é a base do ser. Ela é consciência pura, você como essência – um você muito perfeito, inteiro, não adulterado e puro. É você como totalidade, como unidade, você além do fluxo da consciência, além do girar da roda.

Essa simples penetração na essência é o motivo pelo qual eu recomendo a prática da meditação como parte importante e vital da autodescoberta. É preciso se aquietar o bastante, por vezes, para realmente ver esse estado, para dar-se conta de que ele é o que você é, e ter, tornar real, a compreensão de que você não é os pensamentos ou a personalidade. Uma vez descoberto que sua verdadeira identidade não é a personalidade, é muito fácil começar a aplicar esse conhecimento em sua vida.

NÃO SOMOS NOSSOS ESTADOS MENTAIS

As pessoas, com frequência, interpretam o cultivo da testemunha neutra como o desenvolvimento de uma certa monotonia em suas vidas, fazendo com que se tornem sem interesse. A presença da testemunha neutra *não* significa que nos tornaremos neutros e entediados. A técnica não funciona dessa forma. De fato, estaremos vivendo a vida com uma plenitude que talvez nunca tenhamos tido antes.

A experiência de todos os estados da mente que associamos com a personalidade e nossa interação com o mundo continuará sempre a passar através de nós. De fato, *viveremos mais intensamente, sentindo-nos mais envolvidos* e menos afetados e feridos por eles, mais capazes de ter prazer por não levá-los tão a sério. A testemunha neutra sempre sabe que as experiências que a vida oferece são simplesmente um lado de um par de opostos. Podemos sofrer perdas, como términos de relacionamentos amorosos, problemas financeiros e atrasos na carreira, assim como podemos aproveitar totalmente ganhos, como romances recém-formados, prosperidade financeira e sucessos mundanos. A vida, como mudança, vem e vai. Nós, como testemunhas puras, permanecemos eternamente.

À medida que descobrimos isso, começamos a vivenciar a verdadeira liberdade, porque vemos que a vida é um jogo de sombras, um holograma de luz. Vemos que o fluxo da consciência e todos os incontáveis estados mentais que dançam através de nossa consciência são, simplesmente, o jogo da existência que se desdobra à nossa frente. Começamos a conhecer nossa própria alma imortal, não estando tão presos ao drama de nossas vidas. Isso é muito liberador. É o começo da verdadeira liberdade em nossa consciência e uma grande aceleração na nossa autodescoberta.

SENTINDO-SE ENRAIZADO – FÉ

Ninguém pode estar seguro enquanto limitado por coisas materiais. Apego a casas, carros, roupas, dinheiro e outros tipos de posses significa que acreditamos serem essas coisas o nosso apoio no mundo. Significa que não estamos desapegados e, portanto, somos incapazes de estar na testemunha. Bens materiais são transitórios; eles vêm e vão. Se estivermos presos ao transitório, o que todos estão em certo grau, ficaremos devastados quando essas coisas nos forem retiradas. O que não vemos é que elas não foram feitas para durar para sempre. São as coisas deste mundo de sonhos, e sua aparição e desaparição devem ser aceitas com igualdade. Se pudermos ver além do transitório e enraizar-nos na luz clara do *Self*, o superconsciente, sentir-nos-emos e estaremos seguros, não importa o que esteja acontecendo à nossa volta. Quando a adversidade advém, teremos paz interior. Isso é liberdade.

A fé é um estado sobre o qual falamos muito, especialmente na religião cristã. Parece ser uma coisa que se tem ou não se tem, inerente. No mundo duro e cínico, a fé raramente é vista. Algumas vezes poderia mesmo ser vista como um empecilho ao avanço no mundo, porque é interpretada como um tipo de inocência, credulidade e ingenuidade, não pragmática, lógica ou empírica, e não baseada nas regras do tão chamado mundo real. Esse não é o tipo de fé que estamos discutindo aqui. Esse é um estado polarizado com cinismo e ceticismo, e não é, em verdade, fé. A fé, no sentido mais alto da palavra, significa estar-se enraizado na realidade última e escolher viver através de princípios espirituais, seguro no conhecimento do apoio que os princípios espirituais oferecem. É um estado que se encontra enraizado na aceitação visceral de saber que, verdadeiramente, não somos separados do todo.

Não há nada de errado em possuirmos coisas materiais, ou mesmo com o mundo material em si. Eles são apenas coisas. O problema aqui é nos tornarmos dependentes deles para nosso bem-estar espiritual. Se esperarmos que a posse de coisas leve à plenitude, isso é uma injustiça para conosco e até mesmo para com o mundo material. É bem mais possível viver-se em harmonia com o mundo material se vivermos por princípios espirituais.

Fé significa poder saber por completo que o viver através de princípios espirituais apoiará nossas vidas, mesmo no mundo material. Porque estamos profundamente arraigados na verdade, enraizados em nossa eternidade, não temos que nos preocupar com o mundo material; ele cuidará de si mesmo.

*A fé, em seu aspecto mais expansivo, é a consciência
assumida, aberta e completa de que não há essencialmente
separação entre nós e o Self eterno.*

Essa última realização é a mais poderosa de todas. Partindo do pensamento de que somos dependentes do dinheiro ou outros tipos de segurança material, descobriremos de fato que somos completamente apoiados, mesmo materialmente, pelo *Self*. Essa percepção é o começo da liberdade total, porque temos o poder de manter-nos equilibrados e centrados, não importa o tipo de adversidade que nos aflija. Nesse estado nos lembramos de onde viemos e quem somos, e não nos abalamos com a turbulência. Como a cortiça flutuando no mar agitado, não nos afetamos pelas ondas – não podemos afundar.

Por fim também nos encontramos querendo nos livrar de vícios e de dependências de substâncias, de sucesso, segurança, posição e poder. Isso não significa que o sucesso não virá a nós; pode ser que venha. Entretanto, ele não se apresenta como nosso caminho para a realização, como um substituto para a liberação ou para o conhecimento de quem somos. Essas coisas encontram-se rodeadas de ideias errôneas que temos a respeito de nós mesmos.

Todo esse desapego pode soar amedrontador. Para muitas pessoas, seu maior medo é que, se liberarem seu apego às posses, irão acabar nas ruas como mendigos, empurrando um carrinho com seus pertences e vivendo em uma caixa de papelão! Se esse for seu pior medo, é importante se lembrar de que está se livrando do *apego* às posses, e não das coisas materiais em si. Se não tiver sucesso em testemunhar o medo, sabendo que é apenas o sinal de alerta errôneo na porta de saída do ego, você obterá um resultado bem diferente daquele expresso por seu maior medo. Em vez disso, quando você se desapega, torna-se aberto o bastante para estar no fluxo da vida. A maravilha da renovação perpétua na vida diária, a vasta simplicidade do amor e a sabedoria de todas as eras fluem para seu sistema na medida em que o poder do divino em seu interior for estimulado. Você se torna totalmente estabelecido na testemunha. Paradoxalmente, nunca perde nada, exceto suas limitações, e a vida torna-se abundante – com muita frequência, materialmente. Você se torna parte da surpreendente sincronicidade dos ciclos da natureza e, ainda assim, aguda e suavemente consciente em seu interior das variações infinitas que o jogo da existência tem a oferecer. A vida torna-se poesia e você, o artista.

O ensinamento é bem conhecido, no cristianismo, como o sermão de Jesus em Mateus 6,19-34:

> *Não ajunteis tesouros na terra, onde a traça e a ferrugem tudo consomem, e onde os ladrões minam e roubam; mas ajuntai tesouros no céu, onde nem a traça nem a ferrugem consomem, e onde os ladrões não minam nem roubam. Porque onde estiver o vosso tesouro, aí estará também vosso coração [...] Não andeis cuidadosos quanto à vossa vida, pelo que haveis de comer ou pelo que haveis de beber; nem, quanto ao vosso corpo, pelo que haveis de vestir. Não é a vida mais do que o mantimento, e o corpo mais do que o vosso vestido? Olhai para as aves do céu, que nem semeiam, nem segam, nem ajuntam em celeiros; e vosso Pai celestial as alimenta. Não tendes vós muito mais valor do que elas? E qual de vós poderá, com todos os seus cuidados, acrescentar um côvado à sua estatura? E, quanto ao vestuário, por que andais solícitos? Olhai para os lírios do campo, como eles crescem: não trabalham nem fiam; e eu vos digo que nem mesmo Salomão, em toda a sua glória, se vestiu como qualquer deles. Pois, se Deus assim veste a erva do campo, que hoje existe e amanhã é lançada no forno, não vos vestirá muito mais a vós, homens de pouca fé? Não andeis pois inquietos, dizendo: que comeremos, ou que beberemos, ou com que nos vestiremos?[...] De certo vosso Pai celestial bem sabe que necessitais de todas estas coisas; mas buscai primeiro o reino de Deus, e a sua justiça, e todas estas coisas vos serão acrescentadas. Não vos inquietais pois pelo dia de amanhã, porque o dia de amanhã cuidará de si mesmo. Basta a cada dia o seu mal.*

VENDO QUE O MEDO É UM GUIA

O medo é um guia porque nos mostra quando saímos da testemunha para dentro do ego negativo e quando estamos operando a partir da separação. Todos se encontram face a face com o medo regularmente – ele é a antítese da fé. O medo é separador, e a fé é conectora. Ter fé é ver além do medo e da dúvida. A fé é o estado focalizado que resulta da unificação do medo e seu oposto, a coragem.

Em termos egoicos, o medo começa a dominar nossa consciência através de uma dúvida. Algo aparece e aciona a dúvida. Então se, em vez de descartar a dúvida, deixamo-la entrar e acreditamos nela, cairemos no medo. A dúvida, no momento em que surge, é uma cisão aparente na natureza fluida e inteira de nossa existência e na perfeita continuidade e sincronicidade de nossas vidas.

A sombra da dúvida abre as portas para o medo, que imediatamente emerge e diz: "Há algo errado. Algo está para arruinar meu dia". A dúvida, que é *não saber*, permite-nos cair no medo – medo do desconhecido. Sempre há um elemento do desconhecido quando temos medo. Mesmo se tivermos *"um poderia"*, *"um talvez"* ou mesmo um *"e se"*, ou possibilidades sem fim como foco de nosso medo, o medo está lá porque não sabemos com certeza o que acontecerá em seguida. Ficamos sem base e flutuamos no nada, quando temos medo. O medo acontece porque estamos suscetíveis a ele, devido à impressão de dualidade, de sermos separados.

Vivendo no ser separado, mantemos a crença de que a vida contém eventos aleatórios, além de nosso controle, fora e desconectados de nós; eventos que acontecem ao acaso e sem qualquer significado ou propósito óbvio. Chamamos esses eventos de *acidentes*. A dúvida permite isso. Essa crença é parte da limitação daquele sistema.

Um acidente abala nossa compostura e nos coloca no desconhecido. Simplesmente não sabemos, naquele momento, o que está acontecendo. Se a crença na aleatoriedade for verdadeira, então qualquer coisa pode acontecer a qualquer momento. Isso é completamente enervante. E é certamente a maneira como as coisas parecem na superfície, com a visão limitada. A imaginação se descontrola diante do desconhecido. Ela tem uma maneira de preencher as lacunas e acabar acreditando no que acaba de ser imaginado – gerando mais medo. As pessoas inventarão histórias para explicar o desconhecido.

É a crença na aleatoriedade, além de nosso controle, que parece gerar a dúvida, que leva ao medo. Não há a completa compreensão de causa e efeito na maior parte das culturas, especialmente no Ocidente. A visão limitada não permite que a causa de algum evento, aparentemente exterior, possa estar em nosso interior – em padronizações do inconsciente. Não admite que, em algum nível, criamos as circunstâncias para causar a dança do negativo-positivo e da atração-repulsão. E o efeito é visto no mundo exterior. Provavelmente não temos ideia, com nossa perspectiva limitada, do que causou a situação em nosso interior.

Quando um evento toca nossas vidas de alguma forma, especialmente se for de forma negativa, é certamente útil perguntar-se interiormente qual é a nossa participação nesse evento. Essa parte pode ser uma coisa que, uma vez processada, modifique nossas circunstâncias externas significativamente.

De fato, nossa natureza fluida já está modelada para responder à dualidade. Acontece não apenas no momento de dúvida. A cisão já se encontra presente, presa no inconsciente onde não podemos vê-la, na impressão humana, e isso nos torna suscetíveis à dúvida e ao medo que segue. Discutiremos a impressão humana em mais detalhes no Capítulo 8.

Seria verdade dizer que todos passam por períodos variáveis quando tudo está bem, quando estamos na testemunha, em nossa natureza fluida e vivenciando a totalidade. Então algo nos aciona, e caímos na separação da dualidade. Quando isso acontece, perdemos muito da nossa consciência porque a nossa vibração cai. Quando somos acionados e reagimos, nossos recursos para ver e saber se esvaem quase por completo. Quando perdemos a testemunha ficamos suscetíveis à reatividade padronizada.

No Capítulo 8 – Impressão Humana, existe um mapa que descreve os estados nos quais caímos quando nos vemos em dúvida; então, podemos reconhecê-los quando ocorrem, sabendo onde estão, e podemos processá-los para nos purificarmos.

NÃO CULPANDO O EXTERIOR

No sistema separado, as pessoas frequentemente culpam as circunstâncias exteriores por seus estados mentais, porque o exterior é um gatilho para a sua reação. Elas acreditam que isso as absolve de qualquer envolvimento na situação. Mas a reação é responsabilidade do reator. Se reagirmos a um gatilho com culpa, ou medo, ou raiva, então nossos padrões são os culpados. Eles estão gerando as respostas que estamos tendo.

Por exemplo, digamos que um homem tem um patrão tirânico que o aciona com críticas irracionais e infundadas em seu trabalho. Existem muitas maneiras diferentes através das quais o homem pode lidar com a situação. Ele poderia enraivecer-se e culpar o patrão, como se o problema estivesse em seu exterior, ou poderia sentir-se vitimado e traído, e culpar a vida. Mas essas são reações egoicas e sinais de que ele possui padrões que precisam ser tratados. Por exemplo, as reações poderiam estar vindo da criança interior ferida, que desesperadamente necessita de aprovação de uma figura de autoridade para sentir valor próprio e que teme a desaprovação. É melhor revelar esse tipo de padrão, assumir responsabilidade pelas circunstâncias e limpar o padrão. Se esse homem colocar a culpa fora de si e se não lidar com as reações e padrões que jazem por debaixo, irá simplesmente recriar situações similares no futuro.

Se o homem estiver trabalhando no desenvolvimento de sua testemunha, talvez indague: "Por que isso aconteceu? Quais são os padrões em meu interior que estão criando essa reação e manifestando toda essa situação?". Isso abriria a possibilidade de investigação e de processamento. Não são as circunstâncias, mas sim a maneira como respondemos a elas que são a questão. Sempre pergunte: "O que eu devo ver aqui para meu próprio crescimento?". Não podemos contar com a mudança dos modos do mundo, mas podemos mudar a maneira com que lidamos com as circunstâncias que adentram nosso caminho. Se aceitarmos a responsabilidade e processarmos nossas reações, finalmente viveremos em equanimidade com tudo.

É importante dar-se conta de que as reações padronizadas originam-se no subconsciente egoico. Os padrões geralmente são ativados pelo medo e criam contração. Reforçamos os padrões com nossos sentimentos – sentimentos que parecem reais e estão lá porque assumimos os padrões!

Fomos condicionados a dar aos sentimentos e padrões completa realidade, a torná-los mestres de nossas vidas. Fomos enganados e iludidos por nosso condicionamento, e todos nesse sistema o permitiram. Entretanto, já que estivemos envolvidos com tanto sucesso na decepção, podemos ter igual sucesso em sua dissolução. Devemos tentar aprender a encarar nossas reações como condicionadas, a partir de um espaço expansivo de verdade, e não deixar que elas impeçam as nossas ações ou nosso ganho de compreensão.

A experiência da vida parece apoiar a ideia de aleatoriedade. Ainda assim, a vida não é aleatória. Conforme nos apropriamos do exterior e olhamos como estamos ligados a ele por polaridade, podemos chegar a um acordo com ele, trazendo para nós mais integração e equilíbrio. Podemos nos mover para além de nos tornarmos vítimas das circunstâncias aleatórias (padrões tirânicos, por exemplo) fazendo nosso trabalho de processamento. Com o desenvolvimento da testemunha, com um coração mais expandido e universal, e com o fortalecimento da fé através do processamento e do trabalho de integração, tornamo-nos tão seguros em nosso interior que o medo passa a ser visto com outros olhos. Nossa percepção sintonizou-se com algo mais – uma compreensão muito mais profunda da maneira como as coisas são. O medo é visto como algo não mais real do que qualquer outra coisa no sistema separado.

*O medo é apenas uma frequência,
como tudo mais nesta realidade.*

Para a maioria de nós, o medo parece muito real. Parece ser um indicador de que a vida está para servir um limão bem azedo. O problema é que, se acreditarmos nesse nível de realidade, isso pode acontecer. Quando vivemos no mundo de competição, de perigos, do desconhecido, de variáveis e probabilidades, temos que lidar com o medo. Na raiz, todos os medos são, em realidade, medo da perda. E isso está baseado na crença de que existe tal coisa – perda. Vista esotericamente, a perda é uma percepção que acabamos por assumir. Nesta visão mundana, sempre que ocorre mudança, estamos inclinados a interpretá-la como perda, principalmente quando parece nos privar de alguma coisa. Essa é uma interpretação das circunstâncias das quais temos apenas uma visão parcial. Se pudéssemos ver todo o círculo ou ciclo que passa por nós, daríamo-nos conta de que, frequentemente, a mudança está simplesmente nos movendo em direção a outra coisa. Frequentemente, após vermos que fizemos uma volta completa, damo-nos conta de que não houve perda verdadeira – apenas mudança.

A vida certamente parece apoiar nossas crenças de perda e de limitação. Mas lembre-se de que o exterior é um reflexo de nossas próprias projeções e de que nossas projeções são baseadas em nossas impressões. A perda é uma impressão. Neste mundo, a possibilidade de perda parece perseguir nossos passos praticamente a cada minuto do dia. A maioria das pessoas está horrorizada com a perda de algo a que dão valor. Poderia ser qualquer coisa, desde alguns dólares até uma casa, ou um ente amado – desde o mais trivial ao mais significativo.

É por causa da impressão humana do sistema separado, no qual vivemos, que somos programados com a polaridade de *perda* e de *ganho*. A impressão diz que, bem no fundo, nos sentimos tão inadequados em nosso estado limitado que estamos sempre correndo atrás de possíveis ganhos. Buscando um lado de uma polaridade, somos lembrados constantemente de que seu oposto pode estar nos assombrando. Correr atrás do ganho tornou-se um hábito, faz com que sejamos constantemente oportunistas. Fazemo-lo automaticamente e não nos lembramos da origem do comportamento. Aceitamos isso completamente em nosso interior, já que o perigo e a perda parecem reais, e já que tentarmos derrotar o sistema é inutil.

Uma das coisas que faz surgir o medo é uma aceitação da ideia de que existe o desconhecido. Um desconhecido poderia conter qualquer coisa – perigo, danos ou mesmo morte. O sentido de um desconhecido advém do sentido de estar preso em um corpo – só, separado, limitado e alienado neste mundo aleatório –, um mundo que é imprevisível e que está basicamente além de nosso controle. Esse sentido é baseado na crença de que somos vítimas indefesas das circunstâncias. O desconhecido é uma percepção a partir de nosso estado de separação. Se pudéssemos ver, daríamo-nos conta de que o desconhecido apenas contém mais vida, e que as coisas que tememos são, em realidade, partes desapropriadas de nós mesmos.

Com a mudança de percepção, torna-se possível ver através de um ponto de vista menos limitado, no qual nos conhecemos como parte de um todo maior, de um ciclo de transformação inteligente – nossa evolução. À medida que a testemunha se desenvolve, vemos que estamos aprendendo lições que são necessárias à derradeira jornada da alma de volta à completa realização de nossa natureza divina interna. E as mudanças pelas quais devemos passar são parte da evolução da sabedoria na alma. Elas não são expressões de perda e de ganho. Como diz o ditado: "Tudo o que vai, volta". No final há equilíbrio, plenitude e paz.

SAMADHI – UM PARADIGMA DIFERENTE

Samadhi é uma palavra sânscrita que descreve um estado de unidade. É a presença do um, mostrada por trás das polaridades, e é um estágio avançado do testemunhar. Usamos o sânscrito porque não há palavra equivalente em português. À medida que desenvolvemos a testemunha e fazemos o trabalho de processamento com o princípio antigo da unificação de opostos, liberando nossa energia e sintonizando a mente, as emoções e o corpo, é a aparição de samadhi que assinala o início de nossa liberação da personalidade limitada. Ela descreve um estado de consciência e de percepção que não é comumente acessado pela maioria das pessoas no curso normal de suas vidas. Entretanto, é um estado que, teoricamente, todos são capazes de atingir, em algum momento, se tentarem. Quando o samadhi começa e é notado pela mente consciente, é um sinal de que equilíbrio e harmonia estão começando a nascer em nosso interior. A aparição de samadhi é o saber intuitivo da verdade de nossa origem no campo unificado. Até então é uma parte latente e encoberta da mente. Ainda assim, quando começamos a vivenciá-lo, nossa consciência penetra na fonte de todos os estados em direção à unidade que jaz por debaixo de todos os extremos de polarização.

Samadhi desperta em nós quando estamos razoavelmente livres
das crenças limitadoras associadas com a programação da personalidade
e quando podemos testemunhar a maioria dos aspectos do ego.

Vivenciamos samadhi como consequência de uma mente quieta e de profundos estados de equilíbrio interior e exterior, assim como do centramento de nossa energia. O centramento experimentado no estado de samadhi significa ter um campo de consciência expandido o suficiente para englobar ambos os lados de todas as polaridades. Não estamos tocados por um lado de uma polaridade, mas sim, neutros e no centro de todas elas. Samadhi é um tipo particular de equilíbrio e alinhamento do campo de atenção que possibilita conhecer a verdade mais elevada a partir de nosso núcleo luminoso; o divino em nosso interior.

A experiência de samadhi virá de forma intermitente, a princípio. É sentida como uma vasta quietude ou expansão em uma quietude interior indescritível – o fim da rotação. É o que a igreja cristã chama de *a paz que ultrapassa toda a compreensão*. É o que Don Juan, o feiticeiro tolteca nos livros escritos por Carlos Castañeda, chama de parar o mundo. Verdadeiramente nos traz a uma experiência perceptiva direta do puro estado indiferenciado de unidade. À proporção que o obtemos com mais frequência, viveremos em sempre crescente coerência com nosso mundo externo. Samadhi é o precursor da iluminação e, à medida que se tornar sempre presente em nosso interior, começaremos a vivenciar estados de iluminação. Finalmente, manifesta-se como uma experiência de completa plenitude interna.

RESUMO DO CAPÍTULO
Aqui se encontram alguns dos principais pontos introduzidos até agora.
- A testemunha observa a personalidade agindo a partir de seu condicionamento padronizado.
- Para começar a desenvolver e fortalecer a testemunha, basta simplesmente pedir, internamente, para que isso aconteça. Ela desenvolve-se como um subproduto natural do processamento.
- A testemunha é um observador neutro.
- A regra básica para um iogue é não ser nem atraído nem repelido.
- Testemunhar não significa que nunca vivenciamos dor ou prazer; é como adicionar um terceiro canal de consciência.

- A testemunha neutra adota a posição de equilíbrio entre os dois lados de uma polaridade. Ela torna-se o ponto de apoio e se encontra fora da turbulência e da subjetividade da vida.
- A testemunha neutra é, em verdade, nossa conexão com o eu superior e com o *Self* absoluto.
- A testemunha é uma abertura da mente pessoal limitada em direção à mente universal.
- A testemunha tendenciosa é, frequentemente, um dos pais internalizado.
- O desapego aumenta nossa capacidade para amar.
- O desapego não é repressão nem negação, ou mesmo fuga.
- É um erro comum de percepção pensar que o favorecimento do sistema polarizado às custas do superconsciente enriquecerá nossa experiência.
- Tememos o desapego porque tememos o potencial da perda.
- Em um mundo de variáveis, a testemunha é um estado imutável.
- Quando desistirmos da identificação com a personalidade e nos identificarmos, em vez disso, com a testemunha, então veremos que a testemunha é o *Self*.
- Somos pura consciência, através da qual pensamentos e estados de personalidade passam.
- É no espaço entre os pensamentos que primeiramente nos encontramos sendo consciência pura – apenas ser.
- A meditação é um aspecto importante e vital da autodescoberta, na medida em que nos ajuda a ver que não somos a personalidade.
- Vivemos a vida com mais plenitude na posição da testemunha; isso não significa que a vida tornar-se-á entediante.
- A fé é a consciência pura, abertamente reconhecida, de que não existe separação entre nós e o *Self* eterno.
- No desapego das coisas materiais, estamos nos livrando do apego a elas, não necessariamente das coisas em si.
- O medo é um guia.
- O medo é apenas uma frequência, como tudo mais nesta realidade.
- Samadhi é um estágio avançado de testemunhar e é um estado de unidade.

SUGESTÕES PARA TRANSFORMAR A TEORIA EM PRÁTICA

1. Faça uma oração ou afirmação para instituir sua testemunha neutra. Repita com a frequência que achar necessário. Escreva em seu diário sobre quaisquer mudanças em consciência que você perceba.
2. Cole etiquetas em casa e no trabalho que digam coisas como: "Estou em minha testemunha?"
3. Pratique não ser nem repelido nem atraído. Escreva sobre sua experiência.
4. Se você nunca meditou, aprenda.
5. Na meditação, indague internamente: "Quem observa os pensamentos?" e "Quem sou eu?" Escreva, mais tarde, sobre sua experiência.
6. Você considera que a fé seja um tipo de inocência? Na meditação, tente sentir o tipo de fé que não se encontra polarizada entre esses estados de ceticismo ou cinismo. Ore para que a verdadeira fé seja fortalecida em seu interior.
7. Você culpa o exterior em situações que o acionam? Assuma um compromisso interno para ter responsabilidade. Em vez de culpar, indague: "Quais são os padrões em mim que estão criando essa reação e, em última análise, manifestando toda essa situação?".

A candeia do corpo são os olhos; de sorte que, se os teus olhos forem bons, todo o teu corpo terá luz. (Mateus 6,22)

— Jesus

SETE

VENDO A LUZ

Apesar da centelha de luz que somos ser conectada a tudo no cosmo, embebida no todo, por assim dizer, pensamos que somos entidades separadas, autônomas, isoladas em corpos, e com espaço à nossa volta separando-nos das outras entidades. Esse não é, absolutamente, o caso; apenas parece ser assim. Ainda que as descobertas da física contemporânea nos mostrem que não vemos as coisas como realmente são, continuamos obstinadamente a confiar em aparências e apenas acreditamos naquilo que vemos. Fazemos isso automaticamente, devido ao nosso condicionamento. A limpeza do ego, definitivamente, cria grande mudança em nossa percepção quanto à maneira como as coisas realmente são, algo que está mais próximo da verdade cósmica sobre a unidade de todas as coisas.

Assim como o prisma divide a luz branca nas cores do arco-íris, a dualidade do sistema separado tira a luz branca da unidade, fracionando-a em uma miríade de partes. Todas as espécies, raças de seres humanos e a surpreendente diversidade de formas aqui na Terra são aspectos daquele fracionamento. Ainda assim, vemos e vivemos com tudo isso e esquecemos que tudo se origina do um, da luz branca-dourada pura. No caminho da autodescoberta, gradualmente desenvolvemos a capacidade de perceber a vida a partir da posição da unidade. Com novos olhos aprendemos a ver a unidade em tudo, além de todas as dualidades. Quando Jesus disse "se, portanto, teu olho for único, todo o teu corpo será pleno de luz", é a isso que se referia. Já que é a rotação das dualidades que drena o corpo de luz, tornamo-nos iluminados quando podemos ver e conhecer a unidade como nossa realidade. Nossos corpos literalmente se enchem de luz.

Neste capítulo examinaremos quatro tópicos principais. O primeiro é a vida no sistema separado como ilusão, e de que forma essa ilusão é semelhante a um holograma. O segundo é a importância da percepção da vida de uma maneira nova – a partir do nível energético – e a importância de retermos nossa energia e luz, para que possamos alcançar estados mais elevados de consciência. O terceiro é a anatomia do corpo de luz – corpo que está além, mas que também contém o corpo físico e o sistema de chacras. O quarto diz respeito ao movimento para além da consciência da polaridade extrema em direção ao novo paradigma do coração – sistema de maior fluxo.

MAYA

Há muito tempo éramos um com tudo. Tínhamos acesso a toda a eternidade. Isso ocorreu antes de encarnarmos pela primeira vez no sistema limitado e separado, e nos encontrarmos presos na consciência corporal (profundamente identificados com o corpo), passando a possuir apenas uma visão parcial do todo. Para onde foi o resto da eternidade? Foi para aquela nossa parte escondida da visão: o inconsciente.

A visão parcial que temos neste mundo é descrita nas filosofias orientais como sendo apenas um truque astuto da parte de *Maya*. Maya é uma palavra sânscrita que descreve a existência como sendo ilusão. É Maya, ou ilusão, que continuamente nos engana no sentido de pensarmos que somos separados, e isso nos desvia de encontrarmos a verdade absoluta. A dualidade deste mundo e a personalidade são aspectos de Maya. Algumas vezes mostrada como uma deusa feminina na antiga literatura sânscrita, ela é a fonte da técnica do obscurecimento e a criadora das ilusões da existência. É dito que ela escondeu o resto da criação de nós, por detrás dos véus do inconsciente. Maya é o motivo pelo qual *adormecemos* no inconsciente quando o que realmente buscamos é o *despertar* para o superconsciente, para além de nós mesmos. Despertando, vemos que a existência é ilusão, é Maya, sempre em um fluxo, sempre em constante mudança.

Quando nos tornamos capazes de observar nossa programação de personalidade à luz da realidade última, podemos compreendê-la de uma maneira completamente diferente. À proporção que despertamos, vemos com mais e mais clareza que é uma identidade errônea e equivocada – parte dos fenômenos e aparências do mundo ilusório.

O que significa dizer que o mundo é uma ilusão? Isso tem a ver com a maneira pela qual vemos nossa realidade. Para a pessoa que vive uma vida razoavelmente inconsciente, o mundo parece ser muito real. Somos ensinados a acreditar que o mundo é o que parece ser – matéria, forma sólida e aparentemente indestrutível. O *real*, para a maioria das pessoas, significa o material, a terra, a matéria. Nossa realidade mental e emocional, apesar de ser bem real em nossa existência do dia a dia, definitivamente parece mais efêmera e menos substancial do que as formas no mundo material. Nossos sonhos à noite são bastante efêmeros e irreais para nós quando acordamos, apesar de parecerem reais quando estamos dormindo. Mais real, menos real, aparentemente irreal – o que está sendo percebido aqui? O que significa, realmente, neste contexto, o *real*?

Quando iniciamos o processo de autodescoberta, o mundo material ainda parece ser muito real e o mundo interno, irreal. Ainda assim, após um tempo, uma das primeiras coisas que começamos a ver, após a prática de meditação e de autodescoberta, é que a vida é realmente bem efêmera. Como é possível a transição de sentir a permanência e a substância da matéria sólida e pensar que ela é confiável, quando o mundo se apresenta efêmero? Isso tem a ver com a crença original da descrição do mundo que nos é dada conforme crescemos, que nos diz que o mundo é real, permanente e confiável. Na autodescoberta logo aprendemos a superar a maneira condicionada de acreditar em tudo o que nos é dito. Quando processamos e praticamos regularmente a meditação, começamos a ver com novos olhos. O que vemos é que o mundo não é uma estrutura permanente; está sempre mudando e é, em realidade, bem efêmero. Então descobrimos que não é tão diferente de nosso mundo de sonhos. Apenas opera com regras diferentes. Por exemplo, quando estamos dormindo, o mundo dos sonhos possui um sentido de tempo e espaço, mas quando acordamos, nos damos conta de que é relativo. Em nosso estado acordado, vemos que tempo e espaço, no mundo dos sonhos, não são fixos e permanentes, percebemos que não são reais. O sentido de tempo e de espaço como o conhecemos neste mundo físico também é um estado relativo de nossa percepção e não faz com que este mundo seja mais real do que o mundo dos sonhos. Finalmente começamos a ver que nenhuma das coisas que assumimos como parte desta realidade é sólida ou permanente – elas são completamente transitórias e temporárias. Elas são ilusórias e irreais.

Essa nova percepção da realidade entra em cena porque, à medida que sua vibração aumenta, você pode ver e fluir com a mudança, até o ponto em que mesmo o seu sentido de si mesmo neste mundo é como um fluxo de luz e consciência, e não um eu sólido ou fixo. Então, finalmente, vem a realização de que a única coisa que é real, de significado permanente, imutável e eterna, é o senso onipresente da presença divina, que está sempre com você – todo o resto é um sonho, uma ilusão.

O que isso significa para nós, em termos práticos? Será que a descoberta súbita de que a vida é uma ilusão significa que ela não é mais de interesse, tornou-se entediante e sem sentido, e que o indivíduo deve renunciar a toda motivação para evoluir e crescer? Muitas vezes, em meus anos de ensino, as pessoas vinham a mim e me perguntavam isso. Elas diziam: "Por que, após tudo o que foi dito e feito, devo me preocupar em passar por qualquer experiência, já que nenhuma é real de qualquer jeito?". Não, não significa absolutamente isso. Tente não passar por experiências. É impossível não ter experiências.

Todos viemos aqui com o objetivo de ter experiências. Ter experiências não faz com que a vida seja mais real. Não ter experiências não faz com que a vida seja menos real. Não seria ótimo se os desastres não fossem reais, mas sim os sucessos? Infelizmente não há qualquer chance de isso acontecer. Em verdade, de que estamos falando aqui?

Estamos falando sobre a existência não ser real
no sentido em que aprendemos a vê-la.

Quando nos definimos em relação ao mundo real e sólido – ou sentimos que o mundo deva ser real, já que é tudo o que temos – tornamo-lo tão importante, dependemos tanto dele, que temos muito a perder. Neste cenário, vivemos com o medo da perda o tempo todo. E todas as nossas preocupações parecem pesar muito sobre nós. Isso é desnecessário. Este mundo é um mundo transitório, e tudo muda constantemente. Podemos aprender a aceitar e estar em paz com esse fato, sem nos atermos desesperadamente à ideia de que ele precisa ser estável, duradouro e permanente. Quando nos apegamos às coisas, temos muita dificuldade com a mudança. Tornamo-nos presos ao material, incapazes de fluir com a beleza da criação e até incapazes de aceitar nossa morte inevitável. É certamente verdade dizer que, um dia, será hora de morrer. Isso está no fluxo das coisas desta vida.

Se aceitarmos, conscientemente, a natureza transitória deste mundo e lembrarmos que não somos a personalidade ou o corpo, que também são transitórios, libertamo-nos. Quando despertarmos para o fato de que somos eternos saberemos, sem sombra de dúvida, que um dia, quando este mundo se for, permaneceremos, não necessariamente em nossa forma presente, mas como essência, como o *Self* verdadeiro.

O HOLOGRAMA: UMA METÁFORA PARA A EXISTÊNCIA

A arte holográfica é feita com raios laser. Aparenta ser bem real, mas em verdade é completa ilusão. Para construir um holograma de um objeto, o artista começa com uma pequena foto desse objeto. A foto deve mostrar todo o sombreamento, para dar a impressão de volume e de profundidade e para criar uma qualidade tridimensional e vívida. O holograma resultante projetará uma réplica exata da imagem na foto, e não uma imagem achatada bidimensional, como é a do papel no qual a foto foi impressa, mas sim como se o objeto estivesse em espaço tridimensional, como uma escultura.

Imaginemos que a imagem holográfica está à nossa frente e juntos daremos uma volta ao seu redor. Ela é de tamanho natural e podemos caminhar em sua direção. Já que aparenta ser bem sólida e real, andamos à sua volta e descobrimos que possui uma parte da frente e uma de trás. Ela é realista de todas as formas, e poderia ser confundida com um objeto real congelado. Ainda assim, se tentar tocá-la, você descobrirá que não há nada a não ser luz colorida flutuando no ar. Sua mão atravessa a imagem com facilidade. O holograma é apenas luz. Já que parece tão realista, é um certo choque descobrir que não há nada de substância ali, apenas o ar em que ele flutua.

A analogia do holograma é uma maneira maravilhosa de ilustrar a ilusão da vida e a verdade sobre a base do ser, o estado unificado. A vida parece ser sólida e real, mas é tão insubstancial como o holograma. Este mundo que todos consideramos real e sólido é um sonho – construído a partir de vibrações de luz colorida. Em um holograma, tudo o que há, na verdade, é o ar – que em nossa analogia se iguala à presença unificada. Com o holograma, tendemos a não perceber o ar; ele parece estar escondido. Na vida, tendemos a não perceber a presença unificada; em vez disso, vemos apenas aquilo que fomos treinados para ver: as formas ilusórias.

APRENDENDO A VER A ENERGIA

No caminho da autodescoberta, começaremos a desaprender a maneira velha e separada de percepção e nos moveremos em direção a uma nova maneira, mais unificada. Uma das primeiras mudanças de percepção é o advento da capacidade de ver a energia. A verdade sobre a vida é que tudo é energia, e energia também é consciência. É possível estar mais consciente no nível energético. Cada um de nós é capaz de ver o mundo à nossa volta energeticamente, e não apenas como forma sólida.

Ver energia não significa literalmente ver as diferentes energias com nossos olhos, apesar disso ser possível. *Ser um vidente* significa perceber de forma sutil a realidade que se encontra além dos sentidos. Recolhemos muito mais da dinâmica das circunstâncias quando somos capazes de testemunhar e perceber o tipo de energia que está em jogo no mundo à nossa volta. Por exemplo, vemos como nossos próprios padrões de personalidade, assim como os dos outros, estão envolvidos em interações e dramas diários. É necessária uma expansão em nossa consciência, assim como uma compreensão mais profunda daquilo que estamos observando, para vermos dessa forma. Testemunhando e estando totalmente presentes, percebemos as coisas tendo lugar energeticamente abaixo da superfície de qualquer situação.

O focar nas situações que se referem à energia é um aspecto intrínseco da autodescoberta. Conforme purificamos padrões presos, acontece uma tremenda liberação de energias também presas, na mente, nas emoções e no corpo físico. Finalmente descobrimos que nossa força de vida aumenta enormemente em termos gerais, e somos capazes de perceber muito mais sobre a vida. Isso nos ajuda não apenas de forma prática, como obter sucesso no mundo ou vivenciar relacionamentos saudáveis, mas também a ver mais da sutileza de nossos próprios padrões de personalidade e dos padrões de comportamento das outras pessoas, o que é uma ajuda tremenda no caminho para o despertar espiritual.

A Profecia Celestina, livro escrito por James Redfield e lido por milhões de pessoas, foca particularmente no tópico de ver energia. A história ilustra como podemos aprender a perceber a partir do nível de energia e como essa capacidade nos possibilita ver as coisas de forma mais conectada e detalhada. Isso apoia nosso crescimento, fazendo com que o desapego e a mudança sejam mais fáceis. Quando vemos a interligação da vida, sentimo-nos mais seguros, descartando velhos padrões de personalidade e outras ligações. Também acabamos por nos render à experiência de mudança e de transformação quando, por exemplo, podemos ver a interconexão de vida através da experiência de sincronicidades. Um exemplo de sincronicidade pode ser a situação em que três pessoas recomendam ver um certo filme no curso de uma semana. O filme acaba por revelar uma mensagem especial para você, ajudando-o em um dilema no qual se encontra. Outro exemplo pode ser quando você se encontra pensando em um velho amigo de quem não tem lembrado há anos e, subitamente, essa pessoa liga para você. Durante a conversa, você se dá conta de que a reconexão era muito importante porque ou poderá ajudar aquela pessoa de alguma maneira poderosa, ou a pessoa o ajudará de alguma forma.

Sincronicidades, parte também intrínseca da história de *A Profecia Celestina*, são um lembrete reconfortante de que há mais inteligência coesa em funcionamento do que nossa própria inteligência limitada percebe. As sincronicidades nos mostram que não há apenas caos lá fora, criando estragos além de nosso controle, e que não existem coisas como coincidências. É mais fácil lembrar que estamos ligados a um fluxo de coerência interna e externa quando temos experiências de sincronicidade. Quando as vemos e reconhecemos, começamos a perceber a vida em nível energético. É importante para nós, como espécie, ver e sentir nossa conexão, porque a humanidade está em seu pior sofrimento quando se sente desconectada. Sentir-se ligado é um reflexo de nossa antiga memória de conhecimento da unidade.

A seguir se encontram algumas das outras maneiras por meio das quais podemos perceber a partir do nível energético:

- observando a linguagem corporal e vendo o conteúdo emocional;
- escutando atentamente alguém falar e ouvindo o conteúdo emocional;
- discernindo ressonâncias sutis e sentimentos no interior de nosso corpo;
- utilizando percepção psíquica e conhecimento interno;
- utilizando a clarividência, a visão sutil de luz, de energia ou de imagens em outros níveis;
- utilizando a clariaudiência, escuta sutil em outros níveis.

Quando criança, tínhamos acesso a algumas ou a todas essas faculdades sutis. A maioria de nós foi desencorajada a apegar-se a elas e acabamos por perdê-las. À medida que nos purificamos, elas tendem a abrir-se novamente. Aprender a utilizá-las, mesmo um pouco, propicia profundidade e riqueza em nosso relacionamento com o mundo externo. Infelizmente não está dentro do escopo deste livro fazer um estudo profundo desses estados. Entretanto, vale a pena mencioná-los porque são adendos à percepção e são, frequentemente, algumas das consequências do trabalho de limpeza.

A ANATOMIA DO CORPO DE LUZ – OS CHACRAS

Possuímos muitos corpos além do físico; o corpo que nos circunda é, em realidade, um corpo de energia e consciência. Possuímos também um corpo mental, um corpo emocional, assim como um vasto corpo de luz. No caminho da autodescoberta é importante e um tanto inevitável que nos tornemos familiarizados com todos eles. Para o propósito de nossa discussão, daremos uma olhada no corpo de luz, algumas vezes também conhecido como *corpo sutil* – frequentemente visto por paranormais e chamado *aura*. Mesmo que você, neste momento, seja incapaz de ver ou sentir seu próprio corpo de luz ou o corpo de luz de outras pessoas, é importante saber o que ele vem a ser, assim como algo a respeito de seu funcionamento. Sabendo a respeito de sua existência, aprendemos a senti-lo mais, e nos tornamos mais conscientes de seu fortalecimento. O trabalho de fortalecimento apoia o processo do despertar espiritual. Quando purificamos o ego e despertamos, tornamo-nos capazes de perceber os movimentos energéticos no corpo de luz. Saber sobre isso antecipadamente será de utilidade por esse motivo. Aqui daremos uma breve olhada na anatomia do corpo de luz, incluindo o sistema de *chacras*.

Também não está dentro do escopo deste livro fazer uma investigação completa da anatomia do corpo de luz e do sistema de chacras; existem muitos outros livros sobre o assunto. Nossa intenção é, em vez disso, dar uma introdução a eles, assim como uma compreensão geral.

Os chacras são centros de energia no corpo e se encontram ativos o tempo todo, estejamos ou não conscientes disto. *Chacra* é uma palavra sânscrita que denota círculo e movimento, ou pode ser traduzida como *roda*. Os chacras estão associados com aspectos dos corpos físico, mental e emocional. Possuímos muitos chacras em nosso interior, e alguns mesmo além do corpo físico. Existem sete chacras principais no corpo, e esses são os que vamos estudar aqui (Figura 7.1).

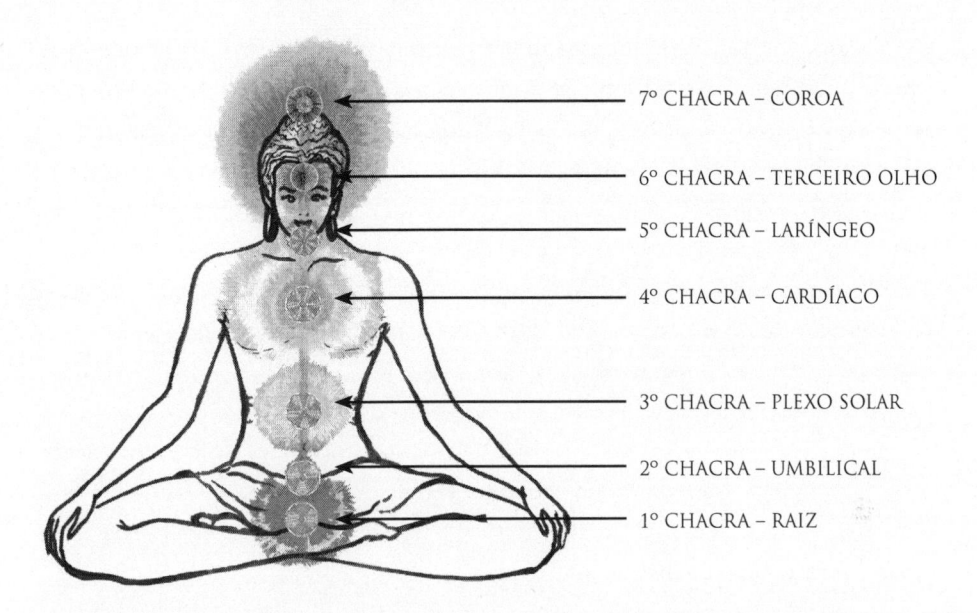

7º CHACRA – COROA
6º CHACRA – TERCEIRO OLHO
5º CHACRA – LARÍNGEO
4º CHACRA – CARDÍACO
3º CHACRA – PLEXO SOLAR
2º CHACRA – UMBILICAL
1º CHACRA – RAIZ

Figura 7.1 *Os chacras são centros de força do corpo sutil. Quando vistos através da clarividência, os raios irradiantes que configuram os chacras parecem flores ou rodas. São pontos de contato entre os corpos etérico e físico, transmissores e retentores de energias cósmicas e de força vital.*

Existem aspectos da consciência e características de comportamento associados a cada chacra. Quando alguém medita sobre um chacra, pode perceber os níveis de consciência que se encontram descritos a seguir. Mencionamos apenas os aspectos básicos de consciência associados com cada chacra; existem, em verdade, muitos outros.

O primeiro chacra é chamado chacra da raiz e está localizado entre o ânus e os genitais, na base da coluna. A consciência associada ao chacra da raiz é aquela da segurança, da sobrevivência física, dos mecanismos de luta-fuga e lutas de vida ou morte.

O segundo chacra está localizado entre o umbigo e os genitais. Sexualidade, procriação, as emoções de nutrição e assuntos de família (ou tribo) estão associados a ele. É o portal para o infinito.

O terceiro chacra está localizado no plexo solar. É o centro de poder e é onde trabalhamos os assuntos de poder e impotência (vítima-tirano, perda-ganho, sucesso-fracasso) e de domínio, manipulação e controle. É onde aprendemos as lições associadas ao poder polarizado, à autoridade, ao nome e à fama.

O quarto chacra está localizado no coração e é frequentemente chamado de chacra cardíaco. A consciência associada com o chacra do coração é a do amor, da fé, da devoção, do dever e da compaixão. Também é associada com a atração e a repulsão em relacionamentos amorosos – rejeição e aceitação.

O quinto chacra está localizado na garganta e é o centro energético da voz, expressão, arte, conhecimento, maestria e entrega à vontade divina.

O sexto chacra está localizado entre as sobrancelhas e é conhecido como terceiro olho. Este é o centro energético da consciência, sabedoria, *insight*, clarividência e percepção psíquica.

O sétimo chacra está localizado no topo da cabeça e é conhecido como chacra da coroa porque se posiciona na cabeça como uma coroa. Ele é um vórtice de energia que se abre para cima como um funil. A coroa real utilizada por reis e rainhas é uma representação sua em forma física. O chacra da coroa está associado à nossa conexão divina, ou união com *tudo o que há*.

À medida que processamos e meditamos, desenvolvemos uma sensibilidade nos chacras e podemos senti-los energeticamente. A maior parte de nós os sentiu em algum momento, especialmente no corpo físico, mas não estamos conscientes deles porque não fomos ensinados a perceber as energias ou a consciência dessa forma. Por exemplo, quando uma pessoa vivencia uma perda extrema – digamos que ela perca uma grande soma de dinheiro para um competidor em um negócio –, o sentimento pode ser descrito como o de *levar um soco no estômago*, ou a pessoa pode mesmo sentir náuseas. Esses são sentimentos na área do terceiro chacra, que está associado com ganhar ou perder, poder e impotência. Se pudéssemos realmente ver o terceiro chacra na aura em tal situação, algo que os clarividentes podem fazer, perceberíamos que o centro energético parece desequilibrado, balançando e vazando energia. A pessoa perde luz, ou vaza energia, em uma situação de perda. Em uma pessoa equilibrada, em circunstâncias normais, o chacra se parece com um vórtice de energia homogêneo, brilhante, sempre girando. Frequentemente, em uma instância de perda como em nosso exemplo, existe o desejo de comer. Isso ocorre porque a comida tende a pôr energia ou força vital na área de nosso estômago e nos ajuda a enraizar. Essa é uma reação natural porque, em algum nível, o corpo está nos dizendo que perdemos luz e energia e estamos nos sentindo deficientes na área do terceiro chacra. Então podemos ver que o corpo físico nos dá pistas relativas a nosso estado de consciência. Tornando-nos conscientes da energia no corpo físico e dos centros energéticos chamados chacras, podemos saber quando necessitamos processar e podemos aprender a estar mais equilibrados e a reter nossa luz.

Aqui está um outro exemplo de nosso corpo físico nos dando informação sobre a energia do corpo sutil, já experimentado por muitas pessoas. Quando alguém recebe uma notícia devastadora, como a morte de uma pessoa amada, ou qualquer coisa que poderia ser descrita como de *partir o coração*, é comum a primeira reação ser posicionar a mão sobre o coração. Novamente temos o corpo nos mostrando que, em algum nível, estamos conscientes de que sentimos como se tivéssemos perdido algo de que precisamos. Ficamos conscientes de que estamos vazando energia do chacra do coração; logo, a mão é posicionada na tentativa de reter a luz. Tornando-nos conscientes dessas coisas podemos retornar à testemunha neutra, enquanto vivenciamos as emoções e processamos a situação, para que possamos estar mais equilibrados e desapegados da perda e do ganho no mundo físico.

RETENDO SUA LUZ

Para alcançar estados mais elevados de consciência você precisa ter muita luz e energia. Nossa consciência é como um pêndulo. Oscila com nossos pensamentos e emoções desequilibrados. O ponto fixo no centro é o lugar da testemunha neutra (Figura 7.2).

← PONTO FIXO

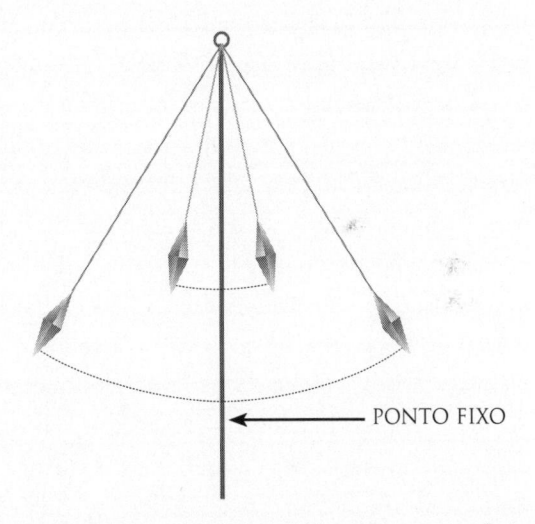

Figura 7.2 *Conforme que o fio do pêndulo fica mais curto, o pêndulo oscila com mais rapidez. Ele oscila cada vez menos e se move para mais perto do ponto fixo. E à medida que processamos e nos identificamos mais com a testemunha neutra, encurtamos o fio do pêndulo.*

Quando estamos desequilibrados e oscilamos mental e emocionalmente, perdemos nossa luz e energia; a força vital é empurrada para fora. É como um limpador de para-brisa que empurra a água para fora do vidro. E cada vez que oscilamos mais, perdemos mais. Somos drenados e, frequentemente, nossa saúde física sofre. Ao fortalecer o corpo sutil através do processamento e da meditação, trazendo-nos para o equilíbrio, aprendemos a reter a luz e a não dissipá-la desnecessariamente.

A perda de luz e energia acontece porque existem *buracos* no corpo sutil, criados pelo processo de condicionamento que vivenciamos na infância. Onde quer que existam desequilíbrios na personalidade, existirão buracos no corpo sutil. A luz está sempre entrando, já que nossa verdadeira essência é um fluxo de luz divina e de conexão com a fonte. Mas algumas vezes perdemos luz com maior rapidez do que ganhamos, quando estamos abaixo da paridade. Toda vez que temos sucesso em testemunhar e equilibrar nossos padrões desequilibrados de personalidade – por exemplo, nossas oscilações extremas de humor – estamos preenchendo os buracos.

Quando perdemos muita luz, caímos em estados negativos, ficamos deprimidos e infelizes devido à luz insuficiente. Quando estamos plenos de luz, estamos felizes, equilibrados e confiantes. Estamos inspirados, criativos, estimulados com tudo. Temos energia e isso nos faz passar o dia sem termos que nos arrastar.

Corpos de luz fortes e luminosos são geralmente prerrogativa dos jovens e fortes. Para eles não é tão vital ter muito equilíbrio na personalidade e uma testemunha tão fortalecida. Mas, à medida que ficamos mais velhos e esses padrões tornam-se mais entrincheirados, continuamos a perfurar o corpo luminoso mais e mais com nossos comportamentos desequilibrados, crenças negativas e atitudes autodestrutivas. Temos que tomar mais cuidado enquanto envelhecemos porque perdemos luz com mais facilidade. Desenvolvendo a testemunha e utilizando as técnicas de processamento da Parte Dois, equilibramos a personalidade, fortalecemos o corpo sutil e a luz é retida com mais facilidade no sistema de corpos. É essencial que deixemos de oscilar e cheguemos ao ponto fixo se quisermos reter nossa luz para melhorar a qualidade de vida e atingir estados mais elevados de consciência.

A ANATOMIA DO CORPO DE LUZ – O SHUSHUMNA
Veremos um pouco mais da anatomia do corpo de luz (Figura 7.3).

O corpo de luz possui um núcleo ou eixo central. Em sânscrito é conhecido como *shushumna*, e corresponde aproximadamente à coluna física. O shushumna é o núcleo luminoso de iluminação dentro de cada um de nós. A maioria das pessoas, no sistema separado, não está consciente de que ele existe e raramente o sente. Todos os véus da personalidade condicionada – medos, desequilíbrios, sistemas de crenças negativos e limitantes etc. – têm sido enrolados firmemente à sua volta e o escondido de nossa visão consciente. De fato, eles parecem uma camada de couro grossa e negra, como uma capa, em volta do shushumna: restringem e cortam o fluxo natural de luz e energia que normalmente subiria e emanaria do shushumna através de nosso corpo físico. Conforme aumentamos em vibração, descascando os véus do ego, liberando as crenças de separação e de limitação, a luz literalmente ascende e emana a partir do shushumna, ligando-nos até o topo, desde o chacra da raiz até o chacra da coroa. É por isso que, quando meditamos, é importante manter a coluna reta e ereta para ajudar no fluxo de luz que ascende através do shushumna.

No Oriente a luz ou energia que se move e anima o corpo é chamada de *kundalini*. A kundalini é nossa força vital. O nome vem da palavra sânscrita *kundal*, que significa *espiral*. Vista de forma clarividente, a kundalini está enroscada na base da coluna, como uma cobra, e quando despertada move-se como uma serpente subindo através do corpo.

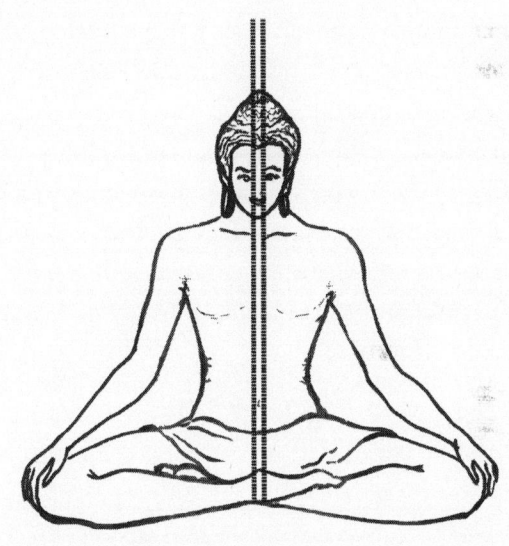

Figura 7.3 *O shushumna ou núcleo (eixo corporal)*

Quando o fluxo único, semelhante a um fio de luz ou kundalini, ascende até o topo do shushumna, desde a raiz até a coroa, sem interrupções de limitações egoicas, o estado de samadhi inicia-se. Samadhi, como descrito no capítulo anterior, é um estágio avançado de testemunhar e é o precursor da iluminação. Limpando padrões limitantes e restritivos do ego, enquanto progredimos no caminho da autodescoberta, torna o filete mais largo e nosso estado de samadhi evolui e cresce. Samadhi é uma experiência da luz do shushumna. A luz é unidade e contém informação. Quando entramos em samadhi, fazemos um *download* da informação na luz, que mais tarde é decodificada através do corpo mental, onde nos tornamos conscientes de compreensões multidimensionais. Por exemplo, podemos receber *insights* sobre processos atuais, que nos ajudam a desembaraçar padrões de comportamento destrutivos como excesso de alimento e fumar. Muitos dos maiores cientistas do mundo, artistas e líderes têm acesso a níveis mais elevados de luz – quer de forma consciente, quer inconsciente – e assim são capazes de receber informações e novas ideias. A luz é algumas vezes vivenciada – geralmente na meditação – como uma presença de felicidade, êxtase e expansão; é o amor incondicional do Divino.

A luz do shushumna é vivenciada como consciência não dualística. Tradicionalmente, o desenvolvimento da consciência do shushumna é feito principalmente com a prática da meditação. Por meio da meditação, abrem-se gradualmente portas no espaço interior do indivíduo e a consciência é preenchida com o estado de consciência não dualística, que é nosso estado natural. A experiência é, frequentemente, uma forma espetacular de realização da unidade.

Entretanto, com a utilização das técnicas de processamento da Parte Dois, conseguimos vagarosa e gentilmente desgastar nossos véus, possibilitando assim à consciência não dualística passar e realinhar-se à consciência comum do dia a dia, trazendo-nos fácil e suavemente ao estado integrado do despertar.

A ANATOMIA DO CORPO DE LUZ – IDA E PINGALA

Ida e *pingala* são os nomes sânscritos para os fluxos de energia que formam o campo eletromagnético bipolar do corpo. Eles tomam a forma de uma dupla hélice e se enroscam à volta do shushumna (Figura 7.4). A consciência move-se por esses fluxos percebendo o positivo e o negativo, o bem e o mal e as outras dualidades da vida no sistema separado. Nossas atrações e repulsões no campo eletromagnético giram a energia através do ida e do pingala. O ida é o fluxo descendente passivo, ou yin, e está associado com a energia feminina; o pingala é o fluxo ascendente ativo, ou yang, e está associado com a energia masculina. Equilibrando nossa consciência através da unificação de opostos, nossa consciência começa a poder perceber a partir do shushumna, assim como do ida e do pingala. Essa é a adição do terceiro canal de consciência, descrito como "testemunha" no capítulo anterior, aos canais de positivo e negativo. A testemunha está, em realidade, fora do campo eletromagnético da zona polarizada. À medida que equilibramos o yin e o yang, o feminino e o masculino, encontramo-nos cada vez menos na mente discriminativa, associada ao sistema dualístico e limitado, e cada vez mais no estado de centramento e desapego associado à testemunha.

TERCEIRO OLHO

PINGALA
(o fluxo masculino, ativo, ascendente)

IDA
(o fluxo feminino, passivo, descendente)

SHUSHUMNA OU NÚCLEO
(eixo do corpo)

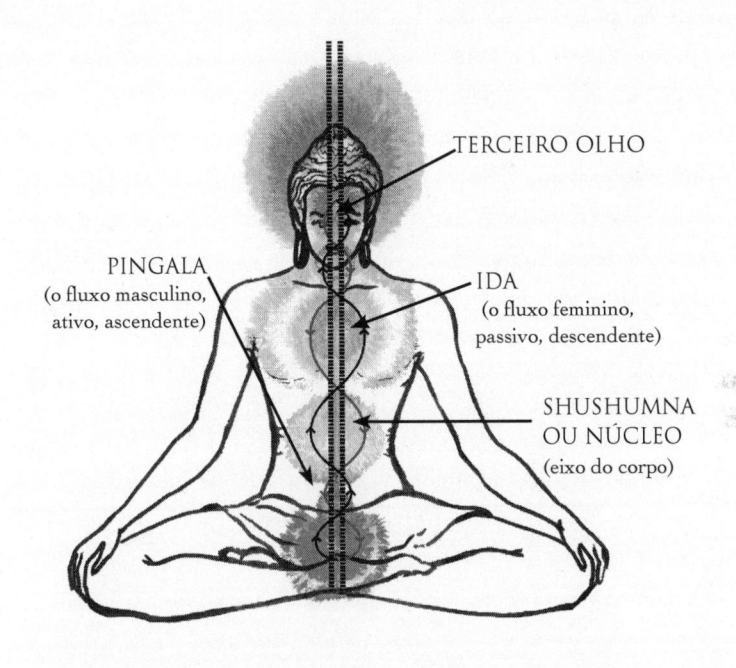

Figura 7.4 *Ida e pingala, ondas de forças que fluem em uma hélice dupla ao redor do shushumna. Note, por favor, que esse diagrama simples e bidimensional não demonstra as qualidades tridimensionais da hélice dupla.*

É interessante referir-nos brevemente ao Gênesis 3,22-24, na história de Adão e Eva, após eles terem ingerido o fruto proibido, aprendido sobre o bem e o mal, e caído: "Então disse o Senhor Deus: eis que o homem é como um de Nós, sabendo o bem e o mal; ora, para que não estenda sua mão, e tome também da árvore da vida, e coma e viva eternamente, o Senhor Deus, pois, o lançou fora do jardim do Éden, para lavrar a terra de que fora tomado. E havendo lançado fora o homem, pôs [...], e uma espada inflamada que andava ao redor, para guardar o caminho da árvore da vida". Acredito que a história se refira à anatomia do corpo de luz. A árvore da vida é shushumna, e quando comemos desse fruto vivemos para sempre; isso quer dizer que conhecemos nossa natureza enquanto eternidade. Mas a partir de nosso estado caído, separado, há uma espada flamejante que guarda o caminho para ele, sendo portanto de difícil acesso. Quando alguém vê o shushumna de forma clarividente, parece-se com uma espada flamejante.

Você perceberá no diagrama que o ida e o pingala iniciam-se logo abaixo do terceiro olho. É aí que a mente discriminativa começa. Abaixo do terceiro olho é onde percebemos a dualidade, que engloba do sexto ao primeiro chacras. A testemunha está, frequentemente, centrada no terceiro olho. Acima do terceiro olho encontra-se o chacra da coroa, que, além do shushumna, é onde percebemos nossa conexão com a fonte. E referindo-nos novamente à afirmação de Jesus em Mateus 6,22, "se teu olho for único, todo o teu corpo terá luz", vemos que, quando nosso fluxo de consciência ascende para o terceiro olho, o olho único, então começamos a nos iluminar para nossa natureza como unidade.

O PARADIGMA DO CORAÇÃO – O SISTEMA DE FLUXO

Com esse trabalho de processamento estamos nos movendo através de um dos véus mais densos da consciência humana, do terceiro para o quarto chacra. Esse é um aspecto da ascensão – movendo-se de um velho paradigma de poder e impotência polarizados para um novo paradigma, centrado no coração e de natureza mais unificada. A densidade da consciência, que mantém os dois paradigmas separados, é refletida no corpo físico como o diafragma, que é uma divisão muito grossa, muscular e separativa, como um teto acima do terceiro chacra. Existe um nó na consciência ali, que está espremendo o shushumna e fechando-o com muita força, um nó que vamos afrouxando e desembaraçando à medida que fazemos o trabalho de processamento. No Oriente é conhecido como *o nó de Vishnu*. Quando se abriu para mim, meus guias o chamaram de *portão do céu*.

Vamos dar uma olhada na diferença entre os dois sistemas. O sistema do terceiro chacra é o mundo da polaridade – ganhar-perder, tirano-vítima, autoridade-subserviência, poder-impotência. A área diz respeito a batalhas que lutamos todos os dias, às perdas que assumimos, às vitórias que conquistamos. É um sistema de alternância entre expansão e contração. Essa é a vida no mundo, de extrema dualidade.

Através do trabalho de limpeza do ego trazemos tudo isso para a consciência, equilibrando tudo, percebendo os pedaços que faltam. Fazendo isso, o coração abre-se gradualmente mais e mais. Você se move para o próximo nível, onde possui fé, confiança, visão, equilíbrio, compaixão e aprende a manter-se aberto com mais facilidade.

O novo paradigma é outro sistema. É um sistema de coração desperto, de emanação e fluxo contínuo, no qual a energia move-se de forma diferente, como uma nascente borbulhante brotando da terra. Ele não expande ou contrai, não está sujeito à atração e à repulsão extremas, e não se encontra vazio em parte do tempo e cheio na outra parte. Conhecemos perda e ganho no velho sistema. O novo sistema não se encontra contido por tipos pesados de polarização. É menos limitado, permitindo um estado de quase contínua plenitude. Logo que há um fluxo de energia em direção ao exterior, ele é reposto por um novo influxo de energia. Então, nunca há um estado vazio. Ele não oscila tão extremamente entre positivo e negativo. O sistema do coração desperto não é um sistema de ganho--perda, ou/ou; é um sistema de ganho-ganho.

No momento que iniciamos o caminho de autodescoberta, estamos vivendo entre os dois mundos. Apesar de falarmos sobre os dois paradigmas como separados entre si de modo distinto, em verdade um indivíduo se move gradualmente entre os dois por um período de tempo, não raro vivendo nos dois simultaneamente. Não é possível pular de uma vez para o novo paradigma. Isso explodiria todos os nossos circuitos; é muita voltagem para nossos velhos eus suportarem. Leva tempo até que o corpo integre as diferenças e para que o circuito do corpo mantenha as novas taxas vibratórias. Como uma velha casa que precisa de fiação nova, o corpo deve poder manter as novas experiências. Frequentemente, após termos feito uma sessão de processamento, sentimos que nossa fiação está sendo trocada, e literalmente isso não está longe da verdade. Com a fiação do velho paradigma, temos o potencial em nosso interior para vivenciar a luz do shushumna por apenas alguns segundos. Isso se traduziria em uma experiência espiritual de pico. Para manter a experiência por mais tempo, devemos trocar nossa fiação vez após vez, até gradualmente nos acostumarmos a ela. Com a utilização das técnicas de processamento, faz-se uma junção das cisões, ou linhas falhas, em nossos corpos sutis, o que resulta em uma nova fiação em nossos circuitos, tornando-nos mais íntegros e capazes de vivenciar nossa totalidade.

Para juntar o velho e o novo paradigmas, assumimos a máscara intermediária do guerreiro espiritual. Vivendo a partir dessa máscara, escolhemos permanecer em completa integridade com nossa verdade interior e com o mundo à nossa volta. Estamos dispostos a ver o mundo como um espelho de nossas projeções e não culpar o exterior por nossas próprias limitações. Encaramos nossos assuntos egoicos inconscientes e nossos sistemas de crenças destrutivos com a intenção de dissolver a velha personalidade e de mover nossa consciência para o coração. Adotando a máscara do guerreiro espiritual, possuímos um veículo que nos ajudará a, gradualmente, movermo-nos para dentro das experiências, cada vez mais longas, da luz do shushumna.

RESUMO DO CAPÍTULO
Aqui se encontram alguns dos principais pontos introduzidos até agora.
- A existência não é real sob a forma em que fomos ensinados a vê-la.
- O mundo material é transitório, efêmero, e a vida é como um holograma.
- Vendo a vida a partir do nível energético, percebemos mais sobre nosso próprio padrão egoico, assim como sobre o dos outros, e mais da interconexão da vida, incluindo sincronicidades.
- A anatomia do corpo de luz inclui os chacras, o shushumna, o ida e o pingala.
- Kundalini é a força vital que se move pelo corpo e o anima.
- Para alcançar estados mais elevados de consciência, é importante ter luz e energia.
- Retemos luz quando o ego está limpo e equilibrado.
- Perdemos luz quando o ego não está limpo e está desequilibrado.
- À medida que limpamos a consciência do terceiro chacra – assuntos polarizados de poder –, movemo-nos através do *nó de Vishnu*, ou *portão do céu*, em direção ao paradigma do coração, o sistema de fluxo contínuo.

SUGESTÕES PARA TRANSFORMAR A TEORIA EM PRÁTICA

OLHANDO PARA O MUNDO AO SEU REDOR
Olhar e ver são duas coisas diferentes. Olhamos as coisas, mas ainda assim não as vemos realmente com clareza. Isso ocorre devido à nossa impressão de separação, que cria a impressão de faculdades limitadas. Tendemos a ver e a escutar de forma limitada. Quando escutamos algo, internalizamos apenas uma pequena fração do que estamos escutando, sem perder o foco. O mesmo ocorre com o ver: quando olhamos para algo, internalizamos uma quantidade muito limitada de dados. Para aumentar a visão, tente desenhar um objeto. A maioria dos indivíduos sente que não possui habilidades artísticas, mas o que realmente ocorre

é que a visão não está completamente desenvolvida para representar claramente um objeto. Todos possuem um artista em seu interior. O problema está na visão. Olhamos para o mundo constantemente, mas selecionamos apenas uma fração dos dados disponíveis. Quando alguém desenha algo, há uma investigação mais profunda da natureza do objeto. Fazendo esse exercício, você se dará conta de como sua visão é seletiva.

- Selecione e desenhe um objeto do qual realmente goste, algo simples para começar, como uma concha, uma folha, um vaso, uma flor, uma xícara etc.
- Desenhe algo de maior apelo, mas mais complexo, como um vaso contendo uma flor, uma estátua, seu mascote adormecido, uma árvore etc.
- Saia para o mundo, vá a um lugar que o inspire, preferivelmente um lugar que você ache belo, relaxante e pacífico. Fique lá por tempo suficiente para encontrar um lugar de paz e calma em seu interior. Pelo tempo que estiver lá, olhe à sua volta. Que tipo de terreno é? Você pode ver o horizonte? Existe vegetação? Se houver prédios, são de que tipo? Quais são as cores predominantes na cena? Como lhe parece a luz e como ela o afeta? Como você é afetado pela luz e pela cor da cena? Descreva em detalhes em seu diário todas as coisas que perceber.

Eu lhe dou a ponta do cordão dourado,
apenas enrole-a em forma de bola,
ela o levará ao Portal do Céu,
construído na muralha de Jerusalém.

– William Blake

OITO

A IMPRESSÃO HUMANA

*E*xistem várias maneiras de se ver e de se descrever a organização da consciência humana. Como ela é um todo integral, realmente não importa a maneira através da qual uma pessoa possa vê-la. E já que qualquer maneira escolhida seria uma construção artificial da mente analítica, podemos adotar inumeráveis maneiras de dissecá-la e descrevê-la; o importante é procurar saber se a consciência coopera para criar compreensão, se serve ao seu propósito. Não há maneira absolutamente certa ou errada e, devido a isso, muitos modelos estão correntemente disponíveis.

Neste capítulo escolhemos utilizar um modelo que serve para introduzir o leitor na estrutura do ego de uma forma que será de imensa utilidade para o seu trabalho de processamento. O modelo específico apresentado aqui é chamado de Impressão Humana. É um modelo de espiral ascendente e descendente. Durante viagens interiores em meditação profunda, observei que a energia egoica mantida em separação na verdade assume a forma de uma espiral ascendente e de uma descendente. Isso corresponde aos fluxos de energia em espiral, ascendente e descendente, no corpo sutil, que são ida e pingala.

Quando encarnamos no sistema separado, a consciência é literalmente impressa com fluxos energéticos que formam essas espirais. A visão de nossa consciência, da perspectiva desse modelo de espiral descendente e ascendente, é de utilidade porque é uma maneira gráfica de se ver a estrutura básica, ou *projeto* do ego, em oposição ao seu conteúdo superficial. A visão além das camadas superficiais e dentro da estrutura básica é um mapa, um fio dourado rumo à liberação da separação. À medida que exploramos e compreendemos o projeto, obtemos um *insight* muito maior de quais aspectos da personalidade realmente precisam ser mudados. Vemos com mais clareza quais são as maiores limitações e aspectos inconscientes da personalidade, e isso nos leva ao seu equilíbrio e liberação.

O modelo de espiral ascendente e descendente é uma ferramenta útil para discernir quando você está agindo a partir de seu ego. Ele o ajuda a desenvolver a vigilância da qual precisa e a lembrá-lo de estar em sua testemunha neutra e processar. É um mapa para compreender como a consciência gira em ciclos entre o negativo e o positivo, e quais são seus limites inferiores e superiores.

A rotação da consciência dentro do campo eletromagnético – e a espiral ascendente e descendente, resultante de nossa energia – afetam profundamente a maneira pela qual vemos a vida. O projeto para nossos estados mentais, físicos e emocionais é parte intrínseca dessas espirais, nas quais um espectro vibratório completo de estados de mente e emoção é impresso na energia em espiral ascendente e descendente. No curso de nosso trabalho de transformação, devemos examinar todos os estados de consciência desse projeto humano e ver como afetam nossa padronização e comportamentos pessoais. Neste capítulo exploraremos todos esses conceitos em detalhes. Comecemos dando uma olhada na diferença entre conteúdo e estrutura.

CONTEÚDO E ESTRUTURA

O conteúdo é o aspecto da *história* de vida de uma pessoa. É o drama presente que está se desdobrando para nós hoje. É a aparência superficial das coisas, o cenário superficial, o colorido de um ato em particular da peça, o *"quem disse o que para quem"*. Não estamos interessados no conteúdo. Estamos muito mais interessados na estrutura, no que jaz por baixo do conteúdo.

A estrutura é o esqueleto subjacente que
mantém no lugar os padrões de comportamento.

Somos facilmente levados a pensar que, quando o cenário muda, estamos tendo diferentes experiências e que uma mudança real está ocorrendo. É apenas quando começamos a olhar para a estrutura subjacente de cada drama que começamos a nos dar conta de que estamos constantemente repetindo os mesmos velhos dramas.

EXPANDINDO E CONTRAINDO

A melhor maneira de demonstrar a impressão humana é a partir do ponto de vista do *movimento ascendente e descendente de sua atenção* através do campo eletromagnético, e de sua natureza rotatória e em espiral. Devido à natureza do campo eletromagnético, que empurra e puxa a atenção, a consciência move-se constantemente no que aparentam ser fluxos direcionais. Quando estamos de bom humor, parece que nos movemos em espiral para cima, e quando estamos de mau humor, parece que nos movemos em espiral para baixo. Esse aparente movimento espiralado ascendente e descendente, com efeito se dá porque nossa consciência está se expandindo e contraindo. Nossa linguagem coloquial reflete isso. Se estivermos tendo um bom dia, dizemos que estamos para *cima*. Se nos sentimos mal, dizemos que estamos para *baixo*. Se nos sentimos mal, dizemos que estamos abatidos ou que alguma coisa é um real derrubador.

Todos, provavelmente, em uma época ou outra, já sentiram o movimento da espiral ascendente e descendente, mas nunca se deram conta disso de forma consciente. Frequentemente, quando vivenciamos algum tipo de perda significativa na vida, tendemos a sentir tontura – um sinal de rotação. Esse é um sintoma físico que é um reflexo do movimento rotatório descendente da consciência. Algumas vezes, quando vivenciamos uma perda ou separação, dizemos que nos sentimos como se a *tomada tivesse sido puxada*, ou mesmo que nos sentimos esgotados. A nossa linguagem reflete o movimento da consciência, da mesma maneira que a água espirala para dentro do cano quando o tampão é puxado. Ou podemos mesmo sentir a consciência de outra pessoa *girando*. Por exemplo, se alguma vez você esteve sozinho em uma sala, em silêncio e paz, e uma pessoa muito excitada entrou e explodiu entusiasticamente com suas notícias, você deve ter sentido como se a pessoa estivesse em um *vendaval* ou como se um *furacão* houvesse passado pela sala. Ou se a pessoa estava muito raivosa, pode ser que você tenha se sentido abalado por um *tornado*.

A espiral descendente torna a nossa vibração mais vagarosa e tudo se contrai – mental, emocional e físico. Esse é o lado negativo do ego, e não é sentido por nós como agradável. A espiral ascendente é uma aceleração da vibração, onde tudo se expande, e esse é o lado positivo do ego. Tendemos a nos sentir mais apegados ao lado positivo do fluxo de energia. Sentimo-nos melhor assim porque geralmente preferimos nos perceber expandidos em vez de contraídos. Porque Deus ou o céu é associado a uma vibração mais rápida e à expansão, desenvolvemos a ideia de que estar no lado positivo é o caminho para casa. Como descrevemos anteriormente, isso é um problema devido à lei dos opostos – não podemos ficar no lado positivo por tempo suficiente para que possamos aumentar a vibração o bastante para encontrarmos o *Self*, antes que algo nos acione de volta ao lado negativo. Estamos constantemente limitados pelas flutuações da espiral ascendente e descendente, momento a momento, em nossas interações diárias com a vida. Se algo nos aciona com medo, descemos, e se algo nos aciona com uma reação positiva, subimos. O aumento permanente da vibração, conhecido como ascensão e como algo que nos leva ao *Self*, é feito através da transformação dos limites do ego, clareando os padrões e mantendo o caminho do meio – o caminho da testemunha neutra.

Os parâmetros de nossos padrões egoicos delimitam nossa expansão e contração. Podemos expandir apenas em certa medida antes que nos contraiamos novamente. Então, também podemos contrair apenas até certo ponto antes que a situação se transforme em seu oposto e comecemos a expandir novamente. Esse controle faz parte do ego e move nossa atenção em um tipo de *loop* infinito.

Esses limites inferiores e superiores são as fronteiras do ego, além das quais não podemos nos aventurar sem os tipos de mudanças que resultam do trabalho de purificação. O trabalho de purificação muda permanentemente a padronização, fazendo que os limites do ego comecem a se dissolver e a se expandir. A única mudança que o ego pode instituir por si mesmo é uma oscilação entre negativo e positivo, em outras palavras, o outro lado de qualquer polaridade. Isso cria a ilusão de mudança, mas não é uma mudança real da posição das fronteiras, mas sim apenas uma mudança de cenário.

A IMPRESSÃO HUMANA – UMA DESCRIÇÃO DE NOSSA SEPARAÇÃO ORIGINAL

Todos aqueles em forma humana são impressos com uma certa organização de consciência, o projeto do ser humano. Todos possuímos o mesmo selo básico no nível mais fundamental – o selo ou molde da forma humana. Essa engenharia básica, comum a todos os humanos, pode ser comparada à existência de uma engenharia básica comum a todas as marcas de carros – o motor de combustão interna.

Ainda assim, existem variações de um modelo de carro para outro. Um Rolls--Royce não é como um Volkswagen, embora ambos possuam motor de combustão que funciona com o mesmo princípio. Assim, também existem variações no projeto de cada pessoa, apesar de nossa estrutura básica ou projeto humano ser o mesmo. Surpreendentemente, embora nós sejamos singulares superficialmente, no âmago somos a mesma coisa. Explicarei como isso é possível nas próximas páginas. O denominador comum de nosso projeto compartilhado é o selo da *dualidade*, a cisão entre o negativo e o positivo, causada pelo campo eletromagnético.

Como discutimos anteriormente, o efeito exercido na consciência pelo campo eletromagnético faz surgir as forças de atração e de repulsão, causando ciclos rotatórios que oscilam entre o negativo e o positivo. Dentro do quadro formado pelo fluxo dessas energias, surge um espectro de frequências vibratórias. Esse espectro abrange estados emocionais e mentais – estados de tremenda variedade, que estão disponíveis a todos os humanos. Cada um de nós é impresso com esses estados emocionais e mentais, e cada um de nós tem o potencial de expressá-los.

A SEPARAÇÃO PRIMAL

No início havia *Aquilo*, o eterno, o infinito, o onipresente, a consciência de unidade. E então algo aconteceu para perturbar *Aquilo* – uma vibração começou, algo que podemos interpretar como movimento ou ação. As vibrações pareceram ganhar impulso até que a consciência de unidade pareceu se despedaçar e se fragmentar em milhões de partes diferentes. Em algum lugar nesse despedaçar, partes individuais de nossa consciência pareceram descer ou *cair*, por assim dizer, em direção a uma separação do todo. E então, na origem de cada eu individual, um *pedaço* de consciência tornou-se velado do todo. Então esse pedaço se reorganizou nessa estrutura de espiral descendente e ascendente. Essa queda foi aparentemente uma espiral descendente de consciência. Isso imprimiu na consciência pura vários estados negativos. A sequência de impressão dos estados negativos é mostrada na lista a seguir. A espiral descendente é comum a todos os humanos.

A próxima impressão a acontecer foi com a espiral ascendente e positiva. Ela consiste de todos os estados opostos a esses estados na espiral descendente. Isso também é comum a todos os humanos. Discutiremos a espiral ascendente mais tarde, neste capítulo.

Padrões, que mais tarde se desenvolvem na personalidade individual, são formados a partir de estados mantidos na espiral descendente negativa e na espiral ascendente positiva. Seres humanos, dentro dos limites do ego, estão sempre na espiral, seja para cima ou para baixo. A espiral descendente se repete cada vez que temos uma experiência negativa, seja ela de natureza importante ou não. Repetimos a queda algumas vezes, várias vezes ao dia, quando somos desafiados por assuntos grandes ou pequenos. A padronização condicionada individual referente à perda, sobreposta à impressão, impele-nos a acreditar que estamos vivenciando algum tipo de perda, e caímos novamente.

A impressão da espiral descendente aconteceu em frações de segundo. Esse momento em nossa origem contém todos os estados negativos que agora conhecemos e vivenciamos nesta vida. Naquela fração de segundo passamos por um despedaçar profundo de nossa totalidade e vivenciamos grande sentido traumático de perda e ruptura. Experimentamos e imprimimos uma série de estados mentais, um após outro. Isso toma a forma da espiral descendente, que evolui constantemente para vibrações mais e mais vagarosas, à medida que descemos cada vez mais. Em minha percepção, essa é a "queda" descrita na história do Gênesis. Com efeito, dentro do contexto da ilusão do sistema separado, afastamo-nos da consciência de Deus e de nosso sentido de conexão interior com o nosso estado de não dualidade, mantido no *shushumna*. Tornamo-nos seres destinados a viver em separação, fazendo ciclos entre os fluxos negativos e positivos, ascendentes e descendentes, de *ida* e *pingala*.

A lista de palavras abaixo fornece um esboço geral da espiral descendente e representa uma estrutura esquemática do ego negativo. Tire um momento para realmente estudar essas palavras; elas são os temas que assombram nossos dias negros neste mundo. Perceba especialmente a ordem de progressão dos estados. A sequência reflete os sentimentos que passamos após termos vivenciado uma perda ou desconexão.

A ESPIRAL DESCENDENTE
CHOQUE
FRAGMENTAÇÃO
DÚVIDA
CONFUSÃO
SUSPEITA
MEDO

REJEIÇÃO
TRAIÇÃO
ABANDONO
PERDA
DESAPONTAMENTO
DOR
CULPA
RAIVA
IRA
MEDO
AUTOCULPA
CULPA
VERGONHA
AUTORRECRIMINAÇÃO
INADEQUAÇÃO
ÓDIO OU ÓDIO DE SI MESMO
ARREPENDIMENTO
DESESPERO
DESVALORIZAÇÃO
DESESPERANÇA
FALTA DE SIGNIFICADO
DESOLAÇÃO
DESTITUIÇÃO
ANIQUILAMENTO
DESEJO DE MORTE
INSTINTO ASSASSINO

É importante notar, conforme você observa as palavras, que elas podem ser vistas de duas maneiras: ou podem se virar interiormente contra a própria pessoa, ou podem ser projetadas nos outros. Podemos nos odiar, por exemplo, ou podemos projetar ódio nos outros. Podemos transformar o desejo de morte em um desejo de cometer suicídio, ou podemos projetá-lo no exterior e transformá-lo em desejo de matar outra pessoa.

SOMOS ÚNICOS OU SOMOS IGUAIS?

O fato de mantermos o mesmo projeto, de que somos todos impressos com as mesmas espirais ascendentes e descendentes, parece indicar que somos todos iguais. Como, então, isso pode explicar nossa percepção de singularidade? Assim como na analogia com os carros e seus motores de combustão interna, a aparência da singularidade tem a ver com o projeto em particular que escolhemos para nossos padrões. O projeto pessoal sobrepõe-se à impressão geral e assume sua natureza individual, pondo maior ênfase ou carga magnética em alguns estados e desconsiderando outros. Por exemplo, pode ser que uma pessoa tenha um padrão cujo foco principal seja culpa. Quando aquela pessoa vivencia uma perda ou separação, ela tem a tendência de descer até alguma forma de culpa, talvez passando rápida e inconscientemente através da primeira metade dos estados na espiral descendente. A pessoa permaneceria sentindo-se culpada por um tempo, antes de mover-se mais para baixo na espiral, ou mesmo antes de começar a subir novamente. Outra pessoa pode sentir a rejeição, a traição ou o abandono assumindo grandes papéis em sua constituição, enquanto a culpa não possui nenhuma carga.

Como indivíduos, somos capazes de vivenciar muitas nuances sutis dos estados descritos nas espirais ascendentes e descendentes, em permutações intermináveis de luz e escuridão. Os projetos podem se tornar cada vez mais complexos, até que pareçam enormes labirintos na consciência.

Como isso se expressa em nossas vidas? Significa que, até que comecemos a despertar, assumimos comportamentos habituais, rotinas diárias. E as fendas se aprofundam cada vez mais, criando mais e mais estrutura o tempo todo. A personalidade se torna um projeto entrincheirado – um padrão, um labirinto com caminhos e aberturas estabelecidos. Desejos, medos e experiências dão forma ao labirinto de formas particulares. Os projetos de algumas pessoas são, aparentemente, mais funcionais do que os de outras, apesar de os padrões de todos os projetos serem exatamente o que os humanos necessitam para aprender suas lições. Experiências boas e más ensinarão certas lições às pessoas, em conformidade com o propósito da alma para a sua evolução.

Para termos um exemplo de como isso pode se manifestar de forma prática, analisaremos uma mulher que deseja um relacionamento. Digamos que seu condicionamento é tal que os padrões enfatizados são rejeição, traição e desvalorização. Ela pode ou não estar totalmente consciente de seu desejo ou de seu padrão. Quanto mais inconsciente ela estiver dessas coisas e quanto mais habitual for seu comportamento, tanto mais profundamente ela irá cavar "suas fendas" em seu projeto particular. Em seus relacionamentos ela vivenciará situações nas quais seus parceiros acionam seus sentimentos de rejeição e de traição, e então ela descerá até que se sinta desvalorizada. Com o tempo, se sua inconsciência permanecer, seu padrão tornar-se-á mais e mais profundo e ela irá limitar sua gama de escolhas a relacionamentos que atraiam para ela o tipo de parceiro que irá acionar mais e mais esses sentimentos. Se ela possui uma consciência razoavelmente equilibrada, e não é acionada com facilidade por um parceiro para vivenciar esses sentimentos, seu projeto poderá parecer altamente funcional e o relacionamento parecerá funcionar de forma benéfica e feliz.

Caso ela possua uma consciência desequilibrada, então o projeto parecerá muito disfuncional, e seus relacionamentos parecerão cheios de turbulência e infelicidade. Pode ser que ela tenha muitas experiências de relacionamentos que terminam porque ela se sente rejeitada e traída por seus parceiros, e então ela passará algum tempo, após esses relacionamentos, sentindo-se desvalorizada. Geralmente, com fendas muito profundas no padrão, com muita padronização inconsciente, nossos projetos são extremos e confusos, e tendemos a ter experiências mais polarizadas e desequilibradas. Quanto mais tornamos nossos padrões conscientes e trabalhamos para equilibrá-los e limpá-los, mais centradas, equilibradas e felizes nossas vidas serão. Se o relacionamento parece ser uma experiência boa ou má – geralmente uma combinação de ambos –, a mulher terá a exata experiência de que precisa para aprender as lições que sua própria alma escolheu.

As experiências de rejeição, traição e desvalorização, de ter um relacionamento feliz ou infeliz, não são, necessariamente, boas ou más. São, simplesmente, experiências de vida e evolução de alma. No caminho para o despertar escolhemos tornar nossas experiências, lições, desejos e outros estados de mente tão conscientes quanto possível e a testemunhá-los. À medida que nos tornamos mais conscientes, a vida torna-se suave e pacífica, e tendemos a vivenciar potenciais cada vez mais altos de felicidade, sucesso, criatividade e energia física.

PADRÕES REATIVOS ACIONAM A ESPIRAL DESCENDENTE

A espiral descendente funciona automaticamente quando acionada por qualquer experiência negativa da vida. Por exemplo, se uma experiência qualquer aciona um padrão negativo, podemos cair rapidamente através de todos os estados, desde *choque* até *traição*, pausando momentaneamente para sentir e registrar a traição, e então cair em queda livre até *falta de significado* e *desespero*. Nesse exemplo, caímos tão rapidamente que não nos vemos passando através de todos os outros estados intermediários.

As técnicas de unificação de opostos são utilizadas para processar e curar situações em que possamos ter *caído*. Para fazer isso, devemos recapitular a reação que tivemos na situação vivida na época, e *desacelerar tudo*. Com a desaceleração, tudo o que sentimos no momento pode ser examinado e processado. No processamento da situação difícil em que nos encontramos, é de grande ajuda relembrar e descrever o maior número possível de estados impressos. Os processos funcionam melhor quando podemos incluir cada sentimento, pensamento e ação – incluindo toda a informação sobre aquilo que acionou a queda.

Padrões que se relacionam com a descida na espiral formam a base do ego negativo, com sua natureza fixa e rígida. Cada um desses estados na espiral descendente forma a estrutura base de cada experiência negativa. Precisamos observar por trás do conteúdo, entretanto, para ver isso. Os estados na espiral descendente são os temas que assumem uma parte importante no que se refere à manutenção dos padrões em seu lugar. Os padrões associados com a espiral descendente começarão a mudar apenas quando você se identificar, cada vez mais, com o observador neutro e unificado – que tem o poder de testemunhar esses padrões – e na medida em que você permanecer desapegado desses padrões, identificando-se menos com a espiral descendente.

Há uma tremenda contração de consciência e de energia enquanto o indivíduo cai pela espiral descendente. A experiência geral é de sentimento de perda ou de muitas perdas, e nos tornamos impressos com isso. De fato, a espiral descendente original, a impressão humana original, parece ser a causa de nossa maior perda, a perda de nossa divindade. Às vezes, quando se trabalha com a impressão, sente-se como o *grito primordial*, uma fração de segundo de agonia inacreditável na qual tudo o que valorizamos desaparece (Figura 8.1).

Figura 8.1 O Grito *pelo artista norueguês Edward Munch.*

A espiral descendente é a origem da consciência de *vítima*, que parece estar especialmente visível no mundo neste momento. A palavra vítima não se encontra na lista da espiral descendente porque a lista inteira é a máscara do estado de vítima. Como cada um de nós contém a espiral descendente, todos temos, em nosso interior, o potencial de sentirmo-nos vítimas. Assim como acontece com todos os programas da personalidade, a personalidade da vítima está ligada a um processo de empurra e puxa do seu lado oposto inconsciente. Em outras palavras, quando nos sentimos como vítimas, tendemos a atrair em nossa direção pessoas e situações que se tornam um espelho para nós, que refletem o lado oposto, inconsciente. Existem três máscaras arquetípicas que fazem o papel oposto da vítima, e elas são importantes o bastante para serem mencionadas aqui, a fim de que saibamos o suficiente para testemunhá-las, caso as encontremos.

Uma é a do *tirano*. O tirano é a figura de autoridade má que interage com a vítima através do controle, do domínio e da manipulação. A vítima, em troca, enfurece o tirano. Outra é a figura do *salvador*. O salvador é a figura de autoridade boa, que a vítima glorifica e idealiza. A vítima quer perpetuamente ser resgatada pelo salvador. A terceira é a do *rebelde*. O rebelde faz o papel de agressor contra a figura da autoridade, querendo estar no poder e no controle. A vítima é o oposto do rebelde, no sentido de que a vítima se submete e se encontra impotente em face da figura de autoridade. Não está dentro do escopo deste livro explorar com totalidade esses quatro padrões arquetípicos de personalidade, mas, ao menos sabendo sobre eles, podemos estar mais conscientes deles e testemunhá-los. Todos contamos com os quatro tipos de máscaras arquetípicas em nossos padrões de personalidade, e então temos o potencial para experimentar viver esses tipos de personalidade.

Portanto, todos também temos o potencial para atrair em nossa direção, como espelhos, esses tipos arquetípicos de personalidade: pessoas que farão o papel de nosso lado oposto inconsciente. Caso tire algum tempo para refletir sobre situações de sua vida que parecem desequilibradas, não importando a *aparência superficial*, você geralmente encontrará que, por baixo, na *estrutura* da situação, esses quatro arquétipos estão assumindo alguma dinâmica desequilibrada.

A espiral descendente e todas as máscaras que a acompanham são coisas para se processar, limpar e, finalmente, liberar a fim de se viver em um estado permanentemente instituído de unidade.

Por meio do trabalho de limpeza, não mais nos apegamos a qualquer dos estados envolvidos nessa impressão e nem mesmo nos limitamos pelos parâmetros aos quais eles nos prendem. Sim, isso é possível. Quando atingir esse ponto, você se tornará totalmente consciente de sua iluminação. Trabalhando gradualmente nesses estados, você começa a criar uma abertura na consciência que o conduz a esse despertar. Então, mesmo um pouquinho de limpeza o leva bem longe!

A QUEDA É UMA PERDA DE CONSCIÊNCIA

A queda original nos deixou com tal nível de perda de luz e de consciência que, quando adentramos o lado negativo do ego, sentimo-nos impotentes e desvalorizados. Essa é uma das razões pelas quais a maioria das pessoas evita o negativo a todo custo. A pessoa média desenvolverá todo tipo de mecanismo compensatório para evitar ter de sentir esses estados.

Para alguém no caminho espiritual, que ainda se encontra preso na impressão – mesmo de alguma forma – e assume a queda, é tamanho o nível de perda de energia e de poder espiritual que isso afeta a capacidade da pessoa entrar e permanecer em samadhi. Por exemplo, alguém pode estar experimentando uma experiência feliz de samadhi um dia e, então, uma carta do imposto de renda chega. Se a situação for algo inesperado e chocante, a pessoa pode reagir caindo pela espiral. A extensão de sua queda é governada pelo estado da situação e do quanto a pessoa se encontra livre da espiral descendente. A pessoa pode parar em *traição*, por exemplo, ou em *medo* ou *raiva*, ou mesmo descer até *desespero* e *desesperança*.

Quando estamos limpos de todo apego e de padrões relacionados ao choque e aos outros estados da espiral, não podemos ser arrancados do centro por coisa alguma, nem mesmo pelo imposto de renda. O fato é que, até que estejamos limpos, qualquer coisa que acione qualquer de nossos piores medos nos corta do todo e nos manda para baixo na espiral.

A maioria das pessoas, quando se encontra no lado negativo da personalidade, esteja consciente ou não da queda, descrever-se-ia como estando em depressão. Elas provavelmente não gastariam muito tempo tentando discernir quais os sentimentos associados ou mesmo a origem deles. Essas pessoas, mais provavelmente, iriam apenas dizer que os sentimentos estão surgindo devido a algum incidente que aconteceu, ou mesmo que estão surgindo do nada. Mas, de uma forma ou de outra, estão mais conscientes quanto ao desconforto do que qualquer outra coisa, e o sentimento predominante é de que algo externo deve ser feito para consertar a situação.

Hoje em dia muitas pessoas tomam Prozac ou alguma outra droga parecida apenas para livrar-se da depressão. Drogas como Prozac mascaram os sintomas, e alguém pode se satisfazer com isso por muitos anos. Qualquer coisa é melhor que vivenciar os sentimentos – que estar deprimido. Quando estamos deprimidos não somos, de fato, socialmente aceitos. A maior parte da sociedade espera que nos sintamos para cima o tempo todo. Quando não estamos para *cima*, temos vergonha de encarar os outros e tendemos a esconder-nos até que a depressão passe. Já que estamos todos sujeitos à lei dos opostos, é inevitável que nos sintamos deprimidos por pelo menos parte do tempo. Isso é normal e é de se esperar.

Quando não há o compromisso de tornar o inconsciente consciente, o potencial para o crescimento é perdido em uma situação na qual, por exemplo, a depressão esteja envolvida. Se, em vez disso, assumirmos o compromisso de fazer o trabalho de limpeza, todas as nossas experiências, estados mentais e emoções, mesmo os negativos, serão valiosos e honrados como oportunidades para o crescimento.

A HISTÓRIA DO FIO DE ARIADNE

Você se lembra da lenda grega sobre o herói Teseu, que foi a Creta, partindo de Atenas como escravo, para participar dos perigosos rituais de dança do touro? Não fazia muito tempo que ele estava lá quando decidiu escapar. Dançarinos de touros eram liberados apenas se estivessem dispostos a descer ao labirinto abaixo do palácio e matar o Minotauro – um homem monstruoso com cabeça de touro. Ninguém havia tido sucesso até que Teseu decidiu tentar.

Isso era perigoso, obviamente, não apenas devido ao Minotauro, mas porque era inevitável a pessoa perder-se no labirinto. Entretanto, uma das filhas do rei, a princesa Ariadne, havia se apaixonado pelo belo herói, Teseu, e concordou em ajudá-lo. A metáfora é a da fusão do masculino e do feminino para criar a totalidade necessária à descida pela espiral descendente.

Na entrada do labirinto Ariadne deu ao herói um novelo de linha dourada, que ele desenrolou enquanto caminhava, até que encontrou o Minotauro. Teseu matou o Minotauro após uma terrível batalha e, devido ao novelo que Ariadne lhe dera, pôde encontrar o caminho de volta para a liberdade (Figura 8.2).

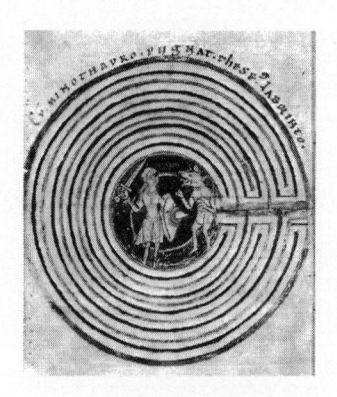

Figura 8.2 *Teseu e o Minotauro batalham no labirinto.*

Para nós, o fio de Ariadne é uma metáfora para a testemunha. Ela nos ajuda a entrar e a encontrar nosso caminho para fora do labirinto da espiral descendente. Quando caímos nos estados negativos da espiral descendente e estamos solidamente estabelecidos na testemunha – isso faz toda a diferença. Por exemplo, estar preso no estado de falta de significado, sem a testemunha, é acreditar nos sentimentos, torná-los reais, e isso é frequentemente insuportável. A testemunha fornece a compreensão de que o estado de "falta de sentido" é apenas outro estado egoico, e não é real de forma alguma.

A TESTEMUNHA É O FIO DA COMPREENSÃO

O apoio e a compreensão mantidos pela testemunha tornam possível o movimento para baixo na espiral, mais do que muitas almas ousariam conscientemente ir. Em prol dos interesses do completo despertar, o buscador deve olhar para o desejo de morte e para os assuntos referentes à morte com olhos não passionais. Isso pode apenas acontecer com o apoio da testemunha.

Quando há uma testemunha presente, sabemos o porquê de estarmos na espiral descendente – para nos purificar e nos tornar iluminados. Sabemos, também, que o ego é uma ilusão e não tornamos os sentimentos reais. Sabemos que eles não são quem somos – então sabemos que podem ser removidos. Não há comparação, nessa instância, a alguém que cai despreparado em tal situação e sem uma testemunha, ficando preso em um estado como, por exemplo, falta de sentido. Para essa pessoa isso pode ser insuportável. Com a testemunha, não há a tentação de agir a partir da confusão e do sentido de opressão.

À medida que o buscador vivencia esses estados balizado pela posição da testemunha, com conhecimento de que eles não são reais e com a intenção de removê-los, a carga emocional começa a se dissipar e a se dissolver. A partir do momento que a espiral descendente foi explorada e limpa, existe uma profunda compreensão de que não há mais labirintos ou minotauros a ser enfrentados. Já vimos tudo e descobrimos que todos os minotauros eram apenas aspectos da mente egoica.

O MAPA PARA SAIR DO SISTEMA

A espiral descendente é o mapa da viagem para casa. Seu maior valor é possibilitar obter orientação pelo caminho. Quando se encontrar preso em seu padrão egoico, quando perder sua testemunha e estiver desequilibrado, você pode consultar essa lista de estados na espiral descendente para ver em qual estágio do ego negativo está ciclando. Pode lembrar a si mesmo de testemunhar seus estados mentais, processá-los e liberá-los, o que leva ao equilíbrio, à clareza e à liberação. Pode traçar sua descida estando na posição da testemunha, sabendo que nada disso é realmente o que você é.

No geral, a utilização do mapa torna-se extremamente necessária quando já se caminhou bastante – de fato, tem mais utilidade para os últimos estágios. Esses estágios ocorrem quando você já fez a maior parte do trabalho de preparação. Em outras palavras, equilibrou e uniu o masculino e o feminino até certo ponto. Já desenvolveu uma testemunha forte, assim como um espírito de guerreiro.

REVIVENDO A IMPRESSÃO

Sempre que percebemos uma experiência de perda, vivenciamos outra vez nossa impressão original de queda pela espiral descendente. Na infância, é assim que somos condicionados – traumas de perda, sejam grandes ou pequenos, mandam-nos para baixo na espiral descendente e começam a instituir a padronização de separação, algo que mantém a personalidade no lugar. À medida que envelhecemos, as fendas da personalidade aprofundam-se até que tenham se estruturado bem. Por que então, você pode se perguntar, permitir-se descer pela espiral agora, como buscador, trará um resultado diferente? A resposta tem a ver com a sua intenção e com os seus compromissos.

O compromisso de instituir os padrões de separação está firmemente no lugar desde a época do nascimento. Assumimos o compromisso de ter uma experiência de vida vivida em separação, no sistema de dualidade. É a experiência para a qual viemos aqui, e precisamos viver esse destino. Deixa de o ser quando o compromisso for mudado para o de *liberação* dos padrões de separação, e então se torna possível descer na espiral e observar os sentimentos se desenrolarem e dissolverem perante nossos olhos. Tornar-se um buscador reverte os compromissos em favor da unidade, e nossas vidas começam a mover-se nessa direção.

Isso acontece porque, como no labirinto, o caminho para dentro, por assim dizer, também é o caminho para fora do sistema. Devemos reviver nossos traumas a partir de um nível emocional, revivendo a dor, o medo e a raiva associados a eles, mas com os olhos despertos e de testemunha para que se dissolvam. Eles se tornam a porta para fora do sistema – assim como foram uma vez a porta para dentro.

Na meditação podemos recapitular a experiência de nossa queda original na espiral descendente, simplesmente pedindo interiormente para que aconteça. Pode ser que não aconteça de imediato, mas o espírito certamente nos dará a experiência na meditação, quando estivermos prontos. Isso é bastante útil quando temos a intenção de descer para limpar a impressão, e nos dá um *insight* preciso do que aconteceu. A experiência é diferente para cada um, e nem precisa necessariamente ser uma experiência traumática. Algumas pessoas revivem a queda como se estivessem sendo sugadas na espiral descendente. Outras relatam uma experiência de ser empurradas ou catapultados para baixo, e algumas relatam estar flutuando para baixo conscientemente. Examinando a variação, em particular, de sua própria experiência em meditação, você obtém uma compreensão fundamental da construção básica de sua personalidade. Por exemplo, se você sentiu-se empurrado para baixo, pode tender a desenvolver o padrão de personalidade da vítima passiva. O reviver da impressão original pode ser de muita utilidade na visão da construção e das tendências mais profundas dos padrões de personalidade.

A VIAGEM DE VOLTA É O REVERSO DA SEQUÊNCIA DE SEPARAÇÃO

O mapa da viagem de volta nos mostra que abordamos nosso trabalho de integração revertendo a ordem na qual as separações originalmente aconteceram. Como um lembrete, quando caímos originalmente, a ordem na qual as separações ocorreram foi a seguinte: primeiro houve uma cisão sujeito-objeto entre a totalidade e a alma, e depois uma cisão entre a alma e o eu individual, o que inclui as cisões simultâneas de masculino-feminino (ou yang-yin), negativo-positivo e consciente-inconsciente. Em um sentido mais abrangente, então, a unificação (e o equilíbrio) das frequências masculino-feminino, positivo-negativo e consciente-inconsciente, na personalidade, será uma das primeiras fases do trabalho e dará início ao processo de levar-nos de volta à consciência de alma.

A reconciliação e o equilíbrio dessas cisões valem o tempo que levam, já que suavizam o caminho e nos trazem para mais perto de casa! Por exemplo, quando você começa o trabalho de integração, aspectos de assuntos de masculino e feminino formarão um tema predominante. Mesmo que pareça que não está trabalhando em assuntos de relacionamentos, as frequências de gênero envolvem as polaridades de yin-yang, que, por exemplo, são aspectos como passivo-ativo, subserviência-dominação, fraco-forte e receptivo-ativo, apenas para mencionar alguns. Esses são os tipos de frequências que estão envolvidos na cisão masculino-feminino.

Quando essa fase estiver completa, e o masculino e o feminino encontrarem o casamento de espírito, a próxima fase se refere à cisão sujeito-objeto entre alma e divindade – o que significa a dissolução da cobertura ou véus de identidade ilusória, e finalmente a realização do estado unificado.

LIMPANDO A IMPRESSÃO

A primeira mudança perceptível na limpeza da impressão é a de que você é capaz de manter uma testemunha que observa o que está acontecendo, que permanece presente na situação, e que pode testemunhar o corpo emocional girando e descendo através da espiral.

Mesmo que o corpo emocional sinta as emoções
da espiral descendente passando através de si,
e mesmo que o corpo físico se contraia em reação,
se a testemunha estiver presente, ocorreu uma limpeza.

Manter uma testemunha no calor do momento significa que o padrão será visto como um padrão e não como a realidade. Apesar do corpo emocional automaticamente passar por sentimentos, e apesar de sensações corporais como ondas de calor ou contração estarem ainda se manifestando, ocorre uma limpeza. Com o ato do testemunhar consciente, a carga mental-emocional no corpo, causada eventualmente pelo padrão, começará a se dissipar e a desaparecer. A presença da testemunha assegura que o padrão enfraqueça.

Geralmente, no início você verá que sua testemunha entrará depois de ocorrido o incidente. Isso acontece porque não somos ensinados a testemunhar naturalmente, mas sim ensinados a tornar as coisas *reais*. Então isso é o melhor que alguém pode esperar no início, enquanto a testemunha se desenvolve. Mesmo que a testemunha retorne vários dias após o incidente, isso é melhor do que não ter qualquer testemunha. Logo que você obtenha uma testemunha na situação, é hora de processá-la. Mesmo um processo atrasado é melhor do que nenhum processo. Não importa quantos dias tenham se passado; um processo é sempre bom para mudar a situação no futuro. Uma situação futura sempre acontecerá sob uma forma diferente, até que você tenha limpado o padrão. Então, no início, pouco importa *quando* você faz o processamento, desde que você o faça.

Até que tenha começado a trabalhar nas técnicas de processamento na Parte Dois, que ajudarão no desenvolvimento e fortalecimento da testemunha, você pode praticar testemunhar suas reações emocionais de tempos em tempos, à medida que surgem simplesmente se lembrando de indagar interiormente: "Será que estou em minha testemunha?". Ou, como sugerido no Capítulo 6, simplesmente faça uma afirmação mental ou oração no sentido de que você gostaria de ter uma testemunha mais presente. Pode fazer isso com a frequência que desejar. Quanto mais frequente, mais consciente você se tornará.

UM MOMENTO PARA TESTEMUNHAR

O *eu* separado faz com que acredite que os sentimentos que vivencia são *quem você é* e, logo, que são importantes e possuem significado – e precisam ser validados e ouvidos. Nessa instância não há desapego ou neutralidade presentes. Nossa escolha de sermos enganados acontece porque estamos *identificados* com as duas espirais do ego, pensando que são quem somos, que somos a soma total de todos esses estados das espirais descendente e ascendente.

Pensando que somos a personalidade, damos nosso poder a ela – poder que usaríamos para dissolver véus e reencontrar a essência. Não conseguimos deixar de cair até que tenhamos desistido de nossa identificação com as espirais. Como seres humanos, somos incapazes de desistir da identificação com o eu separado até que tenhamos começado a nos identificar com a testemunha neutra.

O estado de neutralidade nos coloca em contato com a essência, e a identidade é transferida das espirais egoicas para a essência, para o *shushumna*, nosso verdadeiro estado. À medida que nos identificamos mais e mais com a testemunha, temos um momento, uma fração de segundo de graça, que é quando podemos escolher se queremos ou não ser sugados para dentro das espirais e dos assuntos envolvidos. Naquele momento, podemos escolher libertar-nos. Começamos a entender que, quando damos importância a algo, obtemos *matéria*! Tornamo-nos materiais – mais densos. Na proporção em que podemos testemunhar cada vez mais aquela fração de segundo e escolhemos o desapego, tornamo-nos mais leves e vivenciamos nosso casamento em espírito.

A NOITE ESCURA DA ALMA

Uma pessoa que busca o despertar espiritual não perde oportunidades de explorar a consciência. Enquanto o compromisso para o despertar se aprofunda, os extremos da consciência se apresentam para mais exploração. Os altos e baixos devem ser examinados, vivenciados e liberados. A maioria das pessoas escolhe não ter essas experiências, especialmente as vividas nos baixos. Mas na medida em que adentramos na espiritualidade avançada, os indivíduos escolhem com consciência limpar as espirais descendente e ascendente. É claro que não se pode trabalhar em uma sem trabalhar na outra. Quando processamos o lado negativo, automaticamente renunciamos também ao lado positivo.

Isso significa que, em algum ponto no caminho da autodescoberta, a pessoa pode assumir conscientemente o compromisso de explorar os estados na espiral descendente com a intenção de conhecê-los e vivenciá-los totalmente. É como a metáfora de Teseu e Ariadne, em que o herói escolhe entrar no labirinto para matar o minotauro. No contexto judaico-cristão, isso seria considerado uma descida deliberada ao Inferno interior para limpá-lo do sistema. Antes que o ego possa ser liberado, ele deve ser compreendido e conhecido em todos os seus extremos. Essa fase do trabalho de limpeza é, algumas vezes, conhecida também como *"a noite escura da alma"* ou o *"véu de lágrimas"*.

O maior medo que surge para a maioria das pessoas, quando ouve essas palavras, é que a fase da noite escura da alma ou do véu de lágrimas nunca terá fim. É claro que isso não é verdade. É apenas um temor construído sobre o projeto do ego, e diz respeito a não se mover além de suas próprias fronteiras. O medo é o sinal de aviso no portão que diz: *não ultrapasse esse ponto, a qualquer custo!* O medo é apenas o véu projetado para manter as fronteiras do ego no lugar, para que o padrão não se modifique ou expanda. E é claro que isso é muito daquilo a que o trabalho de limpeza se refere – mover-se além das fronteiras do medo para o conhecimento do *Self*, para uma experiência de nossa totalidade, de nossa verdadeira natureza.

Então, é claro que a ideia de que os estados negativos são um reino interminável não é verdade. Apesar de ser projetado para fazer-nos crer de outra forma e apesar de parecer infinito, o ego possui parâmetros. A exploração da espiral descendente não se refere a ir ao infinito, onde talvez o maior medo fosse o de nos perdermos. Simplesmente se refere a andar um passo de cada vez, mantendo a posição de testemunha e limpando a espiral descendente aos poucos.

Os parâmetros mais distantes do ego estão além do alcance da mente consciente da maioria das pessoas. Almas não iniciadas simplesmente não escolhem ir até lá. Pessoas sem compromissos fortes para despertar e explorar a verdade da existência não conseguem aturar as profundezas mais escuras da negatividade – uma vez que também não aturam os extremos do lado positivo. Quando um buscador escolhe a iluminação completa, a alma escolherá explorar essas profundezas e as alturas relacionadas, sabendo que é um preço pequeno a ser pago pela liberação do ego e pela iluminação.

A noite escura da alma é, frequentemente, vivenciada em estágios, durante um período de meses ou anos, para que o buscador gradualmente se torne mais e mais acostumado a permanecer nesses estados, a despeito da intensidade. Cada vez que, conscientemente, escolhemos examinar a espiral descendente, é como passar por uma mininoite escura. Estar preparado é tudo o que é necessário e leva tempo. A viagem em direção às profundezas não acontecerá até que o indivíduo esteja pronto e a busque. A preparação envolve alcançar o equilíbrio entre o masculino e o feminino, até certo ponto, e desenvolver uma forte consciência e espírito de guerreiro. Sem esse treinamento, não há noite escura da alma, apenas uma depressão com a qual a maioria das pessoas pode ou não lidar sem terapia ou Prozac. A distinção, aqui, é que a noite escura é uma experiência produtiva, e nos libera do apego ao ego e leva à libertação.

Frequentemente, pessoas que estão no caminho de acréscimo de consciência ou buscando liberação espiritual, encontram-se em situações nas quais desceram pela espiral descendente sem uma testemunha. À maior parte das pessoas não foi dito nada sobre a experiência, e elas não foram preparadas. Na superfície, esses tipos de situação podem parecer relacionamentos frustrados, problemas financeiros, perda de emprego etc. E essas experiências podem resultar em períodos de desespero, depressão, destituição, falta de sentido, de esperança e de valorização. A falta de compreensão de que esses estados de mente são apenas ego e que sua experiência com a testemunha é uma poderosa oportunidade de limpá-los e de despertar, geralmente significa que a pessoa sentir-se-á confusa, vitimizada e traída pela vida ou por Deus, por ter de se sentir tão mal. Como buscadores espirituais é importante lembrarmos que, em algum nível, assumimos o compromisso de descer e de limpar esses estados egoicos. Precisamos lembrar-nos de que a noite escura da alma é apenas uma situação temporária, de que estamos limpando o labirinto e de que *isso também passará*. Com a presença da testemunha, libertamo-nos. Com o uso das técnicas de processamento apresentadas na Parte Dois para equilibrar e limpar a espiral descendente, podemos passar pela noite escura com certa rapidez.

A ESPIRAL ASCENDENTE

Em nossa origem, após termos sidos impressos com a espiral descendente, acabamos por gravar todos os estados opostos como a espiral ascendente. Toda essa impressão se deu em uma fração de segundo. Tendemos a falar a seu respeito como acontecendo no passado porque vivemos e acreditamos no tempo. De fato, apesar de parecer que encarnamos pela primeira vez há muito tempo, também estaria correto dizer que estamos continuamente imprimindo essa espiral ascendente e descendente a cada momento, baseados nas escolhas que fazemos. Existimos fora do tempo. O tempo é apenas uma ilusão de nosso sistema separado – Maya.

Quando você olhar pela primeira vez a lista de palavras que formam a espiral ascendente, pode vir a pensar que esses são estados ideais. Eles parecem ser estados a que todos aspiram. Por que iríamos querer mudar esses estados? Essa é uma boa pergunta feita pela consciência, atraída pelos estados na espiral ascendente. Para a maioria das pessoas a lista a seguir é o lado de *"atração"* da polaridade atração-repulsão. Então este é um lembrete de que, no ego, todos os estados são polarizados. Não é possível viver apenas no lado positivo, sem a rotação de consciência trazer-nos de volta ao lado negativo, em algum ponto.

É um erro comum pensar que os estados mentais listados na espiral descendente são ego e que os estados listados na espiral ascendente não são ego. Eles certamente o são. Todos esses estados são parte de nossa natureza dualística e egoica e são limitados pela lei dos opostos, que afirma que tudo, com o tempo, irá se transformar em seu oposto. Todos os estados listados estão ligados dinamicamente; não podemos ter um sem o outro. Por mais difícil que possa parecer, em nossos processos devemos renunciar a ambos os lados, o negativo e o positivo, para ascender em direção à consciência não polarizada e unificada. Cada palavra na lista de estados da espiral ascendente é o oposto correspondente de cada palavra na lista da espiral descendente.

A ESPIRAL DESCENDENTE	A ESPIRAL ASCENDENTE
CHOQUE	QUIETUDE
FRAGMENTAÇÃO	COESÃO
DÚVIDA	CERTEZA
CONFUSÃO	CLAREZA
SUSPEITA	SEGURANÇA
MEDO	CORAGEM
REJEIÇÃO	ACEITAÇÃO
TRAIÇÃO	CONFIANÇA
ABANDONO	AFETO
PERDA	GANHO
DESAPONTAMENTO	SATISFAÇÃO
DOR	PRAZER
CULPA	ELOGIO
RAIVA	PAZ
IRA	CALMA
MEDO	CORAGEM
AUTOCULPA	AUTOELOGIO
CULPA	INOCÊNCIA
VERGONHA	ORGULHO
AUTORRECRIMINAÇÃO	AUTOACEITAÇÃO
INADEQUAÇÃO	COMPETÊNCIA
ÓDIO OU ÓDIO DE SI MESMO	AMOR POSSESSIVO
ARREPENDIMENTO	GRATIFICAÇÃO
DESESPERO	EXULTAÇÃO
DESVALORIZAÇÃO	AUTOVALORIZAÇÃO
DESESPERANÇA	ESPERANÇA
FALTA DE SIGNIFICADO	PLENO DE SIGNIFICADO
DESOLAÇÃO	PLENITUDE
DESTITUIÇÃO	ABUNDÂNCIA
ANIQUILAMENTO	EXISTÊNCIA
DESEJO DE MORTE	VONTADE DE VIVER
INSTINTO ASSASSINO	INSTINTO DE AUTOPRESERVAÇÃO

O puxão, partindo do lado negativo em direção à leveza do lado positivo, é irresistível, a princípio. Somos programados, em geral, para lutar constantemente a fim de manter os estados da espiral ascendente. Tentamos passar o menor tempo possível no negativo e o maior tempo possível no positivo. Essa é a armadilha inerente ao sistema.

Lembre-se, a pessoa não pode estar ligada a um lado e não ter de lidar com o outro, porque os dois estão, necessariamente, presos um ao outro neste nível. Precisamos poder ver o valor em ambos os lados e torná-los ambos conscientes. Alguém que assumiu o compromisso de ascender em vibração não pode manter a velha maneira de ficar no positivo varrendo o negativo para baixo do tapete.

A velha maneira diz respeito a ficar preso na dualidade e não despertar total e permanentemente para o conhecimento de consciência vibratória superior.

É uma velha solução para a vida, que funciona apenas devido ao compromisso com a natureza da separação em si. Devemos seguir adiante, se formos nos conscientizar de nosso verdadeiro destino como sendo um com nossa natureza imortal divina.

CLAREANDO ASSUNTOS INFANTIS

Conforme progredimos profundamente em direção ao reino mais distante dos extremos egoicos, deparamo-nos com os assuntos mais antigos impressos nesta vida. Esses assuntos são, provavelmente, *samsáricos* (tendências de vidas passadas) e estão ecoando dentro desta vida. Porque a viagem para casa é o reverso da viagem externa, eles surgem tarde no processamento, à proporção que a pessoa se aproxima do final do processo de liberação. Nós rememoramos nossos passos e isso nos leva à infância, quando muitos dos padrões foram estabelecidos.

Dali progredimos aos estágios pré-verbais da infância. Esses estágios são difíceis de processar porque não havia registro verbal das experiências e, portanto, não há memória facilmente acessível. De fato, em uma primeira olhada, parece que é impossível limpar esse condicionamento infantil precoce, devido à falta de memória. Ainda assim, de alguma forma, tudo acaba funcionando. Há bastante ajuda do inconsciente neste estágio.

A INFÂNCIA E O SEU DESPERTAR

Em direção ao final do processo de liberação da forma antiga do ego, lidamos com os assuntos mais intensos e densos relacionados ao fundo da espiral descendente. Essas são as coisas que aconteceram na infância mais tenra e no útero.

Pode ser uma surpresa para você o fato de que, para a maioria das pessoas nascidas em um corpo humano, neste estágio da evolução humana, a infância seja uma luta de vida e morte. A maioria de nós certamente não se lembra dela dessa forma, se é que nos lembramos. Mas, se você decidir explorar essas regiões de seu inconsciente, descobrirá isso por si mesmo. Ainda que seus pais fossem amorosos e quisessem tê-lo com eles, o nível de inconsciência que existe na maioria das pessoas hoje é tal que seus pais, provavelmente, não tiveram conhecimento o bastante para protegê-lo dessa iniciação de vida ou morte. De fato, a maioria dos pais está contribuindo para isso, mesmo inadvertidamente, em sua ignorância de não saber o que realmente um bebê significa.

Felizmente, existem sinais de uma nova forma de abordagem dessa fase extremamente importante da iniciação de um bebê no mundo. Cada vez mais pessoas estão se conscientizando da importância de segurar e nutrir o bebê por períodos mais longos, até que esteja mais velho. Muitas mães estão amamentando no peito por mais tempo e alimentando seus filhos não por horários, mas sim quando eles sentem fome. Alguns pais não estão circuncidando seus filhos, algo que é um trauma incrível para uma criança. Partos caseiros e na água não são mais tão incomuns, tendendo a ser mais compensadores para a criança do que trazê-la ao mundo sob a luz clara de um hospital, onde é separada de sua mãe por períodos de tempo. Mas a maioria dos seres recém-nascidos neste mundo não recebe os cuidados apropriados. Infelizmente, isso apenas se tornou claro para mim quando fiz o trabalho de limpeza de minha própria infância, e não quando fui mãe, ainda com vinte e poucos anos. Olho para trás, para minha própria insensibilidade naquela época, e desejo ter sido diferente, sabendo que mesmo a insensibilidade parece violência para uma criança. O que torna a violência real? Posso apenas imaginar níveis extremos de densidade e de separação nos quais o ego negativo possa ser contraído.

O nascimento e a infância são uma performance repetida da separação primal original. A experiência do nascimento, com sua descida pelo canal de nascimento, é uma reiniciação da espiral descendente original. Apenas, dessa vez, foi adicionado o peso da *samsara* do indivíduo.

Repetimos a experiência da separação primal chegando nus e indefesos em um mundo desconhecido, com nada, a não ser um profundo sentido de ter perdido tudo. A viagem pelo canal de nascimento é perigosa, e devemos encarar a morte para ter essa vida dúbia – dúbia porque é a vida no mundo dualístico.

Significa que devemos viver com a perda da memória de onde viemos e de quem somos, e com o fato de nos encontrarmos divididos em polaridades. Dessa forma perdemos todo o nosso poder original e nossos recursos originais. Estamos indefesos, vulneráveis e expostos, completamente dependentes daqueles que podem ou não nos amar, completamente incapazes de cuidar de nós mesmos. Pelo menos é assim que parece à criança. Se esses sentimentos são reforçados por traumas na experiência precoce infantil, como circuncisão e não ser seguros ou amamentados no peito por tempo suficiente – o que, para a criança, podem parecer situações que ameaçam sua vida –, eles tornam-se "consciência de vítima" na criança e certamente no adulto.

Crianças também possuem a capacidade de ter suas necessidades satisfeitas; elas não são tão impotentes quanto aparentam. Têm o poder de gritar. Se seu choro é satisfeito com uma resposta adequada e satisfatória, elas desenvolver-se--ão de forma razoavelmente equilibrada. Se suas necessidades não são satisfeitas de forma adequada, elas desenvolvem comportamentos compensatórios. Têm o poder de ser pequenos tiranos – gritando por atenção, com um barulho que é aterrorizante em sua força. Elas pensam que estão lutando por sua sobrevivência, e isso pode ou não ser verdade. Se a criança possui o destino de estar com pais que não a apoiam, então, tirana ou não, seu espírito fatalmente será quebrado, e a consciência de vítima tornar-se-á uma parte importante da programação da criança.

Não está dentro do escopo deste livro entrar muito profundamente nos padrões da infância, mas é suficiente dizer que essas experiências de nascimento e infância manifestam-se de muitas formas diferentes de permutações e padrões egoicos, dependendo do compromisso da alma para com a vida. Estou tentando passar aqui as implicações do confronto que as crianças têm com o fundo da espiral descendente. Os sentimentos mais intensos que surgem, à medida que fazemos o trabalho de limpeza nesse nível, são o medo e a dor de estar sozinhos, desconectados, abandonados e indefesos, e de não possuir recursos.

Estes são aterrorizantes, enquanto estão impressos, e no trabalho de limpeza podem nos levar ao nível mais avançado do processo de limpeza – o medo de morrer e o desejo de morrer. Ver, processar e render-se ao medo e ao desejo de morte, assim como o medo e o desejo de vida, são o último estágio do processo de despertar, antes da entrada de um nível significativo de luz clara. Você provavelmente terá que passar pela sequência da espiral descendente algumas vezes antes que o despertar completo e contínuo esteja presente. A técnica chamada *quadrados*, apresentada no Capítulo 11, da Parte Dois, oferece uma forma simples e profunda de ajudar a explorar e limpar desejos e medos como esses.

NOSSOS PAIS NÃO DEVEM SER CULPADOS

Já que a criança foi marcada com a impressão humana como parte de sua experiência original de separação da divindade, não são realmente os pais que *fazem* a programação. Os pais estão ali simplesmente para instituir o projeto que a alma da criança escolheu para a sua vida.

Então, você pode perguntar: "Como podem os pais fazer algo diferente do que estão fazendo? E como pode alguém neste mundo mudar?". A resposta é que os pais não podem fazer algo diferente do que a criança planejou para seu destino. Entretanto, a mudança ainda assim é possível.

A mudança para a criança e para os pais pode vir em etapas, pela escolha consciente da transformação. Os pais podem diminuir a densidade da impressão da *samsara* da criança dispondo-se a fazer a viagem em direção a um ego mais equilibrado. No processo de crescimento, as crianças podem se transformar também, através de um tipo de osmose com seus pais. Gradualmente as crianças serão afetadas pelo processo de liberação dos pais. À medida que estes crescem e vêm a aceitar a responsabilidade por sua própria transformação, seus filhos serão mais purificados. Em outras palavras, os pais e as crianças devem fazer a viagem da transformação para que, com o tempo, todos estejam menos densos. Escolhemos, em nível de alma, os padrões que nossos pais são incumbidos de instituir para nós na argila fresca de nossos novos corpos. Não podemos culpá-los. Se ainda estamos no estágio de culpá-los, então não estamos nos apropriando do exterior como sendo nosso inconsciente.

Se você se encontra culpando seus pais por seus assuntos, é importante entrar em sua testemunha e sair de sua vítima. É a vítima que se sente inocentemente abusada pelas circunstâncias externas. No nosso entendimento das coisas, não existe a vítima inocente. Todos fizemos escolhas que estavam dentro das leis de causa e efeito, e quando sofremos, isso é devido às escolhas que fazemos.

É tão extraordinariamente poderoso o fato de assumir a percepção de que você fez a si mesmo porque, se *você fez a si mesmo*, você mesmo pode desfazer. É muito fácil e reconfortante, no momento, culpar algo no exterior. Mas as consequências disto são de tão longo alcance e por demais debilitantes que revelam-se perigosas para seu bem-estar quanto a dependência química. É importante aprender a assumir a responsabilidade e processar sua própria consciência para a liberação e a aquisição de poder.

Se algo realmente estivesse em seu exterior, você teria muito pouco poder para mudá-lo. Sua única esperança para modificar o mundo externo seria recorrer à manipulação, ao domínio ou ao controle de algum tipo. Não fique tentado; não vale a pena. Essas são soluções perigosas para se escolher, com efeitos terríveis em seu bem-estar espiritual. Seriam estabelecidas separações que o aprisionariam na velha forma do ego até que você parasse de fazê-las. Tome seu poder de volta e aproprie-se de seus assuntos agora. Assuma o compromisso de criar mudança através do processamento, em vez de tentar controlar ou criar mudanças superficiais em sua vida. O processamento cria mudanças tanto no exterior como em seu interior. Você tem uma ótima chance de livrar-se para sempre dos padrões que o limitam e de parir sua liberação da dualidade.

ENCARANDO AS PROJEÇÕES

À medida que você começa a fazer o trabalho de limpeza, torna-se necessário encarar os tempos passados, quando projetava a culpa no exterior. Enquanto sua testemunha torna-se mais forte, você poderá sentir os sentimentos dolorosos e amedrontadores da vítima inocente, até mesmo aqueles da criança, só que agora com a testemunha presente permitindo-lhe dissolver esses sentimentos e não os fortalecer, tornando-os reais. Então você estará pronto para olhar e limpar a impressão humana em si, a primeira *causa* dos *efeitos* de sua vida, e para reentrar no estado unificado do coração.

Já que a impressão humana é uma experiência profunda de perda, sua limpeza é, principalmente, uma questão de olhar para os sentimentos de rejeição, traição e abandono que sentimos em relação a Deus, no inconsciente negativo. À medida que esses estados extremamente dolorosos são limpos, podemos vivenciar a liberação do *nó de Vishnu*, a abertura do Portal do Céu, que separa o terceiro do quarto chacra, e sentir a energia fluir para cima, desobstruída, em direção ao coração.

Esses estados se purificam porque podemos escolher amar e perdoar em vez de acreditar que Deus *nos fez algo*. Mesmo se a história de nossa queda da divindade for imprecisa, estivemos expostos a essa história desde tempos imemoriais, e ela se instaurou no inconsciente, lugar onde aguarda algum tipo de reprogramação.

ABRINDO O CORAÇÃO

Quando nos movemos para fora da impressão humana e da velha realidade egoica, que é de extrema separação, movemo-nos para a consciência do coração. O coração é mantido em um estado maior de conexão com o todo. Inicialmente o coração permite tolerância e aceitação de outros. Com o tempo, isso cresce para reconciliação, perdão, piedade, compaixão e, possivelmente, para amor incondicional por nós mesmos e para com outros seres humanos. É nessa viagem em direção ao amor e ao crescimento do coração que encontraremos felicidade.

É no coração que podemos ver mais da verdade de como as coisas realmente são. E é no coração que crescemos em abnegação e humildade para um conhecimento mais expandido de quem somos em nossa capacidade para amar. Tomar o caminho para o interior do coração é uma viagem. Essa viagem deve ser assumida, se for para nosso despertar ser completo e equilibrado.

Conforme nos tornamos permanentemente firmados em viver a partir do coração e completamente abertos ao inconsciente, estamos estabelecidos no autoconhecimento. Pessoas que acreditam que abriram o coração permanentemente, mas que não limparam a sombra egoica no inconsciente, ainda estão sujeitas ao fechamento do coração quando adentram a espiral descendente. Quando algo de negativo acontece a elas na vida, caem de volta na separação e encontram-se com dor, perda, confusão e dúvida.

O coração não se abrirá para sua natureza infinita e não permanecerá aberto até que o ego negativo tenha sido liberado. A menos que estejamos limpos, o coração não aguenta a adversidade sem se fechar.

Na consciência do sistema separado, o coração é como uma válvula;
abre e fecha com estímulos positivos e negativos advindos do mundo exterior.

Por exemplo, quando alguém se enraivece conosco, geralmente nossos sentimentos são feridos, e o coração contrai e se fecha. Quando alguém diz que nos ama, o coração se expande e abre. Na consciência do coração, instituída permanentemente, não há fechamento do coração sob circunstâncias negativas, e vivemos em estados mais elevados, como compaixão, amor incondicional, generosidade, perdão e humildade. Esses são, primariamente, estados do coração e estão associados ao coração aberto. Como mencionado previamente, há uma lista mais completa de estados superiores que começamos a experimentar à medida que nos purificamos, relacionada no Capítulo 10 – Triângulos, Parte Dois.

PERMANECENDO EM UNIDADE

Limpar a impressão humana e vir ao local de neutralidade é muito mais poderoso do que podemos imaginar à primeira vista. Poder testemunhar completamente a impressão humana nos traz ao núcleo de nossa existência neste mundo. Este é o local em nós mesmos onde encontramos a porta para o conhecimento do *Self*.

Este é o estado desperto, começando como uma presença pequena, porém constante, tornando-se mais desenvolvido, mais penetrante com o tempo e com o reconhecimento de sua presença. Sempre parecerá um momento atemporal, onde a rotação da vida está em suspenso e é encontrado um conhecimento da verdade.

Na proporção que se fortalece o estado desperto e podemos nos identificar com ele, damo-nos conta de que sempre estará presente conosco, mesmo quando acontecer a natureza transitória das mudanças egoicas. Finalmente chegamos ao conhecimento de que é isso que realmente somos. Permanecendo na posição de neutralidade, estamos dentro dela, somos ela – à medida em que, gradualmente, cresce e torna-se nossa presença luminosa interior – uma luz eterna iluminando a consciência com a verdade.

RESUMO DO CAPÍTULO

Aqui se encontram alguns dos pontos principais introduzidos até agora.
- O modelo de espiral ascendente e descendente de observação da consciência é uma ferramenta útil para se poder ver a estrutura básica do ego.
- O conteúdo é a aparência superficial da vida. A estrutura é o esqueleto-base, que mantém no lugar nossos padrões de comportamento.
- A consciência move-se para cima e para baixo, expande-se e contrai-se. Os limites inferiores e superiores são as fronteiras do ego, além das quais não podemos nos aventurar sem ter feito o trabalho de limpeza.
- Todos os seres humanos possuem um projeto básico, em nível fundamental. Nosso denominador comum é o selo da dualidade.
- Quando a consciência "caiu" da totalidade, os pedaços separados (nós) reorganizaram-se na estrutura das espirais descendente e ascendente.

- A espiral descendente é o ego negativo. A sequência de estados representa os sentimentos pelos quais passamos após experienciar perda ou desconexão.
- Como os diferentes tipos de motores de combustão interna em carros, nós também somos todos singulares, mas ainda assim temos o mesmo projeto-base.
- Padrões de reação acionam a espiral descendente.
- A queda é uma perda de consciência.
- O fio dourado de Ariadne é uma metáfora para a testemunha, que nos ajuda a encontrar nosso caminho para fora do labirinto da espiral descendente.
- A lista de palavras na espiral descendente é um mapa para fora do sistema.
- Sempre que percebemos uma experiência de perda, revivemos nossa impressão original de cair na espiral descendente. Na infância, é assim que somos condicionados no padrão de separação.
- Quando escolhemos reviver conscientemente a espiral descendente com a testemunha, liberamos e dissolvemos padrões egoicos, e ela torna-se a porta para fora do sistema separado.
- A viagem de volta é o reverso da sequência da separação.
- Apesar de o corpo emocional poder sentir todas as emoções da espiral descendente passar por si, e o corpo físico poder contrair-se em reação, se a testemunha estiver presente, ocorreu uma limpeza.
- Há uma fração de segundo para o testemunhar, quando podemos escolher não ser sugados para o interior da espiral descendente.
- A noite escura da alma é uma exploração do inconsciente com o objetivo de limpar a espiral descendente, e é frequentemente feita em estágios durante meses ou anos.
- A espiral ascendente é geralmente aquilo que nos atrai e é o oposto da espiral descendente.
- A limpeza de assuntos infantis é um dos estágios finais da limpeza egoica.
- Para a maioria das pessoas, a infância é uma luta de vida ou morte.
- Nossos pais não devem ser culpados.
- Faz-se necessário encarar nossas projeções de culpa para com o exterior.

- À medida que nos movemos para fora da impressão humana, movemo-nos para dentro da consciência do coração.
- A limpeza da impressão humana ajuda-nos a permanecer em unidade – no estado desperto.

SUGESTÕES PARA TRANSFORMAR A TEORIA EM PRÁTICA

1. Comece a discernir o conteúdo e a estrutura de suas experiências diárias. Escolha uma experiência e escreva em seu diário sobre seu conteúdo *versus* sua estrutura.
2. Medite na lista de palavras da espiral descendente. Você pode sentir que circula por esses estágios sempre que vivencia perda ou desconexão?
3. Escreva a lista de palavras da espiral descendente na capa de trás de seu diário, para que você possa consultá-la sempre que estiver vivenciando o ego negativo. Isso servirá como lembrete para testemunhar os sentimentos e saber que são apenas ego. Utilize a lista como um mapa para sair do sistema.
4. Como você representa os papéis de vítima, de tirano, de salvador e de rebelde? Como os outros, em suas interações diárias, representam esses papéis com você? Escreva em seu diário sobre o que você vê.
5. Durante a meditação, peça para lhe ser dada a experiência de sua impressão humana – sua queda original descendo pela espiral. Pode ser que não aconteça logo, mas esteja preparado para ela quando ocorrer. Escreva mais tarde sobre isso em seu diário.
6. Você culpa seus pais por seus assuntos? Se sim, escreva sobre do que você os culpa e o porquê. Peça para a graça ajudá-lo a liberar os sentimentos. Perdoe seus pais.

PARTE DOIS

O CASAMENTO DO ESPÍRITO TÉCNICAS

Conhece-te a ti mesmo

– Oráculo de Delfos

Eu habito no interior; eu sou sem coisa alguma. Estou antes e atrás. Estou no sul e no norte. Estou acima e abaixo. A onda, a espuma, o redemoinho e a bolha são todos essencialmente água. Da mesma forma, o corpo e o ego são, em realidade, nada mais que pura consciência. Tudo é essencialmente consciência, pureza e alegria.

– Shankara

INTRODUÇÃO
À PARTE DOIS

As técnicas de *unificação de opostos* são ferramentas mentais para ajudá-lo a desatar os nós da mente e oferecem uma maneira muito rápida de equilibrar a sua vida e o seu despertar. Elas nos foram dadas para os tempos particularmente acelerados em que vivemos. São princípios antigos, verdades de escolas de mistérios e tradições antigas, que foram remodelados para a época moderna.

Os sete capítulos seguintes progridem a partir do método básico, polaridades, em direção a um nível mais evoluído de processamento que inclui as técnicas de triângulos e quadrados e algumas aplicações avançadas dessas técnicas, assim como o desenvolvimento e o fortalecimento do observador neutro, ou testemunha. Os métodos podem parecer pequenos e simples diagramas, mas são em verdade uma expressão incrivelmente precisa de leis metafísicas profundas.

Já que você, neste ponto, provavelmente possui uma boa ideia de por que deseja fazer a purificação do ego, o propósito desta seção é oferecer os métodos de como executá-la. Os primeiros três capítulos da Parte Dois contêm os três exercícios principais associados aos ensinamentos de *O Casamento do Espírito* – polaridades, triângulos e quadrados. Cada um funciona em nível levemente diferente de consciência, relativo à mente, às emoções e ao corpo.

O trabalho com o primeiro exercício, polaridades, traz mudanças fundamentais de consciência que estão alinhadas com processos mentais, ou com um de nossos corpos sutis chamado de *corpo mental*. É a mais simples das técnicas e cada capítulo é, progressivamente, construído sobre seus princípios, levando-nos em direção a técnicas mais avançadas.

O trabalho com o segundo exercício, triângulos, traz como efeito mudanças significativas e limpeza de emoções, ou do que chamamos *corpo emocional*. Esse nível de consciência é frequentemente mais difícil de abordar devido ao fato de estar enterrado no subconsciente, aquilo que aciona as emoções em cada um de nós.

O trabalho com o terceiro exercício, quadrados, ajuda a manifestar as mudanças mais profundas e duradouras na consciência – tanto que, de fato, podemos curar e aumentar a vibração do corpo físico.

A combinação desses três exercícios resulta em uma abordagem holística de purificação e de cura – propiciando mudança nos corpos mental, emocional e físico. Não é importante, neste ponto, que você compreenda por completo as distinções entre os exercícios. Em estágios mais avançados de prática, quando já estiver trabalhando nos exercícios por algum tempo, você poderá intuir qual deles é o melhor para determinada instância de sua vida. Você também será capaz de mover-se para a frente e para trás nas técnicas, uma vez que julgue necessário, a fim de obter melhores resultados em uma situação particular. Apresentamos os exercícios nessa ordem devido à forma como são fundamentados uns nos outros.

Os quatro capítulos restantes da Parte Dois contêm sugestões para obter-se o máximo de eficácia dos exercícios. Além disso, são expostas técnicas mais avançadas. Elas também se referem à combinação e/ou modificação de exercícios para atingir metas específicas.

ESTANDO CONSCIENTE DE SEU PROPÓSITO

Antes de explorar o que vem a ser, na verdade, purificação do ego, daremos também uma olhada no que não é. Em primeiro lugar, o trabalho de purificação não se refere à *reparação* ou *reorganização* da estrutura egoica. A maioria dos trabalhos psicológicos e muitas outras formas de crescimento pessoal estão associadas à reestruturação da personalidade para que seja mais funcional e saudável. Ter uma estrutura egoica saudável e funcional é muito importante para se poder mover mais profundamente na autodescoberta. Mas a *purificação* é uma característica definidora do trabalho de *O Casamento do Espírito*. O trabalho deste livro transforma e limpa o ego para que, definitivamente, nada que não seja o *Self* fique, para que a sua luz clara possa brilhar sem obstruções. A melhor analogia é aquela que Ram Dass utilizou, comparando o ego a uma prisão. Não queremos reorganizar a mobília no interior da prisão; queremos abri-la para que não seja mais uma prisão.

Em segundo lugar, este trabalho não é sobre o *fazer*. Muitas pessoas se confundem sobre esse aspecto do trabalho de purificação do ego. Elas imaginam: "se a iluminação é sobre não *fazer* nada, então por que tenho que *fazer* esse trabalho?". Não é um *fazer*; é um desfazer. Estamos desfazendo a personalidade, o que leva à liberação e ao movimento em direção à testemunha neutra.

Em terceiro lugar, o trabalho que estamos apresentando aqui não se refere ao *livrar-se* do ego. Algumas vezes as pessoas confundem o trabalho de purificação do ego com isso. A confusão está baseada em uma concepção errônea de que, pelo fato de estarmos tentando limpar o ego, estaremos implicitamente considerando que o ego é mau ou que há algo de errado em possuí-lo. A maioria das pessoas neste mundo está no ego e permanecerá dessa forma. Este é um mundo no qual as pessoas aprendem com o ego. Um ego é apenas uma estrutura. É uma maneira de organização da consciência para que possa assumir uma forma. Seria muito difícil para a consciência estar aqui no mundo sem um ego ou sem uma estrutura na qual pudesse se apoiar. O ego é a xícara de chá, e a consciência é o chá, preso e contido na xícara. A consciência precisa de uma estrutura, que a mantenha dentro dos limites da forma, para que possa estar presente no mundo. Não é uma questão de bom ou mau. Uma má interpretação como essa viria da criança pequena – a criança interior que está preocupada em ser má ou não, ou em querer sentir-se bem, defendendo-se, afirmando ser boa e não má. O trabalho que estamos fazendo está além do bem e do mal. É sobre mover-se para a unidade e melhorar sua vida. Estamos procurando um tipo completamente novo de estrutura egoica – algo que não esteja bloqueado ou obscurecido por muitos detalhes desnecessários e extenuantes, velhas memórias de experiências negativas da infância, ou todos os tipos de ideias obsoletas, destituídas de poder ou que afetam a sua vida de forma negativa. Você fica melhor sem esse tipo de coisa. Pode viver bem mais facilmente sem elas. A nova forma é sábia, abrangente e fundamentada na verdade.

Então, se o processamento parece um ataque ao ego, isso só poderia ser verdade em sua interpretação. Seria verdade sobre sentir-se atacado, pois, é claro, você não é o ego de nenhuma maneira. O ego é apenas a organização estrutural que possibilita à consciência existir neste mundo. Estamos limpando a estrutura para que suas linhas sejam simples, limpas, estéticas e equilibradas. Você ainda terá um ego quando terminar esse trabalho e ele será mais equilibrado porque saberá quem você realmente é – não mais será identificado pela personalidade.

PROJETOS NA CONSCIÊNCIA

O sistema de existência humana, a que chamamos de *sistema separado*, ou de *sistema de dualidade*, é uma estrutura mantida no lugar pela aceitação inconsciente de cada pessoa, ao estar de acordo com o seu conjunto de regras. É uma estrutura que está, em grande parte, escondida em nosso subconsciente. Logo que nos tornamos conscientes de sua existência, a rígida influência que essa estrutura tem em nossas vidas começa a diminuir.

A dor e a raiva, de alguma forma, não parecem tão reais quando vemos que possuem amor ou alegria como oposto. Quando nos damos conta de que são apenas frequências que passam por nós, levamos tudo com menos seriedade, e nos tornamos muito menos imersos nelas. O conteúdo da vida, o colorido, é o que nos enganam o tempo todo. Enganamo-nos com o cenário sempre mutante. Não vemos que a estrutura de base é apenas um jogo – o jogo da vida, é claro.

À medida que começamos a explorar o funcionamento do jogo da vida, liberamo-nos dele. Estar liberado não significa ir embora e que não jogaremos mais. Jogaremos muito melhor e nos sentiremos mais livres. Não seremos tão bombardeados ou machucados com o conteúdo. Nada parecerá tão real. Divertimo-nos muito mais com o jogo quando sabemos que ele não é real.

Então, estamos examinando a estrutura da consciência humana como uma forma de analisar o sistema em que vivemos. Fazendo uma analogia: se quisesse aprender sobre um grande prédio, como procederia? Talvez você tomasse o elevador para o décimo andar e olhasse para baixo, para ter uma visão diferente. Ou olhasse para dentro de uma das salas, para ter uma ideia do que se encontra em seu interior – espelhos com molduras douradas, quadros e mobília fina. Mas, basicamente, o que está olhando é a superfície, o conteúdo, o equipamento do prédio. Se você quisese conhecê-lo muito mais profundamente, a solução óbvia seria ir à prefeitura e olhar o projeto, os planos criados pelo arquiteto no processo de projetar o prédio. Se quisesse conhecê-lo em detalhes, precisaria ver como foi estruturado e montado. Precisaria localizar as instalações hidráulicas e elétricas, as caixas de força, os cabos de elevadores e tudo o que estivesse escondido quando você estava dentro do prédio, obtendo um ponto de vista totalmente novo a respeito da construção. É isso o que estamos fazendo. Estamos dando uma nova olhada na consciência humana, observando a planta e vendo como funciona. Teremos uma ideia muito mais clara quando a virmos até o núcleo. Não seremos simplesmente enganados pelos espelhos, pela mobília fina e pelas armadilhas da vida, os ornamentos superficiais do prédio.

Fazendo isso, começamos a ver que o *Self* permeia todo o prédio. O *Self* está por todo o prédio – em cada átomo seu, mesmo no ar das salas. Não há nada em que ele não esteja. Entretanto, até que tenhamos examinado os projetos e a estrutura básica, geralmente não estaremos conscientes disso. É apenas após termos ido à prefeitura e *acordado* para a estrutura básica que não mais nos enganaremos pela aparência superficial. Fazendo isso, tornamo-nos conscientes – testemunhas da coisa toda. Tornar-se a testemunha é o nascimento do despertar para nossa verdadeira natureza como *Self*.

E isso é a vida. A maior parte das pessoas vê apenas a superfície. Mas se deseja despertar, você precisa ver a planta – porque quando a vê, vê a si mesmo. Você examina o mundo através de sua própria personalidade. As bordas de sua personalidade são, em verdade, as bordas do mundo – seu mundo –, sua descrição do mundo.

Então é hora de você se examinar e olhar cuidadosamente para quem você é e quem você pensa ser, em forma humana. À medida que faz isso e progride, você despertará para um novo ser – o verdadeiro – e renunciará à sua forma velha. Isso não significa que você desaparecerá em uma cortina de fumaça e sumirá sem deixar rastros. Não, ainda haverá um corpo. Se ficar em frente a um espelho, ainda verá um corpo. Outras pessoas verão seu corpo; você parecerá o mesmo. Mas não é; está diferente. No interior, você vê o mundo de forma diferente. Tem uma descrição diferente de quem é porque viu as plantas. Isso lhe dá uma tremenda vantagem ao lidar com sua vida, porque tem a maestria do *ser egoico*, em lugar de ele ter maestria sobre você. Em vez de ser varrido pela montanha-russa da vida e ser enganado pelas armadilhas do mundo, você estará vivendo a partir da consciência da alma. Estará vendo o mundo com olhos límpidos e vivendo na verdade.

DESENVOLVENDO A MENTE CORRETA – SUA TESTEMUNHA NEUTRA

Para que possamos *ver* nossos padrões de pensamento e de comportamento, precisamos nos "desidentificar" da personalidade – das emoções, pensamentos e dores/prazeres físicos que constituem a vida diária. Podemos perceber nosso mundo a partir de uma perspectiva mais desapegada, algo similar a estar no ponto de apoio em uma gangorra. À medida que os gatilhos emocionais mandam o ser egoico para cima ou para baixo, na espiral da gama de emoções baseadas em padrões de resposta arraigados, há uma parte de nós, aquela conexão com o *Self*, que permanece como observador desapegado de tudo o que está ocorrendo. Da perspectiva dessa testemunha neutra, e à proporção que podemos acessá-la mais e mais, poderemos compreender por que as coisas acontecem da forma que acontecem na vida, o que é o primeiro passo em direção a uma mudança positiva.

Como acessar e cultivar, inicialmente, um relacionamento com a testemunha neutra? Paradoxalmente, pareceria que uma consequência natural do trabalho com os exercícios da Parte Dois seria o desenvolvimento do que chamamos testemunha neutra. É um cenário *do que vem primeiro: o exercício ou a testemunha?* Nesse caso, você precisa fazer o exercício para poder praticar o estar consciente a partir de uma perspectiva desapegada. À medida que sua testemunha neutra se desenvolve, os exercícios consumirão menos tempo e fornecerão resultados mais poderosos.

Nesse ponto, é o bastante que você compreenda o conceito de testemunha neutra e deseje acessá-la para seu próprio crescimento. Faça uma oração e peça ajuda. Você também pode utilizar algumas das sugestões do Capítulo 14 – Desenvolvendo a Testemunha, para fortalecer o progresso. Existem também alguns sinais simples que o ajudarão a julgar se você está realmente no estado de testemunha neutra, em determinados períodos de sua vida. Em nível mental, você pode se dar conta, de tempos em tempos, de estar em conexão com pessoas e coisas à sua volta. Pode ser que também vivencie compreensões mentais da verdade, que poderiam resultar em recém-descobertos tolerância e amor para com os outros, ou em sabedoria. Em nível emocional, você pode vivenciar um episódio de tristeza e choro, mas, ao mesmo tempo, manter uma percepção de que está bem. Você desce pela espiral negativa, mas está consciente e desapegado na descida.

Pode ser, ainda, que você vivencie estados como compaixão, generosidade e humildade, que também são indicadores do estado de testemunha. Em nível físico, mesmo em face de situações de estresse, você poderá sentir calma interior e um sentido geral de paz, batimentos cardíacos menos acelerados e respiração vagarosa e profunda.

Então, temos dois lados de um par de opostos. Bem no meio está o ponto de equilíbrio, o ponto de apoio. Aí se situa a testemunha neutra. A neutralidade possui grande poder. Se puder manter uma posição de neutralidade, poderá desapegar-se de experiências negativas mesmo enquanto estiverem ocorrendo com você.

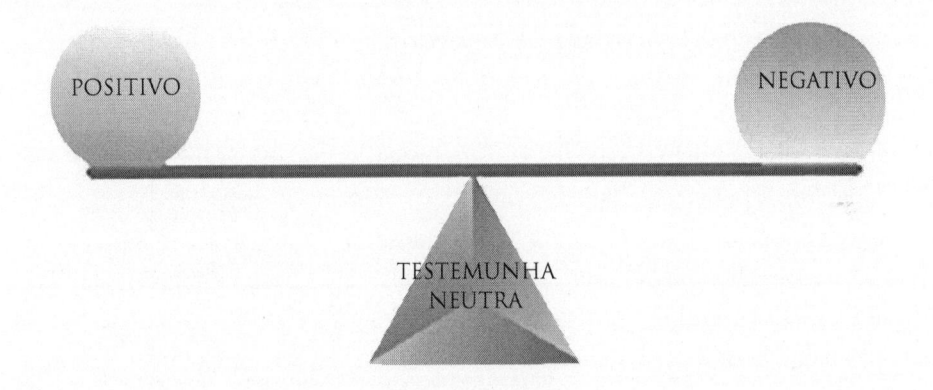

POSITIVO NEGATIVO

TESTEMUNHA NEUTRA

Lembre-se de que, no começo, o desapego é muito difícil. Nós funcionamos no automático e nos prendemos aos dramas da vida porque não podemos nos controlar. Podemos mesmo nos ver escolhendo nos prender, o que é como um *loop* em um programa de computador. Por isso é importante praticar os exercícios, seguir devotando tempo e energia ao trabalho interior – o que finalmente nos possibilitará assumir o papel da testemunha neutra, voluntariamente, sob qualquer circunstância.

COMO UTILIZAR A PARTE DOIS

Demore-se em cada capítulo; eles não foram feitos para serem lidos correndo. Cada técnica o ajudará a mover muita energia presa; então, é importante que você se respeite e ao seu corpo, conforme aprende a processar. É melhor que assuma um ritmo, através da seção, de acordo com o seu próprio discernimento. Terá maior proveito se demorar pelo menos uma semana em cada capítulo, pois cada técnica requererá tempo para ser dominada e os exercícios no final dos capítulos são formulados para levar alguns dias antes de serem completados. Você pode fazer dessa seção seu próprio curso de seis semanas. Ou, se preferir uma abordagem mais informal, mova-se em seu próprio ritmo. Especialmente, é de suma importância tomar bastante tempo digerindo e praticando a técnica do Capítulo 9 – Polaridades, já que ela é fundamento para as demais técnicas.

A meta última é a de você fazer das técnicas de processamento um instrumental próprio. Não há maneira certa ou errada de fazer isso. Existem algumas sugestões de transformar-se a teoria em prática, no final de cada capítulo, para ajudá-lo a iniciar. Por favor, não deixe que esse formato o restrinja. As ferramentas são oferecidas no intuito de ajudar, de forma que qualquer pessoa pode tomá-las livremente, adaptá-las, construir sobre elas, colori-las e utilizá-las como achar melhor. Seja criativo com as técnicas. Invente seu próprio estilo. Compartilhe com os outros.

As técnicas são apresentadas em sua ordem corrente porque o método de cada capítulo é construído baseado no método do capítulo anterior. Mas quando tiver terminado de aprender todos os métodos, você pode utilizá-los da forma que desejar. Aplique-os em sua vida como achar que deva, de acordo com sua intuição e discernimento.

Você pode utilizar um caderno em branco para realizar qualquer dos métodos. Se você estiver empenhado na mudança, é uma excelente ideia manter um bom caderno. À medida que continua a fazer o trabalho de purificação, você estará explorando seus padrões de pensamento e de comportamento mais profundamente. Porque a vida é cíclica, você quererá revisar o que fez previamente. Verá como todos nós circulamos em volta da mesma coisa, repetidamente. As chances são de que, da próxima vez em que fizer o processo, irá muito mais profundamente. Mantenha um bom diário e isso o ajudará a enraizar suas experiências no mundo físico. Você as traz do reino das ideias (e sem forma) e lhes dá forma, tornando-as mais tangíveis para si mesmo.

Os métodos de *O Casamento do Espírito* não são feitos para serem a única ferramenta que utilizará. É melhor complementar seu trabalho de processamento com outras formas de prática espiritual, como meditação, hatha ioga, terapia de liberação emocional ou outras.

Há uma história/testemunho no final de cada capítulo. Cada uma foi escrita por uma pessoa que obteve experiências de transformação profundas com as técnicas de processamento de *O Casamento do Espírito*. Espero que seus exemplos aprofundem sua compreensão do potencial do processamento e o inspirem a continuar o trabalho. É importante lembrar-se de que esses exemplos dão boas histórias porque dizem respeito a assuntos espetaculares. Mas, frequentemente, leva-se mais tempo para se obter esse tipo de resultado. O grau de mudança que experimenta em seu mundo exterior depende do quanto esteja maduro para a transformação e de quanta dedicação invista em seu trabalho espiritual.

Aqui estão algumas sugestões para tornar seu processamento prazeroso e bem-sucedido.

- Escolha uma hora adequada, sem interrupções, reservando tempo bastante para terminar pelo menos um exercício completo. Especialmente no início é importante concentrar-se integralmente. Você pode, entretanto, passar inicialmente alguns dias lendo o capítulo enquanto trabalha em seu primeiro exercício, e isso é o esperado.
- Escolha um ambiente sossegado.
- Desligue a campainha do telefone.
- Compre um caderno novo dedicado exclusivamente ao processamento.
- Compre duas cores diferentes de caneta.
- Um dicionário de sinônimos e antônimos também é de utilidade.
- Lembre-se de datar cada seção de processamento.

Se as técnicas forem de utilidade, você poderá descobrir que seu uso torna-se um caminho de vida. Para muitas pessoas isso é verdadeiro. Perceberá que, através da sua utilização, as técncas irão ajudá-lo a dominar a arte de viver no mundo da dualidade. A vida se torna mais fácil, prazerosa e positiva. Você estará dançando com a graça divina.

O ego é como um bastão que parece dividir a água em dois. Ele faz com que você se sinta como um e me perceba como outro. Quando o ego desaparece (em samadhi) o indivíduo realiza Brahman como sendo sua própria consciência interna.

— Sri Ramakrishna

NOVE

POLARIDADES

O método de processamento de polaridades é uma ferramenta perfeita para ser utilizada em sua libertação. Você pode aplicá-lo para processar as polaridades envolvidas nas experiências que gostaria de limpar, aquelas que não são produtivas e, sim, autodestrutivas – as que escolhe não repetir.

Quando uma experiência dolorosa já aconteceu, não há nada que você possa fazer a respeito. Você não pode desfazê-la. Mas pode olhá-la e purificá-la. Ou pode assumir o compromisso de limpá-la de forma que não aconteça novamente. Quando uma experiência ruim termina, você se sente horrível, dá-se conta de que ela não o ajudou de forma alguma e diz a si mesmo: "Bem, eu não farei *isto* novamente." Nesse ponto, você precisa processá-la.

Geralmente, não é possível apenas usar sua força de vontade e dizer: "Eu não farei isto novamente." Algumas vezes você faz. Aqui estamos nos referindo a algo que nada tem a ver com sua força de vontade. Falamos da limpeza da programação, que faz com que você realize essas coisas improdutivas para que tenha *menos desejo ou medo* da próxima vez.

Nem sempre você pode limpar completamente uma experiência penosa com um único processamento. Se for um comportamento profundamente arraigado, terá que fazê-lo outras vezes – repetir o *mesmo* processo. Toda vez que surgir tal experiência, realize o mesmo processo, e cada vez que o fizer, você estará tirando outra camada de sulcos que cortou no passado. E o desejo de continuar naquela velha trilha diminui mais e mais. Finalmente você apagará o padrão por completo. O processamento descasca essas camadas como se fossem camadas de uma cebola. Então não fique desencorajado se você fizer um processamento, purificar e, três semanas mais tarde, parecer estar nele novamente. É a próxima camada.

A TÉCNICA DE PROCESSAMENTO DE POLARIDADES

Começamos por identificar os pares de opostos envolvidos na situação. O nível iniciante dessa técnica encontra-se apresentado aqui. Mais tarde, chegaremos aos níveis mais avançados. Esse primeiro nível é realmente muito simples.

Você precisará de um diário. Um caderno espiral serve. Mantenha-o exclusivamente para seu processamento. Sempre date o processo no topo da página para que possa manter um registro dele por vários meses. Isso será de utilidade mais tarde.

PRIMEIRO PASSO – ESCOLHA UMA EXPERIÊNCIA

O processamento pode ser utilizado para muitos tipos de experiências. Pode ser uma experiência muito antiga da infância ou uma mais recente. Esse processo funciona para desatar nós na mente e não importa quando o incidente ocorreu; é até mesmo útil para a limpeza de *samsara* (tendências de vidas passadas). Por exemplo, o incidente pode ser uma memória de ter sido repreendido e humilhado por sua professora, na segunda série, ou pode ter sido uma discussão que você teve esta manhã com sua esposa ou companheiro de quarto. O processamento também funciona para traumas mais severos, coisas como abuso sexual ou a morte de um ente querido. O método também pode ser usado para purificar experiências que não envolvam outra pessoa. Talvez seja uma situação que aconteceu com você quando estava só, como um acidente; ou uma circunstância interna, como um vago sentimento de depressão ou desvalorização sem motivo aparente; ou algo envolvendo alguma coisa inanimada, como sentir que nunca possui dinheiro ou comida suficientes. Todas essas experiências podem ser trabalhadas com o método de processamento de polaridades.

Digamos que uma experiência muito desagradável acabou de ocorrer e o deixou em frangalhos. Você se acalmou um pouco e agora se encontra centrado o bastante para poder encará-la. Então, você se senta com seu caderno.

SEGUNDO PASSO – ESCREVA A RESPEITO DA EXPERIÊNCIA
Você precisa contar a história a si mesmo, escrevendo-a. Pode escrever **o que lhe vem à cabeça**, se isto funcionar para você. Escreva tudo. Não é preciso escrever de forma cuidadosa. Não edite, seja em seu interior, seja no papel. Não se preocupe em pontuá-la, se não desejar. Apenas escreva como se fosse uma criança exteriorizando a história para um dos pais ou para um amigo. É especialmente importante escrever sobre seus sentimentos, pensamentos e estados mentais que ocorreram a respeito do incidente. Pergunte-se: "Como isso me fez/faz sentir?" Utilize muitos adjetivos e seja muito descritivo. Se outra pessoa estiver envolvida na história, também é importante descrever sua percepção daquela pessoa. Tenha certeza de que está esvaziando a taça completamente. Quanto mais capturar todos os pensamentos, todas as emoções e estados mentais envolvidos, maior será a sua liberação. Seja muito extravagante com o uso do papel; escreva tudo.

Se está relutante em escrever, poderia tentar narrar ao gravador e depois transcrever a história. Algumas vezes isso funciona realmente bem para pessoas sem muita experiência em escrever; é mais fácil reviver as emoções do incidente se não tiver de se concentrar na escrita.

UMA HISTÓRIA EXEMPLO
Aqui está o exemplo de uma história escrita por alguém que chamaremos Paul. Das milhares de histórias de processamento com as quais trabalhamos no decorrer dos anos, escolhemos propositadamente essa porque é muito simples e porque é uma situação com a qual a maioria das pessoas não terá dificuldade em se identificar. Também é um bom exemplo de como você pode processar uma ocorrência aparentemente mundana, dela ganhando tremendo *insight*, e vivenciar uma cura profunda. É importante ter em mente, entretanto, que se pode também processar assuntos de natureza muito mais traumática, fazendo uso dos métodos apresentados aqui (assuntos como falência, divórcio ou demissão). Por meio do trabalho com a história de Paul, em cada capítulo por toda a Parte Dois deste livro, você terá a oportunidade de ver como o processamento de algo simples pode evoluir para algo mais profundo. Eis a história.

Eu estava dirigindo na estrada, com pressa de chegar em casa, pois tinha um compromisso. Sempre me permito um pouco de tempo extra, mas geralmente a estrada não está muito cheia. Nesse dia, em particular, não havia muitos carros. A certa altura havia um caminhão de cimento à minha frente, indo bem devagar, e dois carros entre eu e o caminhão de cimento. Mais ou menos na mesma hora, devido a uma obra, começamos a nos aproximar de um sinal luminoso, indicando que deveríamos nos mover para a pista da esquerda, já que a estrada de duas pistas estava para se tornar de uma pista apenas. Então, é claro, um dos carros à minha frente passou para a pista da esquerda, para ultrapassar o caminhão de cimento e para não ficar preso atrás dele. O outro carro não saiu. Ficou atrás do caminhão de cimento. Então, comecei a passar para a pista da esquerda a fim de ultrapassar. Mas, no último instante, o carro entre o meu e o caminhão decidiu também ultrapassar e, então, passou bem à minha frente, o que me fez pisar fortemente nos freios. Comecei a xingar e disse a mim mesmo: "Olhe por onde anda! Você vai nos matar!".

Então, o estranho foi que, conforme ultrapassava o caminhão, a motorista diminuiu para a mesma velocidade que ele estava. Fiquei encurralado. E ela decidiu não ultrapassar. Em vez disso, deixou que o caminhão fosse à sua frente! Ele estava a uma velocidade de aproximadamente 70 quilômetros por hora, em uma zona de 100 quilômetros por hora. Então, o caminhão estava à nossa frente em uma pista única. Eu fiquei com muita raiva porque sentia que iria me atrasar, com uma motorista à minha frente que era totalmente louca, burra e idiota, e que iria causar um acidente. Fiquei muito impaciente. Algumas vezes costumo ser impaciente em minha vida, e na rodovia é onde isso mais aparece. Fiquei irado porque sabia que iríamos nos arrastar pelos próximos dez minutos, antes que a estrada tornasse a ter duas pistas, e eu iria me atrasar.

Finalmente, a estrada voltou a ter duas pistas e o caminhão de cimento passou para a pista da direita. Mas aí a motorista vagarosamente decidiu ficar na minha frente, na pista da esquerda, e ainda mantendo o ritmo do caminhão na pista da direita. Eu não podia passar e estávamos todos a 80 quilômetros por hora, em uma zona de 120 quilômetros por hora. Pensei: "O que está acontecendo? Talvez ela esteja doente ou algo parecido". Então, buzinei. Sem resposta. Comecei a chegar mais perto de seu carro, me aproximan-

do muito de seu para-choque. Ela apenas me ignorou. Estava infringindo a lei por não ceder a vez. Outros carros faziam fila atrás de mim. Eu pensava: "Você é uma idiota, completamente insensível. E se eu ou alguém mais tivesse uma emergência? E se eu ou alguém precisasse ir ao hospital?". Senti-me como uma vítima total. Com o carro à minha frente controlando tiranicamente a situação, senti como se quisesse matá-la e fiquei irado. Escalou de uma pequena irritação para o sentimento de que, se eu tivesse uma arma, teria atirado em seus pneus!

Eu estava encarando tudo muito pessoalmente. Os carros atrás de mim não importavam – eu não podia passar. Não era uma pessoa mais velha. Ela parecia bem jovem, e pessoas jovens geralmente correm e não se arrastam. Ela estava brincando comigo. Não havia outra explicação. Finalmente, ela cedeu a vez, bem vagarosamente. Apenas quando me deixou passar, pude olhá-la melhor. Ela parecia ter por volta de 19 anos e estava rindo de mim. Fiquei com muita raiva. Quase fiz um gesto malcriado. Mas pensei: "Não, não, controle-se. Não vale a pena".

Então minha saída chegou e deixei a estrada. Eu estava tentando me acalmar. Havia algo de uma testemunha ali mas, no calor do momento, eu não possuía qualquer testemunha. Senti-me muito desamparado e impotente porque não havia nada que eu pudesse fazer. Indignação. Impaciência. Raiva. Fúria. Instinto assassino. Tudo veio à tona em dez minutos. Foi tudo muito estranho, também. As pessoas não costumam se comportar daquela maneira.

Eu não me atrasei, mas fiquei com muita raiva pelo fato de alguém me manipular propositadamente e me fazer andar devagar daquela forma. Que babaca. Ela estava controlando toda a situação. Eu tinha muito calor em meu corpo como resultado do incidente, uma sensação de formigamento. Senti-me realmente tenso, e levou cerca de meia hora para eu me acalmar. Ainda estava fervendo quando cheguei em casa. Não pude descarregar os sentimentos. Queria descarregá-los nela, fazer com que soubesse o que eu realmente pensava, mas é claro que ela não estava disponível. Finalmente pude me acalmar e neutralizar, mas levou muito tempo até que pudesse liberar e perdoá-la. Minha reação foi extrema. Em vez de estar calmo, explodi. Geralmente lido com coisas assim de forma muito mais adequada.

TERCEIRO PASSO – ESCOLHA AS PALAVRAS E FRASES TEMÁTICAS

Com uma caneta colorida, volte pela história e escolha todas as palavras e frases temáticas. Palavras e frases temáticas refletem estados mentais que possuem carga para você. Isso inclui sentimentos, assim como emoções. Você irá querer encontrar palavras e frases como CONTROLE, RAIVA, INDEFESO, VÍTIMA, CAUSAR UM ACIDENTE. Todos esses são temas.

*Palavras e frases temáticas refletem a estrutura
da experiência, em vez do conteúdo.*

Como discutimos anteriormente, o conteúdo da experiência é a história superficial do que aconteceu, de quem disse o quê, e quando, e de como se apresentam os detalhes mundanos. Esse passo inicial pertence à escrita da história. O conteúdo da história é em verdade irrelevante, exceto porque nos leva ao próximo passo, que é encontrar sua estrutura. Estamos olhando para a *estrutura* subjacente da experiência, a planta ou molde. Para que encontremos isso, precisamos ir mais fundo. O conteúdo é o material do mundo, histórias, drama. O conteúdo é uma distração. Você não pode trabalhar com ele com vista mudança porque é muito superficial.

*Você deve se focar em procurar palavras e frases temáticas que
representem os estados mentais, não o conteúdo.*

Com esse processo você está tentando ver seus padrões característicos de reação. Não está buscando o conteúdo informativo da história. Por exemplo, o conteúdo dessa história refere-se a motoristas, estradas, obras e um caminhão. Você está procurando os estados emocionais e mentais e a maneira pela qual o padrão de personalidade geralmente reage. Você procura as palavras e frases com maior consistência, aquelas que possuem carga para a personalidade, aquelas às quais a personalidade reage. Adjetivos e advérbios possuem, com frequência, mais colorido.

Palavras e frases temáticas como PRESSA, IMPACIENTE, ENRAIVECIDO, IDIOTA, INSENSÍVEL, INFRINGINDO A LEI, BRINCANDO COMIGO, IMPOTENTE e EXPLODI são os blocos construtores, as frequências que estão construindo a história. Essas são as forças que dão forma às circunstâncias. A estrutura é feita a partir das frequências da experiência, dos estados mentais que se encontravam presentes. Em outra história qualquer, os temas poderiam ser algo como: SURPRESO, CHOCADO, CONFUSO, INCERTO, DUVIDOSO, DOR, TRAÍDO, MEDO, CULPA, APROVAÇÃO. Você deve sublinhar esses tipos de palavras com um marcador.

Também é importante saber que não há certo ou errado com esse método. Você precisa sentir e discernir, por si mesmo, quais são as suas próprias frases e palavras temáticas, aquelas que possuem carga para você; enfim, qual é sua estrutura subjacente. Pode mesmo inventar suas próprias palavras! Algumas vezes essas são as mais poderosas para se trabalhar, porque são particulares à sua padronização e à sua vida.

Quando escrever a história, não precisa necessariamente escrever apenas os estados mentais que *você* está vivenciando. Se estiver tendo uma discussão ou conflito com alguém, e viu que *essa pessoa* está explodindo de tanta raiva, você escreve *raiva*. Não faz qualquer diferença se é seu estado mental ou o dela. O que você quer fazer é extrair a estrutura da experiência como um todo, a sua e a da outra pessoa. Então escreva o que você a vê fazendo e também o que você se sente fazendo. Ambos. Você estará processando tanto o seu material quanto o da pessoa. A razão pela qual você faz isso é que *os estados da pessoa envolvida são tanto parte da sua experiência quanto os seus próprios*. Qualquer coisa que veja diante de seus olhos é seu próprio material inconsciente. Você tem outra pessoa representando as suas projeções para si mesmo. Logo, você processa ambas as experiências, com a compreensão de que **tudo faz parte do padrão que está focalizando**. Essa é a premissa básica com a qual fazemos esse trabalho.

É assim que você realmente faz a integração efetiva, quando **se apropria de tudo**, tanto do que você vê fora de si, quanto do que sente em seu interior. No início é suficiente assumir um compromisso interno e ter a intenção de apropriar-se de tudo. À medida que você desenvolve suas aptidões com o método de processamento, sua testemunha se fortalece e uma porção maior do inconsciente torna-se consciente, o que lhe permitirá realmente ver que você é tudo. Então, no início, simplesmente precisa dizer as palavras e assumir a intenção de que **se apropriará do exterior** como se fosse parte de você. Através da prática, passará a vivenciar isso, e obterá uma compreensão visceral do princípio. Se você possui resistência a essa noção e não está pronto para apropriar-se do exterior como sendo parte do seu próprio padrão, aqui vão algumas sugestões. Pode reler os primeiros capítulos (Parte Um) deste livro, que discutem e detalham leis universais como essa. Pode meditar e pedir ajuda interiormente. Pode pedir que lhe seja mostrado o bloqueio e como removê-lo. Talvez você possa fazer um salto de fé, experimentando as ferramentas do processamento, e ver se funcionam para você.

Exemplo de história com frases e palavras temáticas em evidência

É assim que a história de Paul ficou após ele ter sublinhado suas frases e palavras temáticas. Todas essas palavras possuíam carga para Paul.

Eu estava dirigindo na estrada, com <u>pressa</u> de chegar em casa, pois tinha um compromisso. Sempre me permito um pouco de <u>tempo extra</u>, mas geralmente a estrada <u>não</u> está <u>muito cheia</u>. Nesse dia, em particular, não havia muitos carros. A certa altura havia um caminhão de cimento à minha frente, indo bem <u>devagar</u>, e dois carros entre eu e o caminhão de cimento. Mais ou menos na mesma hora, devido a uma obra, começamos a nos aproximar de um sinal luminoso, indicando que deveríamos nos mover para a pista da esquerda, já que a estrada de duas pistas estava para se tornar de uma pista apenas. Então, é claro, um dos carros à minha frente passou para a pista da esquerda, para ultrapassar o caminhão de cimento e para não ficar <u>preso</u> atrás dele. O outro carro não saiu. Ficou <u>atrás</u> do caminhão de cimento. Então, comecei a passar para a pista da esquerda a fim de ultrapassar. Mas, no último instante, o carro entre o meu e o caminhão decidiu também ultrapassar e, então, passou bem à minha frente, o que me fez <u>pisar fortemente nos freios</u>. Comecei a <u>xingar</u> e disse a mim mesmo: "<u>Olhe por onde anda!</u> Você vai nos <u>matar!</u>"

Então, o <u>estranho</u> foi que, conforme ultrapassava o caminhão, a motorista <u>diminuiu</u> para a mesma velocidade que ele estava. Fiquei <u>encurralado</u>. E ela decidiu não ultrapassar. Em vez disso, deixou que o caminhão fosse <u>à sua frente</u>! Ele estava a uma velocidade de aproximadamente 70 quilômetros por hora, em uma zona de 100 quilômetros por hora. Então, o caminhão estava à nossa frente em uma pista única. Eu fiquei com muita <u>raiva</u> porque sentia que iria me <u>atrasar</u>, com uma motorista à minha frente que era totalmente <u>louca</u>, <u>burra</u> e <u>idiota</u>, e que iria <u>causar um acidente</u>. Fiquei muito <u>impaciente</u>. Algumas vezes costumo ser impaciente em minha vida, e na rodovia é onde isso mais aparece. Fiquei <u>irado</u> porque sabia que iríamos <u>nos arrastar</u> pelos próximos dez minutos, antes que a estrada tornasse a ter duas pistas, e eu iria me <u>atrasar</u>.

Finalmente, a estrada voltou a ter duas pistas e o caminhão de cimento passou para a pista da direita. Mas aí a motorista <u>vagarosamente</u> decidiu ficar na minha <u>frente</u>, na pista da esquerda, e ainda <u>mantendo o ritmo</u> do caminhão na pista da direita. Eu não podia passar e estávamos todos a 80 quilômetros por hora, em uma zona de 120 quilômetros por hora. Pensei: "O que está acontecendo? Talvez ela esteja doente ou algo parecido". Então, buzinei. Sem resposta. Comecei a chegar mais perto de seu carro, me aproximando muito de seu para-choque. Ela apenas me ignorou. Estava infringindo a lei por não ceder a vez. Outros carros faziam fila atrás de mim. Eu pensava: "Você é uma idiota, completamente insensível. E se eu ou alguém mais tivesse uma emergência? E se eu ou alguém precisasse ir ao hospital?". Senti-me como uma vítima total. Com o carro à minha frente controlando tiranicamente a situação, senti como se quisesse matá-la e fiquei irado. Escalou de uma pequena irritação para o sentimento de que, se eu tivesse uma arma, teria atirado em seus pneus!

Eu estava encarando tudo muito pessoalmente. Os carros atrás de mim não importavam — eu não podia passar. Não era uma pessoa mais velha. Ela parecia bem jovem, e pessoas jovens geralmente correm e não se arrastam. Ela estava brincando comigo. Não havia outra explicação. Finalmente, ela cedeu a vez, bem vagarosamente. Apenas quando me deixou passar, pude olhá-la melhor. Ela parecia ter por volta de 19 anos e estava rindo de mim. Fiquei com muita raiva. Quase fiz um gesto malcriado. Mas pensei: "Não, não, controle-se. Não vale a pena".

Então minha saída chegou e deixei a estrada. Eu estava tentando me acalmar. Havia algo de uma testemunha ali mas, no calor do momento, eu não possuía qualquer testemunha. Senti-me muito desamparado e impotente porque não havia nada que eu pudesse fazer. Indignação. Impaciência. Raiva. Fúria. Instinto assassino. Tudo veio à tona em dez minutos. Foi tudo muito estranho, também. As pessoas não costumam se comportar daquela maneira.

Eu não me atrasei, mas fiquei com muita raiva pelo fato de alguém me manipular propositadamente e me fazer andar devagar daquela forma. Que babaca. Ela estava controlando toda a situação. Eu tinha muito calor em meu corpo como resultado do incidente, uma sensação de formigamento. Senti-me realmente tenso, e levou cerca de meia hora para eu me acalmar. Ainda estava fervendo quando cheguei em casa. Não pude descarregar os sentimentos. Queria descarregá-los nela, fazer com que soubesse o que eu realmente pensava, mas é claro que ela não estava disponível. Finalmente pude me acalmar e neutralizar, mas levou muito tempo até que pudesse liberar e perdoá-la. Minha reação foi extrema. Em vez de estar calmo, explodi. Geralmente lido com coisas assim de forma muito mais adequada.

QUARTO PASSO – FAÇA UMA LISTA DAS FRASES E PALAVRAS TEMÁTICAS

Lembre-se, é importante que você escolha suas palavras temáticas baseado em sua própria intuição e naquilo que possui carga para você. Talvez não tivesse escolhido as mesmas palavras que Paul. Você deve fazer o que sente que funciona melhor para você mesmo.

Durante o curso da experiência, Paul andou em círculos por um certo número de estados mentais e viu a outra pessoa na história fazendo o mesmo. Esses estados mentais devem ser todos sublinhados na versão escrita da história. Então, em outra folha de papel em branco, reescreva todas as palavras sublinhadas da história, fazendo com elas uma coluna no lado esquerdo da página. Dessa forma, você estará isolando todos os estados mentais da história – os seus e os da outra pessoa. Geralmente são todos negativos, mas se houver estados positivos, escreva-os também. Você deve gerar uma lista tão longa quanto possível. Para torná-la o mais longa possível, deve adentrar todos os detalhes sutis. Lembre-se de ser realmente extravagante com o papel. Não tente economizar. Escreva tudo o que for possível. Quanto mais palavras, maior será a ruptura. Geralmente, quando se escreve essas listas, elas acabam cobrindo algumas páginas. Você pode retirar listas bem longas de uma história. Quanto mais longa, melhor.

Uma vez entendido como funciona o processamento, não é mais necessário escrever a história. Você pode ir direto para a lista de palavras.

LISTA EXEMPLO DE FRASES E PALAVRAS TEMÁTICAS

Aqui se encontra a lista de frases e palavras que Paul extraiu de sua história. Observe como a história era curta e quantas palavras ele tirou dela.

PRESSA

TEMPO EXTRA

NÃO MUITO CHEIA

DEVAGAR

PRESO

ATRÁS

PISAR FORTEMENTE NOS FREIOS

XINGAR

OLHE POR ONDE ANDA!

MATAR

ESTRANHO

DIMINUIU

ENCURRALADO

SUA FRENTE

RAIVA

ATRASAR

LOUCA

BURRA

IDIOTA

CAUSAR UM ACIDENTE

IMPACIENTE

IRADO

NOS ARRASTAR

ATRASAR

VAGAROSAMENTE

FRENTE

MANTENDO O RITMO

DOENTE

SEM RESPOSTA

CHEGAR MAIS PERTO DE SEU CARRO

IGNOROU

INFRINGINDO A LEI

NÃO CEDER A VEZ

IDIOTA

INSENSÍVEL

EMERGÊNCIA

VÍTIMA

CONTROLANDO TIRANICAMENTE

MATÁ-LA

IRADO

PEQUENA IRRITAÇÃO

ATIRADO EM SEUS PNEUS

PESSOALMENTE

EU

MAIS VELHA

JOVEM
CORREM
BRINCANDO COMIGO
BEM VAGAROSAMENTE
RINDO DE MIM
RAIVA
FIZ UM GESTO MALCRIADO
CONTROLE-SE
NÃO VALE A PENA
ACALMAR
TESTEMUNHA
CALOR DO MOMENTO
DESAMPARADO
IMPOTENTE
NADA QUE EU PUDESSE FAZER
INDIGNAÇÃO
IMPACIÊNCIA
RAIVA
FÚRIA
INSTINTO ASSASSINO
ESTRANHO
RAIVA
MANIPULAR PROPOSITADAMENTE
ME FAZER ANDAR DEVAGAR
BABACA
CONTROLANDO
CALOR
FORMIGAMENTO
TENSO
ACALMAR
FERVENDO
EM CASA
NÃO PUDE DESCARREGAR
SOUBESSE O QUE EU REALMENTE PENSAVA
DISPONÍVEL
ACALMAR

NEUTRALIZAR
MUITO TEMPO
LIBERAR
PERDOÁ-LA
REAÇÃO EXTREMA
CALMO
EXPLODI
MUITO MAIS ADEQUADA

Mais palavras e frases

Algumas vezes, enquanto se escolhem as palavras, elas acabam por lembrar-lhe outras que poderiam ser adicionadas à sua lista. Pode haver palavras relacionadas ao incidente que você não havia mencionado em sua narrativa original. Adicione-as à lista, mesmo que não estivessem em sua história original e mesmo que tenha pensado nelas mais tarde. Quanto mais detalhada a sua lista, maiores são as chances de bons resultados com essa técnica. É importante encontrar todos os detalhes sutis de seus sentimentos. Realmente aprofunde sua busca para compreender a situação que está processando. Lembre-se de perguntar a si mesmo: "Como isso me fez/faz *sentir?*" Nada é tão irrelevante para deixar de ser incluído na lista.

Por exemplo, se você apenas tiver a palavra raiva em sua página, procure saber de que é feita essa raiva. Raiva, em verdade, é uma palavra composta que descreve uma grande gama de diferentes frequências, e pode ser que você encontre aspectos como *ódio, violência, ira, explosão, domínio, vingança, despeito*. Utilize um dicionário de sinônimos, se precisar, e tente isolar todos os detalhes sutis de energia contidos na situação. Cada palavra representa uma frequência vibratória, que preenche a situação com maior clareza. Quanto mais preenchida estiver, maior será a ruptura e mais palpável será a sua mudança.

Aqui estão os pensamentos posteriores de Paul e as palavras que ele adicionou à lista.

Dei-me conta de que, quando ela posicionou seu carro em frente ao meu, entrei em total estado de <u>choque</u>. Foi muito <u>súbito</u>, <u>inesperado</u> e <u>amedrontador</u>. Meu corpo estava cheio de adrenalina e <u>medo</u>. Também, após ter chegado em casa, recobrado de minha <u>ira</u> e me <u>acalmado</u>, dei-me conta da <u>vergonha</u> que sentia em relação à maneira pela qual reagi. Senti-me de certa forma <u>humilhado</u>, percebendo que um incidente tão <u>bobo</u> sugou o <u>melhor de mim</u>. Eu também me senti muito <u>confuso</u> sobre o motivo de ter-me enraivecido tanto por uma brincadeira tão boba daquela menina. Eu <u>não compreendo</u> o que aconteceu.

CHOQUE
SÚBITO
INESPERADO
AMEDRONTADOR
MEDO
IRA
ACALMADO
VERGONHA
HUMILHADO
BOBO
MELHOR DE MIM
CONFUSO
NÃO COMPREENDO

QUINTO PASSO – ENCONTRE OS OPOSTOS

Agora encontre os opostos das palavras em sua lista de palavras temáticas. Crie uma coluna dos antônimos (opostos) no lado direito da página. Algumas vezes pode ocorrer de você não conseguir achar os opostos de algumas palavras. Isso ocorre porque eles encontram-se presos no inconsciente. Para essas situações, utilize um dicionário de sinônimos e antônimos, que você pode adquirir em qualquer livraria. Esse não é um dicionário comum, mas sim um que contenha antônimos. Esse tipo de dicionário é de extrema valia para esse trabalho. De fato, é quase essencial porque ajuda a revelar seu inconsciente, dando-lhe palavras que não teria imaginado sozinho, o que é o ponto principal do trabalho.

Você perceberá que algumas vezes existe mais de uma palavra possível como oposto de determinada palavra. Uma palavra pode ter opostos diferentes, dependendo do significado que possua em determinado caso. Por exemplo, algumas vezes AMOR pode ter como oposto ÓDIO e, outras vezes, pode ter como oposto MEDO. Dependendo, então, da temática de sua história, os opostos talvez nem sempre sejam os mesmos. Você pode escrever ambos os pares de opostos ou escolher aquele que funciona melhor para você.

Se perceber que determinada palavra aparece mais de uma vez na história, pode ser que possua diferentes significados em partes diversas da história, fazendo surgir também diferentes opostos. Ou mesmo se ela se repete muito, talvez seja uma temática muito forte na história, algo que você irá querer anotar para examinar e processar mais a fundo.

Esse trabalho realmente desenvolve seu vocabulário, assim como a capacidade para descrever seus estados mentais e sentimentos. Você é constantemente lembrado daquilo que está ocorrendo em seu inconsciente. É uma maneira surpreendente e poderosa de observação do inconsciente. Quando se pode ver o oposto inconsciente, isso *surpreende* de forma sutil. De alguma forma, você imediatamente acorda para uma perspectiva maior.

Quando encontra o pedaço inconsciente escondido – algumas vezes uma simples palavra – que tem mantido todo um padrão de comportamento preso a você, é uma revelação que lhe possibilita expandir e ver muito mais de si mesmo. Você tem um *insight* não apenas quando revela o lado escondido da personalidade, mas também no componente adicionado de conexão mais profunda com sua alma. Você se vê abrindo-se para o vasto depósito de seu próprio poder, que se encontrava dormente até que o inconsciente fosse tornado consciente. A sabedoria, o centramento no coração, a compaixão e a testemunha neutra começam a estabelecer-se em sua consciência. *Insights* em direção a uma perspectiva mais profunda de vida despertam em seu interior.

EXEMPLO DE FRASES E PALAVRAS TEMÁTICAS COM SEUS OPOSTOS
Aqui está a aparência do papel de Paul após ter encontrado todos os opostos.

PRESSA	DESACELERAR
TEMPO EXTRA	SEM TEMPO
NÃO MUITO CHEIA	CHEIA
DEVAGAR	RÁPIDO
PRESO	LIVRE
ATRÁS	EM FRENTE
PISAR FORTEMENTE NOS FREIOS	"PÉ NA TÁBUA"
XINGAR	ABENÇOAR

OLHE POR ONDE ANDA!	OLHE POR ONDE EU ANDO!
MATAR	SALVAR
ESTRANHO	COMUM, NORMAL
DIMINUIU	ACELEROU
ENCURRALADO	LIVRE
SUA FRENTE	ATRÁS
RAIVA	FELICIDADE
ATRASAR	CHEGAR CEDO
LOUCA	SÃ
BURRA	BRILHANTE
IDIOTA	ESPERTA
CAUSAR UM ACIDENTE	DIRIGIR COM SEGURANÇA
IMPACIENTE	PACIENTE
IRADO	TRANQUILO
NOS ARRASTAR	VOAR
ATRASAR	SER PONTUAL
VAGAROSAMENTE	RAPIDAMENTE
FRENTE	TRÁS
MANTENDO O RITMO	MOLE
DOENTE	SAUDÁVEL
SEM RESPOSTA	COM RESPOSTA
CHEGAR MAIS PERTO DE SEU CARRO	MANTER DISTÂNCIA
IGNOROU	RECONHECEU
INFRINGINDO A LEI	OBEDECENDO À LEI
NÃO CEDER A VEZ	CEDER A VEZ
IDIOTA INSENSÍVEL	SER SENSÍVEL
EMERGÊNCIA	SEM INCIDENTE
VÍTIMA	TIRANO
CONTROLANDO TIRANICAMENTE	FORA DO CONTROLE
MATÁ-LA	APOIÁ-LA
IRADO	PACÍFICO
PEQUENA IRRITAÇÃO	ENORME DOR
ATIRADO EM SEUS PNEUS	PERDOADO
PESSOALMENTE	IMPESSOALMENTE
EU	ELA

MAIS VELHA	MAIS JOVEM
JOVEM	VELHA
CORREM	ARRASTAM-SE
BRINCANDO COMIGO	RESPEITANDO-ME
BEM VAGAROSAMENTE	LEVANDO EM CONTA O MEU TEMPO
RINDO DE MIM	RESPEITANDO-ME
RAIVA	CALMA
FIZ UM GESTO MALCRIADO	MANDEI-LHE UM BEIJO
CONTROLE-SE	MERGULHE IMPULSIVAMENTE
NÃO VALE A PENA	VALE A PENA
ACALMAR	AGITAR-SE
TESTEMUNHA	REATIVO
CALOR DO MOMENTO	RETROSPECTIVAMENTE
DESAMPARADO	CAPAZ
IMPOTENTE	PODEROSO
NADA QUE EU PUDESSE FAZER	SOB CONTROLE
INDIGNAÇÃO	IMPERTURBABILIDADE
IMPACIENTE	PACIENTE
RAIVA	DELEITE
FÚRIA	CALMA
INSTINTO ASSASSINO	PRESERVADOR
ESTRANHO	NORMAL
RAIVA	PAZ
MANIPULAR	EM CONTROLAR
PROPOSITADAMENTE	ACIDENTALMENTE
ME FAZER ANDAR DEVAGAR	DEIXAR-ME PASSAR
BABACA	ALIVIADO
CONTROLANDO	FORA DE CONTROLE
CALOR	FRIO
FORMIGAMENTO	SUAVIDADE
TENSO	EXPANDIDO
ACALMAR	AGITAR
FERVENDO	EM PAZ
EM CASA	SELVA PERIGOSA NA ESTRADA
NÃO PODER DESCARREGAR	DEIXAR IR

SOUBESSE O QUE EU REALMENTE PENSAVA	REAÇÃO REPRIMIDA
DISPONÍVEL	NÃO DISPONÍVEL
ACALMAR	EXCITAR
NEUTRALIZAR	FICAR ANSIOSO
MUITO TEMPO	POUCO TEMPO
LIBERAR	PRENDER-SE
PERDOÁ-LA	VINGAR-SE
REAÇÃO EXTREMA	SEM REAÇÃO
CALMO	IRRITADO
EXPLODI	CONTI-ME
MAIS ADEQUADA	PIOR
CHOQUE	SEDATIVO
SÚBITO	GRADUAL
INESPERADO	ESPERADO
AMEDRONTADOR	PRAZEROSO
MEDO	SEM MEDO
IRA	SERENIDADE
ACALMADO	TOMADO POR EXPLOSÃO
VERGONHA	ORGULHO
HUMILHADO	DESDENHOSO
BOBO	SÉRIO
MELHOR DE MIM	PIOR DE MIM
CONFUSO	CLARO
NÃO COMPREENDO	COMPREENDO

Você pôde perceber como uma palavra como *raiva*, repetida muitas vezes, pode ter um oposto diferente a cada vez? Paul utilizou *felicidade*, *calma*, *deleite* e *paz* como opostos. Lembre-se de que é adequado incluir palavras repetidas em sua lista. Isso geralmente indica que esse é um tema principal em seu processo corrente, que você deve examinar em detalhes. Para Paul, *raiva* e *controle* são algumas das palavras mencionadas com frequência.

Lembre-se de que temos ambos os lados da lista dentro de nós.

SEXTO PASSO – OFEREÇA COM UMA PRECE

Quando você tiver completado sua lista, encontrando todos os opostos e sentindo que esvaziou tudo, ofereça-a ao Espírito. Isso você faz com uma prece. Você pede à consciência superior que leve esses estados desequilibrados da mente, que ocupam seu ser naquele momento, conduzindo para o equilíbrio, para que aconteça a clareza e um novo nível de visão. Então lembre-se apenas de dizer "obrigado", e confie plenamente de que será feito.

Aqui encontra-se o tipo de oração que poderá fazer:

> **PRECE**
> *Ó Eternidade, por favor leve todos os estados mentais desequilibrados deste padrão, equilibrando-os e clareando-os. Faça isso para que eu possa ver com maior clareza e encontrar meu caminho de casa com maior facilidade.*
> *Eu agradeço sabendo que isso será feito*

Você pode escrever sua própria versão da prece. Inicialmente, é melhor dizer a oração em voz alta ou interiormente, porque ela se encontra no espírito daquilo que está buscando. É importante ser objetivo e agir com reverência no início, até que o espírito da oração esteja em seu interior e funcione automaticamente. Após algum tempo, apenas precisará manter o nível de sentimento da prece por um momento (de entrega e gratidão), em vez de verbalizá-la em sua totalidade. A mudança acontece. A prece funciona.

> *A prece funciona porque sempre que se encontra tanto o aspecto consciente quanto o inconsciente de qualquer situação, pedindo ao Espírito que os leve e os equilibre você vivenciará uma liberação de sua programação egoica.*

Foi assim que Paul escolheu oferecer sua oração: "Divina Mãe, Pai, Deus, eu ofereço essas polaridades, esses desequilíbrios. Eu peço que os leve de mim. Por favor, me traga para a posição da testemunha neutra, para o desapego. Ofereço especialmente a polaridade *controle* e *fora de controle* e oro pela liberação desse desequilíbrio. Ofereço tudo e oro por graça. Confio que as mudanças serão feitas para mim. Eu agradeço e ofereço gratidão. Amém.".

SÉTIMO PASSO – ESPERE POR GRAÇA

Espere alguns minutos. Lave alguns pratos ou prepare uma xícara de chá. Quando a graça vier, você poderá sentir uma mudança em seu corpo físico ou em seu corpo sutil. Ou talvez algumas emoções passem por você. Ou você comece subitamente a obter *insights*. Pode ser que, naquela noite, você tenha um sonho significativo. Ou ainda talvez, no próximo dia, você tenha uma experiência de forte significado. Algumas vezes virá na forma de um amigo ou mentor, compartilhando informação que você ache relevante. Qualquer uma dessas experiências tornar-se-á mais comum porque a camada que pôs no papel foi levantada e você está vendo a próxima camada. O Espírito retirará um véu e, subitamente, você poderá ver um nível mais profundo da estrutura.

Se não sentir a mudança ocorrendo, não importa. Pode ser que não sinta nas primeiras vezes em que fizer as listas. Uma mudança definitivamente ocorrerá, mas talvez você não a reconheça. Essa é uma coisa engraçada no que se refere à mudança na consciência. Nem sempre a pessoa pode vê-la. Porque ficamos identificados com o estado no qual estamos em dado momento, simplesmente fluímos com a mudança, sem reconhecer a sutileza do que aconteceu. Através da prática e de uma testemunha forte torna-se mais claro para nós que a consciência está mudando.

Lembre-se de que o motivo pelo qual o processo deve ser repetido, vez após vez, é porque a personalidade se estrutura como as camadas de uma cebola. Descasque um pouco e há mais por baixo. Você pensará consigo mesmo: "Eu sei que fiz essa antes! Eu sei que já processei isso!" Mas precisa continuar refazendo até que isso se firme em você.

É importante lembrar que, após ter definido completamente o assunto
e o ter oferecido, o que você quer é que não precise fazer absolutamente nada.
Entregue o assunto ao Espírito.

Relaxe, libere e permita que a integração dos dois lados ocorra. Acontecerá. É milagroso o fato de você não ter de continuar a analisar tudo e desesperadamente tentar se mudar. Você apenas libera ambos os lados da lista. Essa é uma maneira muito rápida para facilitar a mudança. A maioria das pessoas acha mais rápido do que qualquer outro tipo de terapia.

Então ofereça e deixe acontecer. À medida que fizer isso inúmeras vezes, você descobrirá que menos coisas em sua vida o aborrecerão. Perceberá que pode ver quais são os lados opostos logo que os incidentes ocorrem. De fato, quando estiver realmente bom nisso, não terá que escrever a narrativa. Poderá ir direto à lista de palavras. Por exemplo, pode ser que um dia você esteja dirigindo seu carro e seja fechado por outro carro no trânsito, e então apenas ficará sentado ali pensando: "Eu sinto RAIVA... o oposto é CALMA". A escrita torna-se redundante, uma vez que você realmente saiba como fazer a técnica. Você então oferecerá os sentimentos voláteis, que serão liberados. Utilizará a escrita de narrativas e listas apenas quando tiver uma situação complexa que não possa decifrar.

REVISÃO
Os passos da técnica de processamento de polaridades.
1. Escolha uma experiência.
2. Escreva uma descrição da experiência.
3. Sublinhe as frases e palavras temáticas.
4. Faça uma lista das frases e palavras temáticas.
5. Encontre os opostos.
6. Ofereça com uma prece.
7. Espere por graça.

PRECE

Ó Eternidade, por favor leve todos os estados mentais desequilibrados deste padrão, equilibrando-os e clareando-os. Faça isso para que eu possa ver com maior clareza e encontrar meu caminho de casa com maior facilidade.
Eu agradeço, sabendo que isso será feito.

SUGESTÕES PARA TRANSFORMAR A TEORIA EM PRÁTICA
1. Arrume um diário, a ser utilizado exclusivamente para o processamento.
2. Escolha uma história recente de sua vida para processar. Não se preocupe muito em escolher a história certa para processar; começar é a coisa mais importante.
3. Escolha outra história, dessa vez de sua infância, para processar.

4. Tente sentir em sua mente, emoções e corpo, quando ocorre uma mudança em você. Aconteceu durante a produção inicial da lista? Quando você a ofereceu? Enquanto encontrava um oposto em particular? Tente estar consciente do que acontece durante o exercício, apesar de as mudanças poderem ser bem sutis.
5. Se não sentiu qualquer tipo de clareza crescente ou senso de mudança em si mesmo como resultado (ao completar o exercício), faça a si mesmo as seguintes perguntas:
    * Você utilizou bastantes palavras descritivas em sua narrativa? (Pode ser que precise utilizar um dicionário de sinônimos).
    * Lembrou-se de cavar bem fundo em seu interior, sempre perguntando: "Como isso me fez sentir?". (Talvez queira utilizar um gravador para contar a sua história de forma mais emocional, em vez de escrevê-la).
    * Esvaziou completamente sua mente no caderno ou ainda há mais em sua história?
    * Gastou tempo encontrando todos os opostos certos? (Pode utilizar um dicionário de sinônimos e antônimos para ajudá-lo).
    * Ofereceu a história e as listas com sinceridade e empenho?
    * Realmente liberou, deixando que a graça assuma, ou será que o "fazedor" está tentando analisar e fazer com que a mudança ocorra? (Lembre-se de, após ter feito a oração, *confiar* e *renunciar* ao *controle* em prol da consciência superior. Talvez esse seja o maior entrave para a maioria das pessoas. Não se preocupe; aprender a renunciar ao "fazedor" é algo que se desenvolve naturalmente com o tempo.)
    * Fez a oração e pediu mais ajuda para que lhe seja mostrado onde você se encontra preso e inconsciente? (Esteja aberto para receber respostas advindas de *qualquer lugar* e de *qualquer um*).
    * Talvez não tenha percebido a mudança (Lembre-se de que isso é normal e é muito natural no início.)
6. Antes de seguir para o próximo capítulo, tire por volta de uma semana para realmente praticar e digerir a técnica de polaridades apresentada neste capítulo.

TESTEMUNHO ♦ ENTREGA

Eu morava em Los Angeles e nada parecia estar indo bem. Acabei por me dar conta, muito mais tarde, de que o Espírito estava me dizendo para sair de Los Angeles e estava me empurrando porta afora. Arrumei um emprego em Seattle, sem conhecer ninguém lá e apenas uma pessoa em todo o Estado. O trabalho acabou sendo meu pior pesadelo; minha chefe e eu nos odiávamos. Após dois meses ela me demitiu. Então lá estava eu sem emprego e sem dinheiro.

Sentei-me, movi-me para o observador neutro e perguntei o motivo de tudo isso. Não havia pânico e ouvi bem lá no fundo que tudo estaria bem. Escrevi algumas listas longas de polaridades e fiz alguns quadrados para dissipar energia a respeito de fracasso/sucesso, pobreza/riqueza, rejeição/aceitação, só/com amigos, emprego pesadelo/emprego dos meus sonhos etc.

Eu apenas tinha alguns dólares e tive vontade de desistir, mas, em vez disso, confiei que a graça estava organizando as coisas para mim em algum outro nível. Aproximadamente duas semanas mais tarde, logo na época em que meu aluguel vencia, recebi um cheque inesperado do governo, pelo correio, que me sustentou por aquele mês. O processamento estava funcionando, e então continuei, fazendo longas listas, quadrados e oferecendo-os como sentia que devia fazer. Três semanas depois encontrei um emprego fantástico. Descobri mais tarde que minha chefe, assim como a chefe dela, ambas possuíam uma orientação espiritual muito forte. Eu podia definitivamente ver a correlação entre as mudanças ocorrendo no mundo externo e o processamento que eu estava fazendo. Eu manifestava as mudanças que tanto almejava em minha vida externa, equilibrando e limpando a minha vida interna.

Isso foi há quase seis anos e ainda estou no mesmo emprego, que é o melhor que já tive. Alguns meses depois, após processamento contínuo, encontrei uma mulher maravilhosa e já estamos juntos há mais de cinco anos. Quando aparecem situações difíceis, o que aprendi a fazer é mover-me para o observador neutro, olhá-las como se eu estivesse olhando para outra pessoa, perguntar o que realmente está acontecendo, e geralmente a situação se torna clara. Fazer as listas de polaridades e confiar na graça para as mudanças é para mim surpreendentemente mágico. Realmente funciona.

*O Grande Caminho não é difícil
para aqueles que não possuem preferências.
Quando amor e ódio estiverem ambos ausentes,
tudo torna-se claro e desvendado.
Faça-se a menor distinção, no entanto,
e o céu e a terra serão separados infinitamente.*

– Sengtsan, Terceiro Patriarca Zen

DEZ

TRIÂNGULOS

Antes de ler este capítulo é melhor certificar-se de que teve tempo suficiente para digerir e praticar a técnica de processamento de polaridades, apresentada no Capítulo 9 – Polaridades, pois a técnica de triângulos é construída a partir da informação apresentada ali. A técnica de triângulos ajuda a estabelecer mudanças significativas e a purificar as emoções. Reconciliamos as polaridades desequilibradas e movemo-nos para um estado emocional integrado. Fazendo os triângulos, ajudamos a graça divina com a ascensão da consciência em direção ao estado unificado.

PRIMEIRO PASSO – ESCOLHA UMA POLARIDADE

Para fazer um triângulo, primeiro escolha uma polaridade que possua grande carga para você, algum aspecto de sua padronização que sente que quer trabalhar mais profundamente. Um exemplo pode ser uma certa polaridade que se repita na história que escreveu no exercício anterior. Quando tiver uma polaridade para trabalhar, escreva-a nos dois pontos de baixo de um triângulo, nas extremidades da base.

SEGUNDO PASSO – ENCONTRE O EQUILÍBRIO DE ASCENSÃO

Tente encontrar uma palavra que para você reconcilie a polaridade, uma palavra que traga à polaridade equilíbrio e harmonia. Escreva essa palavra no topo do triângulo. Quando encontra a palavra certa, você se move mais para seu coração. Chamamos isso de *equilíbrio de ascensão*.

Nem sempre é fácil encontrar o estado de ascensão, pois ao mesmo tempo que você descobre o que jaz no topo, também precisa reorganizar suas percepções interiores e tornar-se consciente de emoções e estados mentais centrados no coração. O desafio com triângulos é você utilizar sua mente consciente para encontrar o estado de equilíbrio de ascensão, enquanto na técnica dos opostos simplesmente pedimos à graça que reconcilie as polaridades e institua o estado de equilíbrio. A técnica dos opostos demanda que você peça à graça que reconcilie a polaridade, e isso significa que a graça institui o equilíbrio de ascensão. Você precisa mudar para poder encontrar o equilíbrio de ascensão. Algumas pessoas que utilizam muito os opostos costumam encontrar dificuldades, no início, com a técnica de triângulos. Isso ocorre porque, ao se encontrar o estado de equilíbrio de ascensão, é necessário haver um despertar consciente do coração, das emoções integradas. Após ter feito um pouco de trabalho com os opostos, a graça unifica as polaridades e as posiciona em um estado mais elevado, possibilitando ao indivíduo encontrar com maior facilidade o equilíbrio de ascensão.

OS ESTADOS DE EQUILÍBRIO DE ASCENSÃO

Os estados de equilíbrio de ascensão são estados emocionais clareados. São estados centrados no coração e um tanto incomuns neste mundo. Aqui encontra-se uma lista de muitos deles. *Sinta* como eles refletem um nível raro de equilíbrio, estabilidade e maturidade.

Pode ser que você ache útil escrever essa lista na capa interior de seu diário. Ela se torna uma boa referência quando estiver fazendo triângulos e servirá como mapa em sua viagem em direção ao estado de ascensão.

ACEITAÇÃO	INOFENSIVIDADE
SINTONIA	HARMONIA
EQUILÍBRIO	HUMILDADE
BEM-AVENTURANÇA (ANANDA)	IMPECABILIDADE
CLAREZA	DELEITE
COMPAIXÃO	LEALDADE
DESAPEGO	NEUTRALIDADE
DEVOÇÃO	PACIÊNCIA
DHARMA	PUREZA
DISCERNIMENTO	SERENIDADE

IGUALDADE	SAMADHI
EQUANIMIDADE	ALTRUÍSMO
ETERNIDADE	ENTREGA
FÉ	TOLERÂNCIA
FLUXO	CONFIANÇA
PERDÃO	VERDADE
GENEROSIDADE	AMOR INCONDICIONAL
GRAÇA	UNIDADE
GRATIDÃO	SABEDORIA

TERCEIRO PASSO – OFEREÇA E ESPERE POR GRAÇA

Quando você tiver encontrado uma palavra de equilíbrio de ascensão, formule uma intenção de vivenciar a experiência desse estado e/ou ore para que tenha a experiência. Dessa forma você convida sua polaridade para a integração no equilíbrio de ascensão, além de pedir que sua consciência seja elevada. Você pode ajudar e participar nesse processo, silenciosamente, meditando enquanto oferece:

1. visualizando sua consciência como um fluxo de energia luminosa ascendendo através de seu corpo;
2. sentindo o movimento através do corpo e dos chacras. Essa ascensão de consciência no corpo e nos chacras será discutida posteriormente, em mais detalhes, neste próprio capítulo. Através da prática das técnicas de processamento, você se torna mais sensível e consciente desse fluxo de energia e desenvolverá a capacidade para vivenciar esse acontecimento em seu corpo.

Assim como com as polaridades e com os quadrados, ofereça o seu processo e espere por graça divina. Na prece, você pode pedir que seja instituído o estado de equilíbrio de ascensão como novo estado de consciência em lugar da velha e polarizada consciência. Por exemplo, em uma prece de oferecimento você pode pedir: "No lugar do velho desequilíbrio de AMOR e ÓDIO, eu peço que seja instituído um novo estado de COMPAIXÃO. Eu peço que ele seja trazido mais para o meu coração, para que eu possa conhecer a COMPAIXÃO, em vez de estar tão fortemente polarizado no caminho dualístico de AMOR-ÓDIO".

Se você não conseguir encontrar a palavra de equilíbrio de ascensão, funciona oferecer apenas a polaridade. De fato, se você puder estar em um estado de inocência e ignorância quando fizer o seu oferecimento, estará em um estado de humildade. Pode dizer: "Por favor, traga-me ao local do equilíbrio de ascensão, qualquer que seja, porque eu não sei qual é esse estado. Por favor, mostre-o". Você pede que seja instituído esse novo local, e que a compreensão venha através do sentir e do vivenciá-lo.

Pedindo que sejamos movidos para o coração, e vivendo a partir do coração em vez de estarmos presos na polaridade, ascendemos e nos equilibramos – vivemos no ponto de imobilidade.

ALGUNS EXEMPLOS

Examinar exemplos pode ser a melhor maneira de compreender como funcionam os triângulos. Existem muitos neste capítulo. Para trazer à tona a palavra de equilíbrio de ascensão, você precisa sentir o seu caminho até ela. É um exercício muito intuitivo e orientado para o sentir. Especialmente no início, enquanto estiver aprendendo a técnica, uma maneira excelente de encontrar o equilíbrio de ascensão para seu triângulo é consultar a lista de palavras comumente utilizadas como estados de equilíbrio, que fornecemos anteriormente.

EXEMPLO UM – PODER E IMPOTÊNCIA

Tomemos PODER e IMPOTÊNCIA como uma polaridade exemplo para aplicarmos a técnica do triângulo. Essa é uma grande polaridade para todos. Se *poder* estiver em um dos pontos inferiores e *impotência* no outro, o que estaria no topo? Você pode adivinhar? Talvez HUMILDADE? Você precisa praticar e ter um pouco de experiência para descobrir isso. O poder e a impotência lutam um com o outro. Quando surge a humildade, a batalha tem fim. A humildade é um estado de aceitação de si mesmo e dos outros. É um estado que abrange ambos os lados. Um outro exemplo de palavra de equilíbrio de ascensão é ENTREGA. A entrega significa que você está desistindo da força de vontade separada, a força de vontade do eu limitado, pequeno, em favor de Deus. Está reconhecendo para a consciência superior que você terminou os jogos de poder do sistema separado, e que deseja galgar a uma forma mais integrada e equilibrada de poder. Abre mão da ilusão de ambos, poder e impotência. Em um estado de "humildade" ou de "entrega", você encontra o verdadeiro poder e não o tipo de poder limitado e polarizado, que se encontra sempre em desequilíbrio com a impotência. A Figura 10.1 mostra como sua página de diário ficaria nesse exemplo.

Poder–impotência é um nível muito básico e profundo da estrutura egoica. Isso o torna um exemplo desafiador para se encontrar o equilíbrio de ascensão, porque aspectos da padronização podem estar enterrados profundamente no inconsciente. Existem muitas subcategorias de poder e impotência. Daremos uma olhada em uma delas e veremos se configura um exemplo mais fácil.

Se tomássemos a polaridade AUTOESTIMA e DESVALORIZAÇÃO (uma outra maneira de dizermos poder e impotência), então talvez pudéssemos obter uma melhor noção de que HUMILDADE poderia estar no topo do triângulo (Figura 10.2).

A humildade é a ausência de julgamento em relação a si mesmo e aos outros. Na humildade não nos entregamos ao sentimento de desvalorização, nem ao sentimento de autoimportância. Humildade não é resignação, que implica um tipo de fraqueza no fato de ser humilde. Encontramos o verdadeiro poder interior no estado de humildade, pois ele é um alinhamento com a consciência superior.

Figura 10.1

Figura 10.2

Conforme o diagrama mostrado na página 121 da Parte Um, os dois lados de um par de opostos criam o efeito de um pêndulo. A consciência oscila entre os dois lados. É a oscilação entre os dois lados que causa o sofrimento na vida. Deixando que o sentimento de insegurança... e segurança... e insegurança... e segurança passe através de você, esse é o estado de humildade. É um estado de ausência de rebeldia, de não esforço de vontade, um estado de aceitação, de serenidade na mente e nas emoções. Ele advém do desapego e a partir da visão de que tudo está perfeito do jeito que está.

Comumente você pode pensar: "Eu gosto de sentir a autoestima. Por que não? O que há de errado nisso?". Não é errado. Não é esse o problema. O problema é que pode ser um estado de polarização, e se você anseia por sentir a autoestima de forma desequilibrada, precisa lidar com o seu oposto, desvalorização, pelo menos por alguma parte de tempo. A humildade é um estado mais equilibrado. Ela é sutil porque vê uma figura maior do que o bem e o mal, o certo e o errado, o importante e o sem importância. Podemos sentir a autoestima a partir do estado de humildade; apenas não estaremos tão apegados a ela e nem tão desesperados por ela. Da posição da humildade, podemos observar a autoestima ir e vir, e podemos observar a desvalorização ir e vir; estaremos testemunhando a oscilação do pêndulo, e não presos no seu movimento para a frente e para trás.

EXEMPLO DOIS – PERDA E GANHO

Já que a análise de exemplos é a melhor forma de compreender como funcionam os triângulos, incluiremos aqui mais três situações.

Caso tivéssemos PERDA e GANHO como os dois cantos inferiores do triângulo, o que estaria no topo? NEUTRALIDADE? Esse é um estado muito similar à humildade. A neutralidade nessa instância implica um nível de desapego em que nem sofremos perda, nem possuímos o prazer de ganhar algo. Estamos conscientes do quadro maior – de que qualquer coisa que possamos perder ou ganhar neste mundo transitório não é permanente. O prazer ou a dor da circunstância passa através de nós e permanecemos não afetados e desapegados de ambos os lados (Figura 10.3).

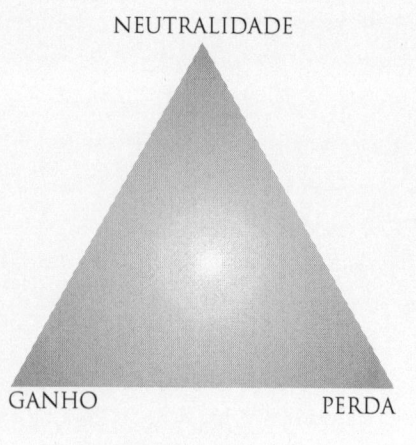

Figura 10.3

EXEMPLO TRÊS – CONTROLE E FORA DO CONTROLE

Aqui está um exemplo retirado da sessão de processamento com Paul, que fez a técnica de polaridade a respeito do incidente na rodovia, no Capítulo 9. A maior carga de Paul estava na polaridade CONTROLE–FORA DO CONTROLE. Ele utilizou algumas palavras no topo de seu triângulo: DESAPEGO, ENTREGA e NEUTRALIDADE. Paul viu que o seu apego estava no controle da situação, provocando raiva quando não o exercia. Ele viu que essas palavras de equilíbrio de ascensão o ajudavam a mover-se para o seu coração e o levavam a recobrar um nível do seu testemunhar que possibilitava ver o drama a partir de uma perspectiva mais elevada (Figura 10.4).

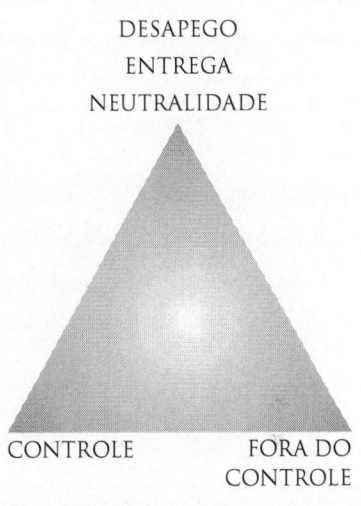

Figura 10.4

EXEMPLO QUATRO – VÍTIMA E TIRANO

Aqui daremos um exemplo utilizando uma polaridade comum, VÍTIMA–TIRANO. O equilíbrio de ascensão pode conter muitas palavras, dependendo da situação real do indivíduo – um exemplo: ALTRUÍSMO ou PERDÃO. Mas é de maior ajuda se você puder escolher a palavra que funcione melhor para si mesmo em determinada situação. Frequentemente encontrará muitas palavras que se encaixam no topo. Tudo bem. Tente senti-las em seu interior e encontre aquela que pareça ressoar com mais força.

Altruísmo se encaixa porque é um estado de entrega do pequeno eu (que está emaranhado em um drama de ser uma vítima sofredora ou um tirano opressivo) e que acaba por perceber uma figura maior. Perdão também funciona (Fig.10.5).

Figura 10.5

O perdão é um estado do coração que significa que você possui um nível de tolerância e compreensão tanto pela vítima quanto pelo opressor, e que você não é atraído ou sente repulsa por qualquer um dos lados. É preciso conseguir abraçar ambos os lados da polaridade sem julgamento, para perdoá-los por serem quem são.

> **NOTA**
> *Se você estiver sentindo dificuldades com a técnica de triângulos, pode ser que queira seguir adiante e ler primeiro o próximo capítulo sobre "quadrados", e então voltar a este capítulo. Algumas vezes, se você fizer primeiro um quadrado, então o estado de ascensão de um triângulo torna-se mais claro.*

CRIE UM CAMINHO PARA O CORAÇÃO

No trabalho com a técnica de processamento de polaridades você não precisa estar consciente da experiência emocional. Ela apenas acontece. Se não puder sentir o estado de ascensão, não importa. O processamento de polaridades é um exercício intelectual, e a mudança ocorre através da graça, ao oferecer-se a polaridade.

Mas no trabalho com triângulos, encontrando o vértice superior por si mesmo, você estará ajudando na modificação ativa do alinhamento do corpo emocional. Através dessa caçada interior, intuindo, ao encontrar o equilíbrio de ascensão ou a palavra do coração, você se torna consciente da ação da graça modificando os caminhos em seu corpo emocional. Algumas vezes pode levar alguns dias e demandar muita prece para que chegue ao caminho do meio, como são exemplos os estados de perdão ou de compaixão; mas vale a pena, porque as mudanças são permanentes.

Participando dessa forma, você está ajudando a criar o canal de ascensão em seu interior, o caminho para o seu coração. Quando encontrar o equilíbrio de ascensão, em verdade estará se conscientizando da integração de opostos. Você estará participando conscientemente do processo de ascensão.

Falar a esse respeito parece muito esotérico. Na verdade, é realmente algo que deve ser vivenciado. Contudo, com o tempo e através da prática das técnicas de processamento, a sensibilidade no corpo e a consciência psíquica desenvolvem-se, o que acaba por possibilitar sentir-se o movimento da consciência no corpo físico, no corpo sutil e nos chacras. Os triângulos são um processo principalmente emocional e intuitivo. Então, à medida que você se torna mais sensível e pode sentir esse movimento, terá experiências mais tangíveis e viscerais com a técnica. Se ainda não leu o Capítulo 7 da Parte – Um Vendo a Luz, e se você ainda não estiver familiarizado com os conceitos de corpo sutil, de chacras e de ascensão da consciência através do corpo, talvez deva voltar e ler aquele capítulo agora, para poder absorver melhor os conceitos apresentados a seguir.

SINTONIZE-SE COM O MOVIMENTO DA CONSCIÊNCIA ATRAVÉS DO CORPO

Quando tiver completado o trabalho de processamento, acontece uma liberação. Ajuda poder sentir a liberação movendo-se através dos chacras e do corpo físico, mas não é absolutamente essencial.

Não sentir a liberação não significa que ela não esteja acontecendo. Geralmente, apenas significa que a pessoa ainda não se encontra sensível o suficiente para sentir a mudança sutil ocorrendo. Entretanto, vá em frente e tente tornar-se consciente do movimento. O primeiro passo é tirar um momento, sentar-se em silêncio e esvaziar-se enquanto permanece alerta e consciente de suas sensações corporais. Isso instituirá a testemunha neutra e colocará o seu foco no corpo, simplesmente observando o que acontece. Você maximiza a sua liberação ao assumir esse momento neutro e silencioso, ao esvaziar seu campo de atenção, tão somente testemunhando o que quer que aconteça. Novamente, se não houver percepção de algo acontecendo, não se preocupe. Em geral, o movimento não é sentido quando você inicia o processo.

Daremos agora uma olhada na direção que o movimento da consciência geralmente toma, conforme ocorre a liberação e enquanto o seu processo se resolve. Não é sempre assim que a consciência se move, mas a seguinte descrição lhe dará uma ideia geral do que procurar.

A maioria das polaridades, embora não todas, opera de um nível mais baixo de energia, associada ao terceiro, ao segundo e ao primeiro chacras. Os estados de equilíbrio de ascensão estão associados aos chacras superiores (quarto, quinto, sexto e sétimo), começando no coração e movendo-se em direção à cabeça. No início, é mais provável que o movimento da consciência seja sentido no terceiro chacra ou na área do plexo solar. Essa é uma área onde se centra a consciência polarizada. Inicialmente, antes de experimentar a liberação e enquanto estiver processando, pode ser que você sinta a polaridade como uma sensação desconfortável de empurra-puxa nas vísceras, como uma náusea, ou como uma sensação densa e pesada na base do estômago. O trabalho de triângulos cria uma ascensão da energia emocional. Pode ser que você sinta um movimento na direção do coração, através da garganta, até ao terceiro olho. Poderá sentir esse movimento em seu corpo físico ou como sensações sutis na aura. À medida que a energia se move através do centro do coração, você pode vir a sentir estados mentais como amor, compaixão e perdão. Enquanto a energia se move pela garganta, talvez você sinta o desejo de ser criativo e de dar voz ou expressar os sentimentos. Quando a energia se move para o terceiro olho, poderá experimentar um novo sentido de sabedoria a respeito da situação. O terceiro olho é um local de compreensão intuitiva da unidade, o que significa que a sua experiência de polaridade, no terceiro olho, possibilitará um ponto de vista que engloba ambos os extremos da polaridade. Quando a consciência se move para o interior do coração, da garganta ou do terceiro olho, você poderá sentir uma nova sensação de paz, calma, expansão e equanimidade em sua mente e emoções. Talvez sinta que a velha tensão ou desconforto, de alguma forma, tenha se resolvido.

Com o objetivo de ilustrar esse movimento da consciência, utilizaremos o exemplo da polaridade IGNORÂNCIA e CONHECIMENTO (Figura 10.6). A ignorância possui a conotação de algo ruim, já que é um estado de falta e de impotência. O conhecimento possui boa conotação porque implica possuir-se informação de algum tipo; informação é poder. As pessoas geralmente são preconceituosas em relação àqueles que são ignorantes, enquanto têm muito orgulho de seu próprio conhecimento. A inteligência é valorizada na maioria das culturas, mas especialmente no Ocidente. A maior parte dos ocidentais considera os países do Terceiro Mundo e as comunidades indígenas antros de ignorância e, portanto, inferiores. Em alguns países ocidentais, como forma de lidar com a identidade nacional da esperteza, algumas pessoas pagam enormes somas de dinheiro para colocar seus filhos pequenos em programas que prometem a melhor colocação nas universidades. A maioria das pessoas neste planeta está condicionada a acreditar que ser esperto é ser superior, e ser desinformado é ser inferior.

SABEDORIA

TERCEIRO OLHO
(6° chacra)

COMPAIXÃO

CORAÇÃO
(4° chacra)

Consciência
em ascensão

PLEXO SOLAR
(3° chacra)

IGNORÂNCIA   CONHECIMENTO

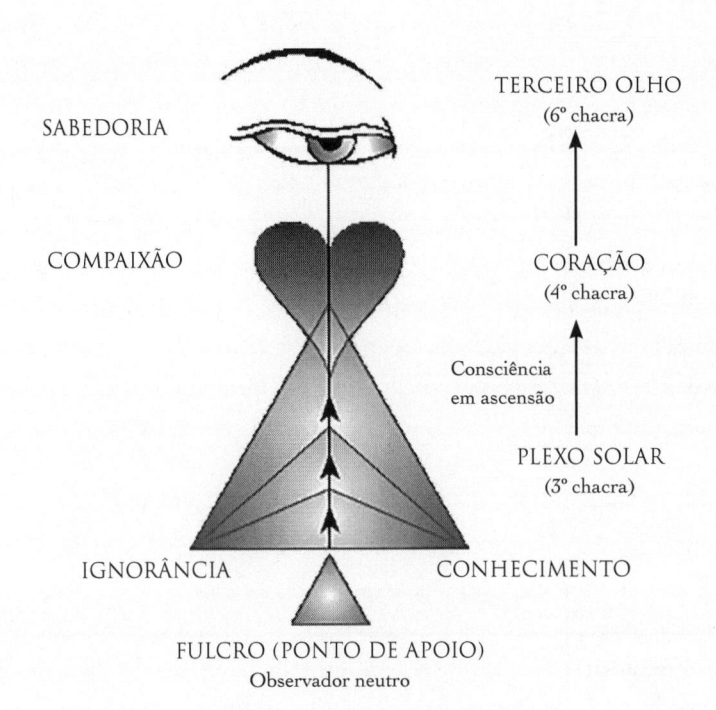

FULCRO (PONTO DE APOIO)
Observador neutro

Figura 10.6

Se você se encontra em uma situação na qual se sente fora de equilíbrio ou em um estado de julgamento no que se refere à polaridade IGNORÂNCIA e CONHECIMENTO, pode processá-la utilizando o método de processamento de polaridades descrito no capítulo anterior, ou mesmo com triângulos ou quadrados. Enquanto processa, você poderá sentir que se inicia uma liberação. Conforme a sua consciência se move dos chacras inferiores em direção aos chacras superiores, pode ser que você vivencie o seguinte: a resolução dessa polaridade no coração (onde começamos a vivenciar a unidade) despertará certos estados centrados no coração, baseados em sua programação individual associada à ignorância e ao conhecimento. Por exemplo, você pode chegar a um espaço de autoaceitação, se estiver se sentindo, de alguma forma, ressentido com sua própria ignorância ou autoimportante em relação ao seu conhecimento. Ou, se o seu julgamento for a respeito da ignorância de outra pessoa, talvez encontre primeiro o estado (do coração) de tolerância.

Uma vez que há o processamento e o assentamento em local de conforto com os dois estados, a limpeza emocional pode então mover a sua consciência para um local de perdão. O perdão engloba todo o coração, incluindo a área do chacra do timo (que se situa entre o coração e a garganta). Em outras palavras, o espaço do coração se expande. A compaixão pode acontecer em seguida, à medida que a energia se expande e ascende em direção à garganta e ao terceiro olho. É a compreensão advinda do terceiro olho que resolve a situação em favor da compaixão.

A compaixão é um estado de expansão do coração de completa ausência de julgamento. Ela implica uma atitude de amar a si mesmo (ou à outra pessoa) livre de qualquer julgamento, tenha ou não (você ou a pessoa) conhecimento, esteja com poder ou impotente. Com o despertar da compaixão, a energia do coração engloba o terceiro olho. A sabedoria (ou a verdade) está associada ao terceiro olho. A sabedoria é a consciência da verdade superior, um lugar de ver as coisas como realmente são ou o sentido mais profundo da vida.

Em nosso exemplo, o fluxo de energia criou um caminho a partir do terceiro chacra. Ele despertou o coração, ligando-se em seguida à sabedoria intuitiva do terceiro olho. A consciência fluiu acima do sentido de separação presente no terceiro chacra, moveu-se para dentro do coração e foi ancorada na unidade do coração. O coração expandiu até o ponto em que sua energia irradiou-se para cima, para dentro do centro de unidade e sabedoria/verdade do terceiro olho. E, finalmente, o coração expandido irradiou a energia para baixo, de volta ao terceiro chacra, dissolvendo a separação na polaridade original. Isso deu início a um novo estado de unidade que pode agora ser mantido no terceiro chacra, assim como no coração, no timo e no terceiro olho.

Quando trabalhar com a técnica do triângulo, imagine o triângulo superposto ao seu terceiro chacra e aos chacras superiores; imagine que a base encontra-se sobre o terceiro chacra, e o ápice sobre o quarto, o quinto ou o sexto chacras (Figura 10.6). A polaridade, o cenário de dualidade, a discriminação, operam na consciência do terceiro chacra (base do triângulo). O equilíbrio de ascensão opera na consciência dos chacras superiores, no ápice do triângulo.

Conforme você se encontra cada vez mais em equilíbrio, fazendo as técnicas de opostos e de triângulos, há um aumento da sua capacidade para sentir a consciência ascendendo em seu corpo e através dos chacras. Você se percebe vivendo em estados mentais associados às palavras de equilíbrio de ascensão. Começa a se mover da consciência polarizada e dualística dos chacras inferiores para a consciência centrada no coração e para a consciência de unidade.

SEMÂNTICA

Existe dificuldade de se falar a respeito da ascensão devido às limitações de nossa linguagem, pautada no sistema dualístico. Porque nos encontramos no sistema dualístico, palavras utilizadas para descrever o estado de unidade de consciência apresentam-se sempre inadequadas. Podemos tentar aproximar a aparência da unidade com a nossa linguagem limitada e dualística, mas não será o suficiente. Os budistas utilizam a analogia do dedo que aponta para a lua. O dedo representa a linguagem e a lua representa a consciência de unidade ou iluminação. Podemos nos aproximar da posição da lua utilizando o dedo, mas ele é inadequado para, em verdade, tocá-la. Nunca poderemos tocar a lua com o nosso dedo, mas ele pode apontar o caminho. Por fim, a unidade associada à realização do *Self* pode apenas ser vivenciada.

Palavras são símbolos do mundo polarizado. A Bíblia diz: "No início era o verbo...", sugerindo a forma pela qual este plano de existência foi criado (através da vibração das palavras). Então, quando você estiver se movendo para outros planos, nem sempre as experiências poderão ser expressas em palavras. É aqui que, com muita frequência, as religiões falham – as pessoas tomam o dedo pela lua. As religiões começam como o dedo que aponta o caminho para a lua. Por isso, as pessoas acham que é o dedo que é importante, e começam a adorar o dedo.

No processo de buscar as palavras de equilíbrio de ascensão no topo do triângulo, podemos encontrar desafios com nossa linguagem. Por exemplo, podemos dizer a palavra *luz* e interpretá-la como não sendo polarizada. Dizemos que luz é consciência de unidade não polarizada. Mas e o fato dessa palavra ter *escuridão* como oposto? Isso não significa, então, que ela é polarizada, ou inserida na dualidade? Podemos utilizar algumas palavras, como luz, para significar duas coisas diferentes. Apesar de nossa linguagem limitada originar-se da dualidade, existem algumas palavras, como luz, que representam qualidades dos chacras superiores. Luz pode ser utilizada no sentido dualístico, com escuridão como seu oposto, ou no sentido unificado, que poderia talvez ter o significado de *Deus* ou *Espírito*. A palavra *amor* pode ser utilizada dessa maneira, também. Existem muitos níveis de amor. O amor incondicional é o estado de ascensão, enquanto que amor-ódio é um par de opostos polarizados.

Mesmo quando fazemos uso da frase *estado de ascensão*, consideramos que algo pareça inferior, o que é em si outra polaridade. Isso não parece neutro.

No sentido do sistema de *Vedanta*, os antigos ensinamentos de não dualidade, não há inferior ou superior. Apenas a unidade é real. O superior e o inferior são ilusões. O motivo pelo qual falamos de superior e inferior é porque estamos olhando para o corpo físico e para o corpo sutil esquematicamente. No sistema humano existem níveis que parecem superiores ou inferiores no mundo relativo. Toda a premissa deste trabalho é referir-se ao mundo relativo como ele é e então transformá-lo em unidade.

REVISÃO
Os passos da técnica do triângulo.
1. Escolha uma polaridade.
2. Escreva-a na base de um triângulo.
3. Encontre o equilíbrio de ascensão e escreva-o no ápice do triângulo.
4. Ofereça-o e peça que o estado de equilíbrio de ascensão seja instituído como substituto.
5. Espere por graça.

SUGESTÕES PARA TRANSFORMAR A TEORIA EM PRÁTICA
1. Escreva a lista de estados de ascensão na capa interior de seu caderno de processamento para referência prática.
2. Utilize a técnica do triângulo em pelo menos vinte polaridades em sua lista de opostos retirada dos exercícios do capítulo anterior. Não se apresse com cada par, sentindo a palavra de equilíbrio de ascensão mais exata.
3. Escolha uma polaridade que possua bastante carga para você. Feche os olhos em meditação e sinta a polaridade em seu corpo. Onde você a sente? Escreva a respeito de seus *insights*.
4. Faça o mesmo com a palavra de equilíbrio de ascensão. Onde você a sente? Escreva a respeito de seus *insights*.
5. Durante uma semana, faça uma prece diária para que o estado de equilíbrio de ascensão seja instituído em sua vida (por exemplo, peça para conhecer a gratidão ou o amor incondicional). Escreva a respeito de sua experiência.

TESTEMUNHO ♦ OBSTINADO

Sempre tive dificuldade com o processamento. Percebia que estava me identificando com meus padrões egoicos, mas não conseguia ser objetivo o suficiente para limpá-los. Sempre que um padrão negativo era trazido para a minha atenção, eu sentia que estava sendo criticado e atacado, o que então levantava minhas defesas para que eu não tivesse de sentir vergonha e humilhação, ou sentir que estivesse fazendo algo de errado. Queria evitar esses sentimentos a todo custo. Isso, é claro, servia para manter os meus limites egoicos firmemente no lugar.

Um dos padrões que eu possuía era o de, no momento em que algo me aborrecia, imediatamente me recolher e analisar o drama da história em minha cabeça, uma vez após outra. Analisando, reagindo, julgando e me desgastando, acabava sendo obsessivo para tentar encontrar uma solução. Eu queria mudar a mim mesmo ou algo ou alguém fora de mim, para tornar as coisas melhores. Portanto, eu perdia minha testemunha e tornava o drama real. Percebi que, de alguma forma, fazer os triângulos era de imensa ajuda, na medida em que me trazia mais para o coração e para a humildade em relação a esse processo de rigidez, o que me ajudava a reaver a minha testemunha e limpar o meu corpo emocional.

Uma noite, após o que pareceu ter sido uma intensa discussão com alguns amigos, fui para a cama e, para meu aborrecimento, comecei a girar a história em minha cabeça. Dessa vez, no entanto, eu me peguei e parei – fiz alguns triângulos e pude ver o que estava acontecendo. Escutei uma voz interior que dizia: "Libere. O conteúdo não importa. Foi apenas uma troca de energia e terminou. A energia mudou para você. Solte. Entregue-se.". *Naquele momento eu pude liberar tudo aquilo.*

No próximo momento senti a energia que se movia por meu corpo – possuía uma qualidade efervescente e senti-me muito feliz. Reconheci aquela qualidade em particular pelos estados ocasionais de absorção que eu vivenciava em meditação – um estado de *samadhi*. Isso durou a noite toda e adentrou o dia seguinte.

Naquela noite eu tive os seguintes três sonhos: primeiro me vi deitado na cama, rodeado por anjos e sua presença era muito protetora e confortante, enquanto minha avó tentava evitar que eu levitasse da cama. Em seguida, vi-me em um campo aberto com alguém que parecia ser um mestre. Ouvi-o dizer "Apenas libere," o que fiz e, instantaneamente, voei alto no céu como se fosse um pássaro. A experiência foi espetacular. Por último, vi que meu corpo se expandia e crescia, até que me tornei um gigante, andando pela cidade enquanto a maioria dos prédios chegava apenas ao meu joelho. Esses sonhos refletiram a expansão que se deu em minha consciência. Toda essa experiência me tomou completamente de surpresa. Sempre assumi que esse estado de consciência pudesse ser atingido apenas através da meditação profunda.

Por meio da experiência direta vi que logo que pude liberar meu ser limitado, a pura essência brilhou através dele. O que me possibilitou, finalmente, liberar? Sei que os triângulos ajudaram. Encontrando as palavras entrega e graça, pude tornar-me consciente do processo que envolvia meu "fazedor". Pude ver que, após esforços vãos de minha parte para *fazer*, finalmente dei-me conta de que deveria ser mais um não fazer – uma liberação –, e então renunciei o bastante para permitir a entrada da graça divina.

*A dor e a felicidade são somente condições do ego.
Esqueça o ego.*

– Lao Tsu

ONZE

QUADRADOS

*H*á alguns anos eu tive síndrome de fadiga crônica. Após ter experimentado muitas terapias diferentes que me ajudaram até certo ponto, eu possuía a sensação distinta de que os problemas que estava tendo com o corpo eram um processo. Vi que os desequilíbrios estavam superpostos ao corpo, sistemas de crença de natureza muito sutil. Eu sabia que poderia olhar profundamente para o corpo e processar-me para fora desses estados. O meu raciocínio dizia que tudo é consciência, incluindo o corpo. O processamento mudará a consciência; logo, o processamento mudará o corpo. Eu apenas teria de encontrar as peças certas. Aquela era a parte mais difícil, encontrar as peças certas. Fiz uma lista de centenas de polaridades associadas ao plano material. Coisas como SAÚDE e DOENÇA, VELHO e JOVEM, FORTE e FRACO, GRAVIDADE e LEVEZA.

    Sentei-me em minha cama e resolvi que não iria me mover até que obtivesse sucesso em mudar minha condição. Foi durante essa época que intuí a técnica dos quadrados. Preenchi dois ou três cadernos em minha determinação de curar-me. Levou três semanas, mas encontrei a maior parte dos assuntos. Após ter vivenciado inúmeras mudanças sutis, o mais espetacular veio com um quadrado sobre VIDA e MORTE. Isso envolveu uma observação profunda dos assuntos de por que EU DESEJAVA VIVER, por que EU TEMIA VIVER, por que EU DESEJAVA MORRER e por que EU TEMIA MORRER. Quando completei o quadrado e o ofereci, senti os meridianos (ou canais de energia sutil) se abrirem e a energia começar a fluir no corpo novamente. A incapacidade se foi, e a cura parecia miraculosa. Fiquei vidrada na técnica dos quadrados, como seria de se imaginar. Agora gostaria de compartilhar essa técnica com você.

COMPREENDENDO O MÉTODO DOS QUADRADOS

Essa técnica é um pouco mais complicada que a lista de opostos. Está associada principalmente com o corpo físico e com o mundo físico, apesar de servir para limpar os corpos sutis também (incluindo o mental e o emocional). O número quatro e o quadrado são símbolos do plano físico. A consciência encontra-se bem *enquadrada* nesse nível e isso cria densidade. O quadrado é uma forma sem dinamismo. Existe mesmo uma expressão coloquial quando alguém é chamado de *quadrado*, significando que a pessoa é conservadora e tediosa. A energia de onda dinâmica da vida foi contida em uma caixa e não pode se livrar com facilidade.

À medida que ler mais sobre como funciona o "quadrado", você verá que cada quadrante é um aspecto da consciência que se encontra desequilibrado. Cada quadrante representa uma parte do ego que o empurra, ou puxa, para fora de seu centro. No curso normal de nossas vidas, tendemos a viver os quadrantes inconscientemente. Eles são nossos desejos e medos. Quando vivemos por hábito e rotina e não examinamos a natureza de nosso próprio ego, pode levar anos, ou mesmo vidas, para vivermos os desejos e medos representados em um quadrado. Isso se traduz como um sentimento de enquadramento e prisão na vida, e normalmente nem sabemos por que vivemos dessa maneira. Geralmente, a maior parte das pessoas culpa as circunstâncias exteriores de suas vidas, em vez de olhar o interior para ver o que precisa ser mudado a fim de que a mudança exterior efetivamente aconteça.

Quando possuímos pouco ou nenhum conhecimento do princípio de modificar o interior para mudar o exterior, temos de vivenciar no mundo físico a experiência do efeito de nossos desejos e medos. Em outras palavras, antes que cheguemos à conclusão de que o que nos limita é o condicionamento interno egoico – nossos desejos e medos –, este nos levará a vivenciar a experiência fisicamente, quaisquer que sejam seus efeitos. Até nos darmos conta desse fato, não vivenciaremos mudanças significativas em nossas vidas. Podemos tentar modificar a aparência externa (a decoração, por exemplo) mudando de emprego ou de relacionamentos, ou mesmo de lugar, mas não vivenciaremos mudanças reais em nossas vidas até que comecemos a examinar aquilo que realmente nos limita: nosso condicionamento egoico, que se resume a nossos desejos e medos. É por isso que, frequentemente, descobrimos que precisamos repetir vez após vez as mesmas lições e os mesmos tipos de experiências, com a mudança apenas de cenário, e nos sentimos presos a um tipo bizarro de ciclo. O filme *Feitiço do Tempo* [*Groundhog's Day*], com Bill Murray, nos oferece uma ilustração metafórica excelente desse princípio metafísico, e também é bem engraçado. É sobre um homem que acorda todas as manhãs para vivenciar o mesmo dia – o *Dia da Marmota*. Ele finalmente consegue sair por meio do equilíbrio e da limpeza de sua consciência interior e pelo movimento em direção ao coração.

Ao continuar a ler a respeito da técnica dos quadrados, você verá que ela oferece um método muito mais rápido de vivenciar mudanças em sua vida do que ter de vivenciar no mundo físico as experiências de seus desejos e medos. Fazer o quadrado possibilitar-lhe-á completar a experiência mentalmente, em vez de fisicamente. Tudo o que tem a fazer é escrever sobre os desejos e medos em seu diário. Isso o capacitará a encurtar grandemente o caminho. De fato, isso também é verdadeiro para as técnicas de polaridades e triângulos. E porque todas elas são técnicas mentais, acabam por oferecer uma maneira muito mais rápida de transformação de consciência do que ter de vivenciar as lições fisicamente.

Quando me foi dada essa estrutura, o Espírito me disse que DESEJO e MEDO formam um par de opostos. Energeticamente, o DESEJO é o puxar em direção a algo, e o MEDO é o empurrar para longe. Desejo e medo representam uma das maneiras pelas quais utilizamos ATRAÇÃO e REPULSÃO. Como já vimos, atração e repulsão são as forças magnéticas poderosas que dão forma ao mundo físico. Na utilização da técnica dos quadrados, inserimos a polaridade que julgamos relevante nesse poderoso formato de desejo e medo.

A TÉCNICA DOS QUADRADOS

As oscilações na consciência, para a frente e para trás (os altos e baixos em sua vida) são mantidas em movimento por sua atração e repulsão às coisas (seus desejos por coisas e os seus medos delas). A técnica de processamento de quadrados é um diagrama para o fluxo de consciência e de energia em níveis mental e emocional. Essas consciências formam projeções e criam os eventos com os quais você convive no mundo físico. Elas dão forma ao seu mundo e corpo físicos. Então, podemos examinar qualquer polaridade de forma que também levemos em consideração aquela sensação de puxar-empurrar, e possibilitar a mudança através dos níveis mental emocional em direção ao físico. Esse é o quadrado.

PRIMEIRO PASSO – ESCOLHA UMA POLARIDADE

Para fazer a técnica do quadrado, primeiro escolha uma polaridade que você queira examinar em maior profundidade. Talvez faça parte da lista que anotou quando escreveu uma história para o processamento de polaridade (uma polaridade que para você parece ter bastante carga). Por exemplo, nosso velho amigo da rodovia, Paul, decidiu fazer um quadrado sobre CONTROLE e FORA DO CONTROLE.

SEGUNDO PASSO - DESENHE E ROTULE UM QUADRADO

Em seguida você desenha um quadrado no diário. Denomine os dois quadrantes no lado esquerdo do quadrado de DESEJO DE... . Os dois quadrantes no lado direito do quadrado são designados como MEDO DE... . Você então preenche os espaços com as polaridades. Uma das polaridades vai para os quadrantes superiores, enquanto a outra vai para os quadrantes inferiores.

Então, fazendo uso do exemplo de Paul, no quadrante superior esquerdo de seu quadrado escrevemos as palavras DESEJO DE ESTAR NO CONTROLE, e no canto superior direito escrevemos as palavras MEDO DE ESTAR NO CONTROLE. O desejo e o medo do oposto escrevemos nos dois quadrantes inferiores. No canto inferior esquerdo escrevemos DESEJO DE ESTAR FORA DO CONTROLE, e no canto inferior direito escrevemos MEDO DE ESTAR FORA DO CONTROLE (Figura 11.1).

DESEJO DE ESTAR NO CONTROLE	MEDO DE ESTAR NO CONTROLE
DESEJO DE ESTAR FORA DO CONTROLE	MEDO DE ESTAR FORA DO CONTROLE

Figura 11.1

Então, para *qualquer* polaridade, apenas juntamos as palavras DESEJO DE..., MEDO DE..., DESEJO DE... e MEDO DE... . Seja qual for a polaridade, utilizamos a mesma palavra para os quadrantes superiores e a polaridade oposta para os quadrantes inferiores. Escrevemos DESEJO DE... nos quadrantes da esquerda e MEDO DE... nos quadrantes da direita. Sempre utilizaremos essa estrutura (Figura 11.2).

DESEJO DE...	MEDO DE...
DESEJO DE...	MEDO DE...

Figura 11.2

Agora é uma boa hora para praticar o primeiro passo dessa técnica. Tente rotular um quadrado em seu diário com a polaridade AMOR e ÓDIO, por exemplo. Também tente nomear um quadrado com GANHAR e PERDER.

TERCEIRO PASSO – CONSCIENTIZE-SE DE TODOS OS QUADRANTES

Uma vez que tenhamos nomeado o quadrado, aí então começa a verdadeira diversão. Nós o exploramos. Olhamos para ele e tentamos reconhecer quais quadrantes nos são familiares. Se existirem um ou dois quadrantes que nunca vimos antes, então tentamos senti-los.

Todos nós contemos os quatro quadrantes do quadrado. Alguns deles podem estar trancados no inconsciente, mas estão todos lá de alguma forma. É muito comum querer entrar em negação no que se refere a alguns quadrantes.

Geralmente, quando fazemos quadrados, especialmente quando estamos trabalhando com um par de opostos que *nos causa forte reação*, descobrimos que há pelo menos um quadrante (algumas vezes dois) que não vimos antes. Esse é o nosso lado escondido, a parte que se encontra em nosso inconsciente. Tudo, em todos os quadrantes, existe em nosso interior porque somos tudo. É sinal de negação dizer "Eu não faço isso!" Se persistirmos na negação e na evasão dessa forma, estaremos escolhendo tornar algo inconsciente.

Precisamos tentar lembrar de um momento no qual sentimos isso.

EXEMPLOS DE QUADRADOS

O terceiro passo ocorre em nível mental–emocional. O quarto passo será escrever a respeito disso em seu diário. Nesse momento, apenas pense ou sinta, e não se preocupe em escrever. Antes que iniciemos o trabalho no diário, reserve algum tempo para pensar a respeito destes exemplos de quadrados.

Dependente e independente

Essa é uma polaridade que mexe muito com as pessoas. Os quadrantes são o desejo de ser dependente, o medo de ser dependente, o desejo de ser independente e o medo de ser independente.

O *medo de ser dependente* é muito comum. A imagem de ficar velho, frágil e de ser uma carga para os familiares geralmente leva a maioria das pessoas ao medo.

Mas e o *desejo de ser dependente*? Talvez esse quadrante seja mais difícil de ser visto e requeira um pouco mais de exame interno aprofundado. Mas se você observar profundo o bastante, poderá ver que é fácil desejar que outra pessoa cuide de você, o nutra e provenha. Pode-se sentir que é maravilhoso ser dependente de alguém amoroso e forte, dessa forma. Esse é o desejo de ser dependente.

O *desejo de ser independente* é bem fácil de detectar. Especialmente durante os anos de adolescência, ansiamos por nossa independência. Será que há um quadrante que você nunca viu? Talvez o *medo de ser independente*? Este é provavelmente o quadrante menos sentido. Mas se sentir o seu caminho através dele, provavelmente recordará um tempo em que temia sua própria independência. Por exemplo, quando chegou a hora de deixar a casa de seus pais e viver por si mesmo; ou quando era hora de desfazer um relacionamento longo. Geralmente há certo grau de medo envolvido nessas circunstâncias.

Inferior e Superior

O *desejo de ser inferior*. A maioria das pessoas tenta ao máximo nunca sentir este quadrante! Talvez você se indague, com incredulidade: "Será que uma parte minha realmente deseja sentir-se inferior?! Como pode isso ser possível?". Mas é verdade. O desejo de sentir-se inferior é uma parte do inconsciente assumida pela vítima. Como vítima, podemos sentir que ganhamos atenção e compaixão, ou que podemos culpar o exterior e sentir que estamos certos, e nos sentir bem com isso. Se você observar bastante, provavelmente poderá lembrar de pelo menos uma vez em que se sentiu assim. Quando puder apropriar-se desse quadrante, você estará no caminho para o despertar.

Os outros quadrantes são o *medo de ser inferior*, o *desejo de ser superior* (todos nós conhecemos esse sentimento) e o *medo de ser superior*.

Aprovação e Desaprovação

Todos se enganchuam nisto: o *desejo de obter aprovação* e o *medo de obter aprovação* – você começa reprimindo a expressão natural de seu ser inato devido a esses dois opostos. A maioria de nós conhece o desejo de obter aprovação. Entretanto, muitas pessoas desenvolvem um padrão autodestrutivo para que não tenham de lidar com o sucesso e com a obtenção de aprovação. Elas não conseguem aturar esse fato, e isso leva ao desejo de não obter aprovação – o rebelde. O medo de obter aprovação é a parte menos conhecida. Ele sabotará seus esforços, especialmente se você trabalha com o público de alguma forma e não consegue suportar aclamação ou elogios – ou a crítica, em verdade. Ambos possuem o poder de tirá-lo do equilíbrio. O elogio é algo que todos desejam, mas ainda assim, quando o obtêm, ele geralmente os derruba. É que o elogio leva ao *desejo de não obter aprovação*. Esse talvez seja o motivo pelo qual astros de cinema algumas vezes fazem coisas ultrajantes! Pelo valor do choque. Você cria o exterior para rejeitá-lo e empurrá-lo. Há excitação nisso.

Então, é claro, você vai para o *medo de não obter aprovação* porque alguma parte sua não gosta de se sentir rejeitada. Isso cria um ciclo na consciência. A energia continua a se mover, e os quadrantes levam um ao outro, circulando continuamente.

ESCASSEZ E ABUNDÂNCIA

Conhecemos o *desejo de abundância* – todos conhecem esse!

O *medo da abundância* pode ser muito importante para os buscadores espirituais, já que todos assumimos um voto de pobreza em uma vida ou outra. Existe o medo de que o dinheiro corrompa. Quando fazem esse quadrado, as pessoas frequentemente pensam: "Bem, você sabe, se eu tivesse dinheiro seria uma pessoa má". Então elas não se permitirão tê-lo. É uma responsabilidade grande demais. Elas temem que tenham que engraxar seus sapatos, pôr um sorriso na face, e sair para encarar o mundo ou cuidar dos outros.

Abundância não precisa significar dinheiro, necessariamente. É interessante, então, você examinar a abundância para ver se escolheu abundância em amor, dinheiro, generosidade, criatividade ou em relacionamentos. O *medo da abundância* e o *desejo de escassez* são muito menos reconhecidos que os outros quadrantes. Eles geralmente se encontram associados à crença de que o asceticismo é espiritual e bom. Você pode encontrar um outro motivo?

O *medo da escassez* ocorre muito profundamente na maior parte das pessoas. O maior medo de algumas delas refere-se a ser pobre e sem teto – ser um andarilho empurrando carrinhos de supermercado nas ruas.

QUARTO PASSO – APLICAR OS DADOS AO QUADRADO

O próximo passo, então, é dividir sua página de diário em quatro seções iguais desenhando uma grande cruz no meio da folha. Denomine o topo de cada quarto de página com um quadrante do quadrado. Então, em cada quarto você escreve todas as maneiras possíveis através das quais conhece aquele desejo ou medo.

Muitas vezes, você terá informações demais em um quadrante para encaixar tudo em um quarto de página. Nesse caso, talvez queira usar quatro páginas, uma para cada quadrante do quadrado. Se não tiver mais espaço utilizando uma página, não economize papel. Seja extravagante e preencha tantas páginas quanto necessárias.

Escreva palavras, frases curtas ou uma narrativa do modo como vem vivenciando esse quadrante. Isso inclui emoções, pensamentos, estados mentais, memórias, sonhos e qualquer outra coisa que surja. Para cada quadrante indague-se: "Como me *sinto* a respeito deste quadrante? Como isso me parece/me pareceu em determinada época? *Por que* eu desejo ou temo essa coisa? Qual é minha motivação para desejar ou temer essa coisa?".

EXEMPLO DE QUADRADO E DE REGISTRO NO DIÁRIO

Um tema predominante em muitas histórias processadas é o de ser uma VÍTIMA que sofre abusos de um TIRANO. Em um *workshop* que conduzimos, um grupo preencheu os quadrantes do quadrado *Vítima/Tirano* com as respostas apresentadas nas listas a seguir. Antes de ler essas respostas, reserve alguns minutos e tente reproduzir esse quadrado em seu próprio diário. Então, observe as listas. Algumas respostas provavelmente abrirão seus olhos.

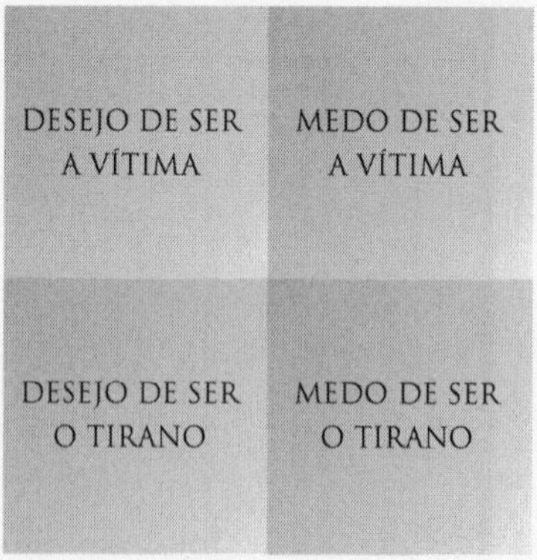

Você pode dividir sua página da maneira que é proposta aqui (Figura11.3). Em nossos exemplos, fizemos listas. As listas de cada quadrante foram longas o bastante para utilizarmos várias páginas.

DESEJO DE SER A VÍTIMA	MEDO DE SER A VÍTIMA
DESEJO DE SER O TIRANO	MEDO DE SER O TIRANO

Figura 11.3

No quadrante denominado DESEJO DE SER VÍTIMA:
SENTIR A NECESSIDADE DE SER PUNIDO
SENTIR-SE CULPADO

OBTER ATENÇÃO

NÃO TER DE TRABALHAR

ESTAR CERTO

PELO MENOS SOU INOFENSIVO COMO VÍTIMA

SEGURANÇA FAMILIAR

PARA OBTER COMPAIXÃO

NÃO TER DE ESTAR CONSCIENTE

SER UM MÁRTIR

EVITAR CONFLITO

EU TENHO SENTIMENTOS DE DESVALORIZAÇÃO

AUTOINDULGÊNCIA

EQUILIBRAR O MAU CARMA

SER MIMADO

AUTOPIEDADE

PERTENCER À TRIBO DAS VÍTIMAS

COMISERAÇÃO

COMPARAR E COMPARTILHAR AS FERIDAS COM OUTROS

OBTER NUTRIÇÃO E AMOR

CULPAR OS OUTROS

MANIPULAR OS OUTROS

FAZER JOGOS

INOCÊNCIA

QUERO QUE AS PESSOAS TENHAM COMPAIXÃO DE MIM

NÃO PRECISAR SER RESPONSÁVEL

TER UMA DESCULPA

NÃO PODER EVITAR

RAIVA JUSTIFICADA

INDIGNAÇÃO

FALAR MAL DOS OUTROS

QUANDO CRIANÇA, QUANDO FICAVA DOENTE, TINHA TRATAMENTO ESPECIAL

No quadrante denominado MEDO DE SER VÍTIMA:

É EMBARAÇOSO E HUMILHANTE

NUNCA SAIREI DA ROTINA

INFANTILIZADO

IMPOTENTE

MEDO DA MORTE

PERDER O AUTORRESPEITO

PERDER O RESPEITO DOS OUTROS

MEDO DE NÃO OBTER AMOR

MEDO DE NÃO TER INTIMIDADE

MEDO DE SENTIR-ME DESVALORIZADO

ESTAR EM PERIGO

PASSIVO

DOR

SER VULNERÁVEL

TEREM PENA DE MIM

SER ATERRORIZADO

EXPLORADO

ENVERGONHADO

MEDO DE MORRER INCONSCIENTE, SEM ESTAR DESPERTO

TRAÍDO

FALTA DE CONTROLE

SEM ESPERANÇA

SEM SENTIDO

SEM PROPÓSITO

FRAQUEZA

INFERIOR

DEGRADANTE

DEPRIMIDO

IMPOTENTE

PERDER

DESESPERO

DEPENDÊNCIA

NECESSITADO

PATÉTICO

SUICÍDIO

QUANDO CRIANÇA TEMIA QUE MEU PAI ME ESPANCASSE

No quadrante denominado DESEJO DE SER TIRANO:

TER PODER SOBRE MINHA PRÓPRIA VIDA

TER PODER E CONTROLE SOBRE OS OUTROS

AUTOCONTROLE

TER AS COISAS DO MEU MODO

NÃO TER DE ENCARAR ESTAR ERRADO

PELO MENOS SEI O QUE ESPERAR

VINGANÇA

ACESSO A PESSOAS E COISAS

AMOR "NA MARRA"

SER ADORADO

É FORTE

SENTIR-SE SUPERIOR

ESTADO DE ESTAR ATIVO (NÃO PASSIVO)

SENTIR-SE NO PODER

OBTER ATENÇÃO

VENCER

OBTER RESPEITO

MANIPULAÇÃO

DOMÍNIO

PUNIR OS OUTROS

NÃO TER MEDO

NÃO TER DE SENTIR

SENTIR PRAZER EM SER CRUEL

LIBERAR IRA

SÁDICO

GANÂNCIA

RAIVA

ÓDIO

FAZER COM QUE OS OUTROS TRABALHEM

PARA QUE EU POSSA SER PREGUIÇOSO

CRIAR ORDEM

SENTIR-SE IMORTAL

PELA FAMA

SER UM GRANDE LÍDER

No quadrante denominado MEDO DE SER TIRANO:
PODERIA ESTAR SÓ
SER PUNIDO
MEDO DE COMETER ERROS
MEDO DE ENCARAR MEU PODER
NÃO SERIA AMADO
RESPONSÁVEL PELAS CONSEQUÊNCIAS
MEDO DE SER ODIADO
MEDO DA DESAPROVAÇÃO
MEDO DE NÃO SER ACEITO
ISOLADO
MEDO DE NÃO SER ESPIRITUAL
MACHUCAR OS OUTROS
CRUELDADE
SER DESPREZADO
MEDO DE NÃO TER AMIGOS OU FAMÍLIA
MAU CARMA
PODE SER FATAL
MEDO DE SENTIR-ME SEPARADO
MEDO DAS PESSOAS NÃO SEREM HONESTAS
NÃO PODER CONFIAR NAS PESSOAS
PERDA DE AMOR
ESTAR FORA DO CONTROLE

QUINTO PASSO – OFEREÇA SEU QUADRADO

Agora devolva o quadrado ao Espírito. Ofereça com uma prece, assim como fez com as técnicas de processamento de polaridades e de triângulos. É importante lembrar-se, nesse ponto, de apenas liberar tudo, após ter revisado todo esse material egoico e após ter sentido que esvaziou sua taça. Você não precisa continuar analisando, inquietando-se, descobrindo coisas com sua mente, ou mesmo ser aquele que resolve a situação. O Espírito faz o trabalho após você ter tornado o inconsciente consciente. Lembre-se de que todos os desejos e medos não são reais; eles não são quem você é. Você é pura consciência, e esses estados apenas passam através de você. Pode descansar e relaxar após seu oferecimento, sabendo que está liberando tudo que cavou. Não há mais nada a fazer, uma vez que tornou conscientes os quatro lados do quadrado. Pode confiar que a graça virá e fará as mudanças por você, trazendo-o mais para a totalidade, para o equilíbrio e para a cura, mais para o conhecimento de quem você realmente é – o *Self*.

SEXTO PASSO – ESPERE POR GRAÇA

Assim como com as técnicas de opostos e triângulos, após ter oferecido seu quadrado, lembre-se de esperar por graça. Você pode ocupar seu tempo assumindo atividades simples e mundanas, como cuidar de plantas ou sair para uma caminhada. Obterá uma mudança fazendo o quadrado. Tente permanecer em sua testemunha neutra, estando apenas presente e alerta, para que esteja consciente e vivencie a mudança. Se for sensível, talvez você a sinta especialmente em seu corpo após ter feito um quadrado. De fato, talvez já tenha tido uma experiência de sentir uma mudança em seu corpo a partir do trabalho com as polaridades e com os triângulos. Mas como os quadrados levam o processo mais além, para o físico, será provável que vivencie a mudança fisicamente, além de mental e/ou emocionalmente. Talvez também obtenha novos *insights*. Você poderá se ver dizendo: "Sim, entendi. Realmente entendi!". Esteja aberto para novas informações entrando ou para ser apresentado ao próximo passo em seu processo – advindos de qualquer lugar ou de qualquer um. Ou, à medida que mais uma camada de seu processo se vai, pode ser que você perceba que começa a manifestar emoção. No Capítulo 14 – Desenvolvendo a Testemunha, discutiremos com mais detalhes uma maneira de liberar emoções a partir da posição da testemunha e de não tornar a emoção real. Essa é uma maneira excelente de descartar a energia velha e presa, e é frequentemente um bom sinal de que limpou algo. Se não sentir a mudança, tudo bem. Ela está acontecendo da mesma forma. Pode confiar nisso.

REVISÃO

Os passos da técnica dos quadrados.
1. Escolha uma polaridade.
2. Desenhe e dê nome a um quadrado.
3. Torne conscientes os quatro quadrantes.
4. Aplique os dados ao quadrado.
5. Ofereça seu quadrado.
6. Espere por graça.

SUGESTÕES PARA TRANSFORMAR A TEORIA EM PRÁTICA

1. Escolha uma polaridade que possua carga para você. Faça um quadrado com ela e ofereça.
2. Faça um quadrado com MANIPULADOR e DIRETO.
3. Faça um quadrado que inclua o quadrante DESEJO DE SOFRER. Acredite ou não, existe uma parte de nós que adora nossos estados negativos, e não nos permitimos ver o quanto os amamos. Você pode descobrir quais seriam os quadrantes desse quadrado? (Lembre-se do papel de vítima, que geralmente mantemos escondido no inconsciente.)
4. Aqui se encontram algumas outras polaridades. Nomeie os quadrantes com essas polaridades dos quadrados, e pense em como você representa o papel relativo a cada quadrante. São quadrantes conscientes ou inconscientes?
    - Honesto e desonesto
    - Prazer e dor
    - Perda e ganho
    - Luz e escuridão
    - Segurança e insegurança
    - Ativo e passivo
    - Reagir em excesso e não reagir

TESTEMUNHO ♦ APRENDENDO QUADRADOS

Há seis meses vendi meus pertences e mudei-me para Santa Fé, guiado para vir com algumas poucas coisas e muita fé. O Museu do Novo México me ofereceu uma posição como arqueólogo, e amigos convidaram-me a ficar com eles até que eu tivesse me estabelecido. O trabalho era fascinante, mas os salários eram baixos e as horas longas. Apesar disso, a vida parecia muito plena.

Eu estava em dúvida se conseguiria manter minha própria moradia ou mesmo me sustentar em Santa Fé. Todos sabem que não existem casas acessíveis ou trabalhos de tempo parcial decentes em Santa Fé! Imaginei-me em uma situação com vários companheiros de quarto, talvez trabalhando em finais de semana empacotando víveres em algum lugar, ou pedindo dinheiro a meus pais, algo que eu não queria fazer.

Em determinado domingo, logo após a mudança, sentia-me particularmente frustrado, deprimido e sem esperança quanto à situação. As emoções eram bem intensas e persistentemente negativas. Sentei-me com amigos à mesa do jantar por uma hora ou duas, utilizando quadrados para observarmos os assuntos em torno de meu medo e desejo de vencer sozinho. Foi muito difícil olhar para assuntos de separação e vulnerabilidade profundamente arraigados. Um quadrado especialmente difícil para mim dizia respeito ao abandono. O lado oposto se referia a sentir-me bem-tratado. Ao terminá-lo, pude obter uma grande mudança. Mais tarde, no mesmo dia, fui guiado para sair e comprar um jornal (uma raridade para mim naqueles dias). Senti um tremor e sentido de entrega devido às mudanças que ocorriam como resultado do quadrado. Meu corpo físico estava tremendo e vulnerável, mas de alguma forma também havia um sentido de inocência, alegria e abertura.

Apesar de nunca ter encontrado trabalho pelos classificados, senti-me atraído a olhar. Milagrosamente, havia um anúncio que dizia: "Pequena organização espiritual procura gerente de fitas e livros". Sim!

Minha próxima parada foi o mural de anúncios em uma loja de alimentos integrais. Ali encontrei um pequeno cartão que dizia: "Aluguel imediato, centro de Santa Fé (barato!)". Sim!

Então, em um período de 24 horas após aprender sobre quadrados, eu havia aparentemente limpado bastante minha consciência para que me fosse mostrado o próximo passo. A graça me forneceu o bônus de uma casa que eu podia pagar e um trabalho de tempo parcial que se adequava a mim! Vejo agora que, porque me tornei purificado interiormente, meu mundo externo subitamente refletiu aquele nível de clareza para mim.

Tão logo se preocupe com o "bom" e o "mau" de seus semelhantes, você cria uma abertura em seu coração para a maldade entrar. O teste, a competição e a crítica aos outros são as causas de sua fraqueza e de sua derrota.

– Morihei Ueshiba

DOZE

O PODER MAIS PROFUNDO DO PROCESSAMENTO

Agora que possui todas as ferramentas básicas para o processamento – as polaridades, os triângulos e os quadrados – você está preparado para mover-se mais profundamente em direção ao processamento avançado. A maneira como você utiliza o processamento depende unicamente de você. Não existem regras. Pode adaptá-las e utilizá-las da forma que mais o beneficiem. À medida que purifica a sombra, você desenvolverá seu discernimento e seu guia interior lhe mostrará como melhor aplicar os métodos.

Neste capítulo discutiremos algumas maneiras de ajudá-lo a aprofundar sua experiência do uso dos métodos de *O Casamento do Espírito*, e compartilharemos com você um pouco do que pode esperar após ter processado. Os tópicos são:

- Encontrando um tema para a sua história;
- Encontrando os opostos corretos;
- Oferecendo ambos, positivo e negativo;
- Escrevendo *insights* adicionais;
- Encontrando o quadrado-chave;
- Seguindo o fio da continuidade;
- Percebendo a mudança e acelerando sua evolução;
- Vivenciando uma simulação;
- Ascensão e a elevação da consciência.

Pode ser que você queira esperar alguns dias, ou uma semana, e ler este capítulo após ter tido tempo para experimentar as técnicas e tornar-se seguro com elas. Ou, se estiver inspirado para continuar logo, isto também é adequado.

ENCONTRANDO UM TEMA PARA A SUA HISTÓRIA

No início, conforme se familiariza com o processamento, você verá que a técnica de opostos é muito útil em ajudá-lo a definir seus assuntos. Após ter terminado sua lista e encontrado os opostos, voltar pela lista e tentar encontrar um tema geral para ela é também uma excelente ideia. Encontre o par de opostos que parece melhor corresponder a seu processo, ou que possui maior carga para você. Escreva essas palavras no topo de sua página de diário junto à data, para que no futuro você possa saber para onde seu processamento o levou. Isso o possibilita ver como as camadas da cebola foram sendo descascadas com o tempo, assim como ganhar uma perspectiva mais abrangente do desdobramento de seu processo de despertar.

Por exemplo, Paul, do incidente da rodovia, decidiu que a chave para essa história em particular era a polaridade CONTROLE–FORA DO CONTROLE, porque a maior parte dos comportamentos e emoções em sua história (como raiva) veio de um posicionamento de estar aborrecido porque ele não tinha controle sobre a situação. Ele escreveu essas palavras com letras grandes no topo de sua página de diário, junto à data. Agora, sempre que processa a respeito de assuntos de *controle*, ele pode voltar e fazer referência a essa velha lista que criou, para ajudá-lo a preencher pedaços que faltam.

Geralmente os temas utilizados para dar título à sua página serão polaridades muito básicas, que fazem parte da personalidade de qualquer pessoa. Elas correm muito profundamente em todos – temas como VÍTIMA–TIRANO ou APROVAÇÃO–DESAPROVAÇÃO ou MASCULINO–FEMININO. É de grande ajuda estar sempre alerta para essas estruturas profundamente enraizadas à medida que você investiga sua própria padronização.

ENCONTRANDO TODOS OS OPOSTOS CERTOS

Quando estiver fazendo seu trabalho de polaridade, é importante gastar seu tempo encontrando todos os opostos corretos. Você irá querer sentir cada palavra o mais profundamente possível. Cada palavra é uma vibração e um estado de consciência. Se não puder encontrar o oposto de uma palavra, é melhor meditar a respeito e orar por ajuda, em vez de passar por ela superficialmente. Algumas vezes esse esforço extra lhe trará as maiores liberações.

O fato de não conseguir encontrar um oposto é uma indicação de que esse estado está profundamente enterrado no inconsciente. Quando há um oposto escondido dessa forma, isso significa que você provavelmente age inconscientemente em instâncias que envolvem aquela polaridade; é uma indicação de que está sendo impulsionado por padronização egoica (como um programa de computador). Essa é também uma área em que você, provavelmente, tende a *ser provocado*.

O exemplo de Paul é ótimo para isso. Se puder se lembrar, uma das palavras em sua lista era *indignação*. Ele não conseguia pensar em qualquer palavra que pudesse se encaixar como um oposto disso. Após ter meditado a respeito por um tempo, ele se deu conta de que essa era uma área inconsciente para ele. Sabia que esse era um bom indicador de que ele estava, provavelmente, um tanto desequilibrado nessa área. Em sua sondagem interior, percebeu que se sentia preso por essa questão de sentir-se indignado, raivoso, quando tratado injustamente. Após ter meditado a respeito do possível oposto para indignação, e após ter "sentido" durante vários minutos sem sucesso, finalmente desistiu de pensar em uma palavra. Em vez disso, tirou seu dicionário de sinônimos e antônimos, e procurou. Havia uma lista de mais de doze palavras como opostos a *indignado*, das quais ele escolheu *imperturbabilidade*, que significa *calma inabalável*. Aquela palavra ressoava muito claramente e mantinha a exata vibração oposta para ele. De fato, logo que leu a palavra, comunicou que sentiu uma mudança mental imediata ocorrendo.

Paul também disse que antes de ter escrito a respeito da história, quando ela estava apenas flutuando em sua cabeça, não podia ver como se sentia indignado. Apenas após ter escrito a história e ter se dedicado a encontrar seu oposto, foi que ele, em verdade, acabou por descobrir seus sentimentos de indignação e raiva, por acreditar que estava certo e ela errada. Até então não havia percebido que possuía tanta carga em relação a esse determinado sentimento. Ele se deu conta de que havia muitas, muitas instâncias por toda sua vida nas quais acabava sentindo-se indignado – raivoso e vitimado por circunstâncias aparentemente injustas. A cada vez, sua reação de culpa, ira e impotência em face da crueldade da vida era como um velho disco arranhado, repetindo-se. Após ter encontrado o lado inconsciente oposto, um tipo de mudança mágica aconteceu para ele, o que lhe possibilitou liberar a intensidade da situação e não torná-la tão real. Se tivesse interpretado o incidente como sendo muito insignificante para processar, ou mesmo se não tivesse gasto algum tempo encontrando o oposto adequado para todas as palavras em sua lista, ele nunca haveria experimentado uma ruptura tão grande.

OFERECENDO AMBOS, O POSITIVO E O NEGATIVO

É importante oferecer ambos os lados de uma polaridade, não apenas o lado negativo. Você apenas experimentará a mudança se oferecer ambos, o negativo e o positivo.

Por exemplo, digamos que você esteja vivenciando um lado de uma situação, como a *vítima*. O outro lado, o opressor, encontra-se no inconsciente e está sendo representado para você por algum tirano, como, por exemplo, seu patrão. Você pensa: "Já tive o bastante sendo uma vítima impotente. Eu quero mudar. Quero ser poderoso. Quero ser o patrão". A menos que peça para ser liberado de *ambos* os lados, a vítima *e* o opressor, a mudança que você obterá será uma rotação para o outro lado da polaridade. Você se verá de alguma forma vivenciando, em seguida, uma experiência de opressor. Ou isso, ou você perceberá que outro opressor aparecerá para perturbá-lo.

O segredo é que você encontre o lado oposto
porque esse é o lado oculto. Enquanto houver
uma parte escondida, a polaridade não se integrará.

É melhor oferecer ambos os lados de uma vez, a vítima e o opressor. Então não haverá necessidade de mudar de um lado para o outro, o que nos mantém presos ao ego. É muito difícil mudar se damos atenção a apenas um lado da situação. Com esse trabalho, estamos oferecendo o lado negativo e o lado positivo da situação. Ambos! Não dizemos: "Bem, estou mais que feliz por ter-me livrado do negativo, mas quero manter o positivo". Isso é atração e repulsão.

Existem muitos ensinamentos que enfatizam estar no lado positivo o tempo todo. E isso é adequado se você deseja permanecer no estado de separação, onde somos ainda consciência e inconsciência. Tentar ser positivo o tempo todo é um bom começo, especialmente se seu condicionamento o ensinou a ser muito negativo. Se o ego fosse um baralho de cartas, a técnica de tentar pensar e sentir positivamente o tempo todo seria um tanto como embaralhar as cartas para se tentar obter uma mão melhor. Mas se estamos querendo ascender, temos de encarar ambos os lados, negativo e positivo. *Temos de estar dispostos a nos desapegar de ambos os lados*. Não podemos nos ater ao positivo e tentar nos livrar do negativo. Se fizermos isso, ficaremos presos no sistema separado porque estaremos buscando apenas ter experiências positivas com a mente consciente. A atração e a repulsão nos aprisionam.

ESCREVENDO SEUS *INSIGHTS* ADICIONAIS

Após ter oferecido o positivo e o negativo e enquanto espera por graça, você pode perceber que está tendo *insights* a respeito de seu processo. É importante mantê-los em seu diário, já que são um presente para ajudá-lo a purificar-se e a equilibrar-se mais. É o inconsciente que se torna consciente; é muito importante reconhecer isso e estar grato. Os *insights* são o resultado direto de seu oferecimento e da camada da cebola que se desfaz. Isto é a graça que entra.

Não importa o quanto você ache insignificante o seu processo, ainda assim pode obter profundos *insights* para escrever, caso dedique-se a observá-lo com profundidade. Por exemplo, aqui estão os *insights* que Paul escreveu após ter oferecido sua lista de opostos e enquanto esperava pela graça. Para um episódio aparentemente tão trivial, veja o nível de profundidade que ele pôde atingir, o que lhe possibilitou desemaranhar um padrão egoico importante em sua vida.

> *Eu realmente me dei conta de que a indignação hipócrita é um assunto importante com o qual preciso lidar. A ironia foi que alguns dias atrás eu falava com um amigo sobre um padrão que possuo de ficar indignado. E o fato de esse sentimento de indignação ter surgido repetidamente naquele incidente na rodovia alguns dias mais tarde, foi o indicador para mim de que realmente precisava observar e processar esse assunto. Vejo que sempre pensei que é perfeitamente normal ficar indignado, por vezes, quando sinto que estou certo e que a outra pessoa está errada. Vejo que algumas vezes sinto tanta certeza de que estou certo que não há qualquer dúvida a respeito, que não há nenhuma permissão para que qualquer outra coisa entre. É como se houvesse os caras bons e os caras maus, e só. Deus está do meu lado. Mereço sentir indignação quando estou certo!*
>
> *Isso pode se tornar muito sutil, também. Como, por exemplo, quando vejo que adentro esse estado me prendendo a opiniões e a sistemas de crença. No caso do trânsito ficou muito óbvio porque fui provocado por alguém que tinha o controle da rodovia, e não eu. Eu queria ter o controle da rodovia. Era uma luta de poder. Então a luta se deu de forma barulhenta na estrada, com*

carros. Mas vejo que faço isso em outras arenas de minha vida. Como, por exemplo, quando acredito que sei o que é certo para outra pessoa, ou mesmo para o mundo.

Fico realmente confortável quando tenho o controle porque eu sei tudo. Faz parte do "sentir-se seguro", quando estou certo. Tudo está bem. Então, o controlador em mim torna-se hipócrita e indignado quando o controle lhe é tirado. Posso ver que o oposto, <u>imperturbabilidade/calma inabalável</u>, possui uma chave para mim. Preciso me mover mais na direção de não me importar tanto se estou no controle ou certo o tempo todo, para que eu não me incomode tanto, não me machuque tanto e nem fique com tanta raiva e pessoalmente afetado nesse tipo de incidente (não estar tão apegado). Eu poderia apenas ter relaxado na rodovia e dito: "OK, então chegarei alguns minutos atrasado". Não, em vez disso, foi algo enorme para mim. O sentimento de estar tão absorvido e profundamente afetado por uma coisa tão pequena foi horrível. Sinto-me ótimo em poder liberar tudo isso e devolver tudo a Deus.

Também vejo como foi importante para mim ter um pouquinho de testemunha disponível durante o incidente. A parte testemunha de mim sabia que a coisa toda era uma armação para que eu pudesse aprender algo a respeito de meu processo! Então, quando perguntei: "O que isso está me ensinando?", obtive um pedaço enorme do quebra-cabeça. <u>Vi a parte de mim que precisa estar no controle e que fica indignada quando não está no controle</u>. É claro que toda a lista de palavras foi importante, mas mereceu atenção especial o assunto do controle e do sentir-me indignado. Todos esses assuntos são sobre querer as coisas a meu modo. Posso ver como realmente fico preso em muitas áreas de minha vida, de maneiras súbitas (e não tão súbitas, como no caso da rodovia!).

Estou me dando conta, agora, de como todo esse incidente é surpreendente. Quando o escrevi pela primeira vez pensei: "Isto é insignificante. É uma história boba demais para ser processada. Não é um grande drama". Mas, ainda assim, ela enfatizou todo o meu processo dos últimos meses! Isso tem estado presente em todos os assuntos dos últimos meses. Não foi algo ao acaso. Se eu não tivesse processado, nunca teria visto esse grande pedaço do quebra-cabeça.

ENCONTRANDO O QUADRADO-CHAVE
Uma das maneiras mais poderosas de aprofundar o nível da experiência de rompimento que você obtém através de seu processamento é fazer o quadrado-chave.

Em outras palavras, quando você processa um assunto que o mantém fora de equilíbrio, talvez haja certo número de quadrados que poderiam ser feitos para ajudar na resolução da situação. E encontrar o melhor quadrado, utilizando a polaridade correta, é a chave para obter-se o rompimento mais significativo. É necessário prática para se aprender a fazer isso, mas é uma aptidão intuitiva que vem com o tempo. Você pode começar orando para que sua intuição se desenvolva. A sua intuição também se desenvolve naturalmente à medida que você processa, e é possível sentir o processo mais e mais até que se possa encontrar o quadrado perfeito. No início você perceberá que fazer o quadrado com sua polaridade temática será uma excelente forma de começar, tal como Paul fez com CONTROLE–FORA DO CONTROLE, mas através da prática poderá intuir aquela polaridade que chega ao cerne da questão, algo que poupará muito tempo em seu processamento. Observará que, enquanto sua intuição se desenvolve, você poderá navegar no labirinto de sua padronização egoica com maior facilidade, focando no nó da consciência que mantém o problema preso, desfazendo-o.

SEGUINDO O FIO DA CONTINUIDADE

Geralmente a graça fornecerá a você um fio de continuidade ao longo de seu processo, que o levará a obter *insights* cada vez mais profundos. Quanto mais seguir o fio e quanto mais rigorosamente examinar seus assuntos, maior será sua liberação. O fio o leva à liberdade. É importante, portanto, ser persistente com um processo e aprofundá-lo mais e mais.

Em termos práticos, é assim que poderá parecer. Seguindo o fio da continuidade, você se fiará bastante na intuição. Comece em uma extremidade do fio simplesmente fazendo a técnica de processamento de polaridades. Uma vez que tenha oferecido sua lista de opostos e tenha escrito a respeito de seus *insights*, poderá perceber que está sendo guiado a fazer mais processamento. Por exemplo, seguindo o fio de sua intuição, pode ser que se sinta movido a fazer um quadrado e um triângulo sobre sua polaridade temática. Isso pode levá-lo mais adiante no fio da continuidade, no sentido de fazer mais polaridades, quadrados e triângulos, e em direção a uma grande liberação em autocompreensão. Por exemplo, você poderá perceber que sua saúde física melhora, ou mesmo que lhe é dada uma oportunidade para liberar emoções antigas presas, ou que há a cura de uma rixa entre você e um velho amigo.

Em busca da mudança radical, você irá querer seguir o fio até que possa dizer: "Isto está totalmente além de mim, Deus. Estou preso nesta bagunça e não sei o que fazer. Livra-me *agora*! Devolvo-lhe esta situação, porque realmente não sei mais o que fazer com ela. Leve-a, por favor. Equilibre-a para mim. Sinto-me como um malabarista, tentando gerenciar minha vida com todos esses pedaços voando. E não posso mais aguentar". Então, você se sentirá absolutamente esgotado com o padrão e estará pronto a renunciar a ele. Basicamente, é mudança o que você está pedindo e ela sempre lhe é dada.

Tudo o que você precisa fazer é pedir e lhe será dado.

Você apenas precisa ter certeza de que está pedindo algo muito específico. Se possui uma lista de coisas com as quais não pode mais lidar, trabalhou com quadrados e triângulos, encontrou o pedaço que faltava no quebra-cabeças, o lado inconsciente que o completa, e se estiver totalmente entregue, então está maduro para a mudança.

Aqui está o exemplo de Paul e como ele seguiu o fio da continuidade. Após ter oferecido sua lista de opostos e escrito a respeito dos *insights*, ele escolheu fazer um quadrado com CONTROLE e FORA DO CONTROLE. Era uma questão importante o bastante para ele decidir gastar algumas horas no quadrado, diariamente, até que o tivesse sentido completo. Ele realmente sondou profundamente durante três dias e sentiu que havia seguido o fio até o seu limite. Após ter oferecido o quadrado, vivenciou outra grande liberação. Sua cura veio em forma de sonho. Aqui está a página de diário a respeito de sua experiência.

Dois dias após ter oferecido o quadrado, tive um dos sonhos mais profundos de minha vida. Foi um sonho muito longo e detalhado, mas tentarei fornecer aqui uma sinopse. Vi um lindo unicórnio galopando livremente em uma praia de areias límpidas.

Eu estava com um espírito guia, que estava do meu lado direito observando comigo tudo se desdobrar. Então uma nave espacial recolheu o unicórnio em um raio de luz. Fiquei muito, muito chateado e reclamava com meu guia sobre a situação, perguntando-lhe: "Como puderam fazer isso com aquele pobre e indefeso unicórnio? Eles fizeram aquilo contra a vontade dele. Como ousaram!". Meu guia apenas riu e me disse para ficar quieto e observar.

Em seguida, estávamos no interior da nave e eu era o unicórnio. Ainda assim eu também estava separado e era eu, simultaneamente. Muitos e muitos *seres de luz amáveis estavam lá, comandando a nave, trabalhando ocupados e em perfeita harmonia. Percebi que eram todos muito neutros, muito suaves emocionalmente e muito amorosos. Sua missão era prestar serviços benéficos à Terra. Quando reclamei a respeito do unicórnio ter sido levado sem ser consultado, <u>sem controle</u>, eu disse <u>com indignação</u>: "Deem uma boa razão para que eu deva permitir que vocês fiquem com o unicórnio!". Nesse ponto, todos os seres da nave imobilizaram-se e olharam para mim. Houve uma pausa e então um deles disse: "Será que a salvação do planeta é um bom motivo?". Eles me explicaram que o unicórnio estava também prestando serviços em sua entrega e neutralidade.*

Então parti para uma incrível aventura a bordo da nave, o que incluía informação profunda a respeito da realidade de meu ser. No final do sonho, os seres me contaram e me mostraram, em detalhes, a história do Santo Graal, que é uma de minhas favoritas. Apenas um dos cavaleiros, dentre todos com suas nobres virtudes, pôde trazer o graal de volta. Era Percival, e foi devido à sua <u>pureza</u>, a virtude acima de todas as virtudes. Disseram-me que sou Percival. É claro que eu disse que eles haviam escolhido a pessoa errada e comecei a revelar-lhes as minhas falhas. Mas eles disseram que nada daquilo importava; que era apenas ego, apenas uma roupagem temporária. E me disseram que eu deveria voltar e salvar a Terra! Eu não queria deixá-los e, relutantemente, me vi sendo mandado de volta.

Então acordei em um estado completamente alterado, sentindo-me como se verdadeiramente tivesse estado a bordo de uma nave. Sei que algo de milagroso aconteceu durante o estado de sonho, algo que ainda não se desdobrou nem se revelou a mim. Ficou realmente claro para mim que fazer os quadrados e triângulos foram passos significativos em meus insights e rompimentos acontecidos nas últimas semanas. Posso sentir que estou liberando muito da energia desequilibrada a respeito de sentir-me indignado quando eu, o eu pequeno e limitado, não estou no controle. Estou me movendo muito mais para os estados de coração: entrega, desapego, neutralidade e pureza.

PERCEBENDO A MUDANÇA E ACELERANDO SUA EVOLUÇÃO

Além de escrever a respeito de seus *insights*, é muito importante que você permaneça alerta e consciente enquanto a graça adentra e a mudança ocorre. Se puder perceber e reconhecer a mudança, verá que seu processamento tornar-se-á muito mais poderoso e seu progresso será acelerado. As mudanças vêm de muitas formas e ajuda muito poder reconhecer os vários aspectos de como elas podem se manifestar.

Algumas vezes a mudança é tão sutil que você quase não a percebe, mas, outras vezes, será tão dramática que algo mudará instantaneamente em sua vida. O processamento pode ter o efeito de realinhamento do corpo sutil ao corpo físico. Pode ser que você sinta músculos, ossos ou juntas do corpo se reposicionarem e se ajustarem. Ou o telefone poderá tocar e a mesma pessoa que estava envolvida no drama que você vinha processando estará na linha oferecendo uma solução ou uma nova situação.

Essa mudança de energia é instantânea na medida em que você a oferece. Algumas vezes a energia muda tão logo você encontre o oposto certo para uma determinada palavra temática em sua história, mesmo antes de fazer um oferecimento, como foi o caso de Paul. Isso acontece porque se está trabalhando com energia mental, que se move mais rapidamente que a energia física.

Processando dessa forma, você pode evitar a necessidade de viver situações no plano físico durante um período de meses ou anos.

Você pode criar mais crescimento, com maior rapidez, utilizando as técnicas mentais em vez de viver situações no físico. Se você está numa trilha rápida de sua evolução, isso também ajuda.

Somos constituídos para que possamos sentir apenas um lado de um par de opostos. Não podemos acessar a parte de nós que falta, o inconsciente, em nível de sentimento; podemos apenas acessá-la intelectualmente. Entretanto, após ter feito esse trabalho de polaridade por um tempo, o véu entre o consciente e o inconsciente começará a se dissolver. Por exemplo, você poderá perceber que está alegre e triste ao mesmo tempo. A princípio, isso é bastante bizarro. Sentir ambos os lados de uma polaridade dessa forma pode fazer com que você ria. Você ri porque sente e vê os dois lados de uma só vez. Quando você vê ambos os lados, essa percepção puxa sua consciência para o meio entre os dois lados, o local de neutralidade, longe da posição de estar preso a um só lado de uma polaridade. Quando vê isso, você está livre! É mágico. Se você nunca experimentou, esse pode ser um momento poderoso e milagroso.

Através dos anos de trabalho com muitas pessoas, também me conscientizei de um fenômeno bastante estranho. Após ter processado uma questão, as mudanças ocorrem de formas bem surpreendentes e ainda assim, algumas vezes, as pessoas não as veem! Com muita frequência é preciso um amigo ou um guia para assinalá-las, mesmo quando as mudanças se apresentam de forma tão dramática. Atribuo esse fenômeno à natureza da consciência humana, que é estar consciente de si mesma em um dado momento e pensar que sempre foi assim. Quando mudamos, frequentemente não nos lembramos de como costumávamos pensar e sentir antes. É extremamente útil permanecer na testemunha e manter em mente a figura maior, assim como merece atenção o processo em andamento; é importante observar, com o tempo, o desdobramento do equilíbrio e do despertar. Um bom diário ajuda nessa tarefa.

Muitas vezes, quando trabalho com as pessoas, elas estão em péssimo estado mental. Fazemos uma lista de polaridades, oferecemos e aguardamos por alguns momentos. Então, cinco minutos mais tarde, elas estão alegres e saltitantes. É comum olharem para mim e dizerem: "Nada aconteceu!". Elas nem se dão conta de que, um minuto atrás, estavam de mau humor e que, no minuto seguinte, estavam se sentindo melhor e que isso foi resultado do processo que havíamos acabado de fazer. Estamos tão acostumados com nossa consciência que se move de um estado para outro que, a menos que tenhamos praticado um pouco, não podemos ver que ocorreu uma mudança porque fizemos a lista. É que a mudança ocorre, mesmo que não a tenhamos visto.

Como vimos na Parte Um, aqui está um outro exemplo dentre muitos que encontrei ao longo dos anos. Uma vez trabalhei com uma mulher, ajudando-a a processar alguns de seus assuntos que envolviam dinheiro. Eu a chamarei de Samantha. Ela me disse que vivia sem dinheiro. Descobrimos que Samantha tinha muitos conceitos errôneos, como "se você é espiritual, não deveria ter dinheiro". Então sugeri alguns quadrados e processamentos, sobre os quais ela ficou muito excitada. Em um telefonema posterior, ela me contou a respeito dos muitos *insights* novos que estava tendo e como o processamento estava fluindo bem. Dois meses mais tarde, uma de minhas assistentes me disse que havia falado com Samantha por telefone. Disse que ela informara que estava muito deprimida, pois nada estava mudando em sua vida. Ela ainda não tinha dinheiro. Quando a assistente sondou um pouco, Samantha mencionou que nos últimos dois meses (desde o processamento!) ela havia sido promovida de empregada em tempo parcial para funcionária em tempo integral, com benefícios completos. Quando a assistente apontou esse fato para ela e sugeriu que a mudança havia ocorrido como resultado direto de seu intenso processamento, Samantha tornou-se muito pensativa. Após alguns minutos, ela se deu conta de que, de fato, essa havia sido a sequência de eventos. Reconheceu que, sim, talvez ela estivesse se movendo na direção de obter mais abundância em sua vida. Mas, de alguma forma, ela não havia juntado os dois fatos!

Portanto, é de enorme ajuda estar consciente do contexto maior, assim você construirá o *momentum* espiritual. Tente rastrear suas mudanças. Quanto mais você as reconhecer e estiver grato, mais graça virá e o visitará, enchendo-o de dádivas.

VIVENCIANDO UMA SIMULAÇÃO

À medida que fizer esse trabalho você aprenderá a tornar-se mais e mais consciente, alerta em sua testemunha o tempo todo. Verá que esse é um estado de ser muito prazeroso, muito centrado, equilibrado, relaxante e jubiloso. Dessa posição há um movimento fácil em direção a estados maiores de clareza, enquanto você atravessa os véus do ego negativo. É especialmente de ajuda, após ter completado o processamento e a mudança, estar consciente daquilo a que chamamos *simulações* ou *armações*. Geralmente, após ter terminado seus oferecimentos e ter clareado uma questão, será oferecida a você uma dessas condições. Elas são simplesmente pequenos testes, de algum tipo, para lhe dar a oportunidade de realmente atravessar o véu por completo.

Como é isso? Certamente não é algo para se ter medo! Não é como exames finais na escola; o Espírito é muito mais suave que isso! Algumas vezes é um teste imediato; outras vezes o teste acontece um dia depois ou até em uma semana. Geralmente você é presenteado com uma situação que possui a exata estrutura da questão que você acabou de clarear. O conteúdo superficial pode mudar, mas a mensagem subliminar da experiência é exatamente a mesma. É uma situação que causa um certo tipo de reação mental–emocional em você.

Será que está desperto o bastante e em sua testemunha neutra para perceber que se trata de uma armação? Você está recebendo o poder de escolha naquele momento. Voltará ao velho condicionamento, ao padrão de personalidade limitada, ou é capaz de liberar tudo? Mudou o bastante para não ter de repetir a mesma velha coisa? Está em sua neutralidade, desperto e purificado o bastante naquele momento para passar pelo mesmo tipo de situação que costumava atravessar, sem reagir da mesma forma? O desafio da simulação é provocar o movimento para além de suas próprias limitações, em direção a um estado mais expandido, equilibrado e inteiro. Se você puder fazer isso, liberará aquele velho padrão de vez. Aquela camada nunca mais voltará! Esse é o seu bem-merecido "100" no teste.

Aqui está um truque para ajudá-lo a passar pelo teste. Após a purificação, peça à graça que o ajude a manter-se alerta e em sua testemunha neutra para que esteja preparado para o seu teste. Quando vier a armação (a mesma velha situação que costumava acionar seu padrão) e você a vir, diga a si mesmo e ao Espírito: "Eu não sou isto". Reconheça que você não é essas coisas do mundo, essas emoções, esses pensamentos, a velha personalidade padronizada. Eles estão passando através de você. Dessa forma você não se prenderá a eles e não reagirá da mesma velha forma.

Então você diz: "Eu sou Aquilo". Lembre-se, *Aquilo* é um dos nomes de Deus. Está dizendo: "Eu sou consciência pura. Eu sou consciência". Pode ser que você sinta as mesmas emoções e pense os mesmos pensamentos no momento da simulação, mas não estará identificado com eles. Como pura consciência, permite que eles passem através de você, não se prendendo a eles e não os tornando reais.

Essa técnica vem do sistema *Advaita Vedanta*, uma forma de jnana ioga. "Eu não sou isto. Eu sou Aquilo", traduz-se em sânscrito aproximadamente como *Neti neti. Tat twam asi*. Quando estiver sendo testado, você pode dizer qualquer uma das versões, em português ou em sânscrito.

Você também não reprime, nega ou evita
a experiência conforme ela se desdobra.

Em vez disso, permite que ela seja o que é. Entrega-se a ela, permanecendo desapegado e não afetado pelo drama. Pode ser algo muito desafiador e parecer muito real, mas é apenas o jogo da personalidade, a dança da dualidade. É importante lembrar isso a si mesmo e fazer as afirmações ao universo e a seu Eu superior. Então, milagrosamente, o drama termina, a turbulência se acalma e você passou no teste. Está purificado. Está livre.

Há uma linda cena no filme *O Pequeno Buda*, de Bernardo Bertolucci, com Keanu Reeves, em que Siddhartha está meditando e recebe como presente um teste de seus maiores desejos e piores medos. (Não se preocupe! Esse é um exemplo extremo. Quando você inicia o processamento, terá testes fáceis e simples.) Imagens de tempestades violentas, monstros terríveis e de guerra passam à frente de Siddhartha, mas, permanecendo em sua testemunha neutra, de forma meditativa, ele reconhece que está apenas sendo testado, que o medo nasce do ego e que nada daquilo é real. Ele permanece desapegado. Quando cada simulação se completa, a imagem holográfica desaparece. Quando tudo termina, ele está iluminado. Todo o filme é maravilhoso, mas vale a pena vê-los apenas por essa cena, que é uma descrição brilhante de como esse princípio funciona.

A ASCENSÃO E A ELEVAÇÃO DA CONSCIÊNCIA

Observe a si mesmo por vários dias e verá como sua atenção e sua energia flutuam constantemente, à medida que você é puxado pelas reações negativas e positivas da vida. Isso é o que geralmente chamamos de montanha-russa da vida. Em um dia qualquer podemos passar de felizes a deprimidos, e de volta à felicidade. Fazendo os processos, a oscilação em direção aos extremos diminui.

Mas algo ainda mais profundo e inesperado também acontece. Nossos "novos" vales negativos estarão onde os "velhos" picos positivos costumavam estar. A mediana entre os dois extremos muda por meio da elevação da vibração. Essa mudança na vibração, resultando do fluxo aumentado de energia, é conhecida como ascensão. (Figura 12.1)

*A mediana entre nossos estados altos e baixos
muda na medida em que fazemos o trabalho de transformação.*

O gráfico apresentado a seguir mostra que a vibração total do sistema de uma pessoa está sendo acelerada. A longo prazo, o processamento para fora de estados condicionados e desequilibrados acaba por acelerar a vibração. Os desequilíbrios que mantemos desaceleram a vibração, cuja purificação nos possibilita uma reconexão com nossa energia maior, nosso espírito, nossa força vital e com a vida em si. Quando atingimos uma vibração mais alta, ganhamos enorme força. Isso nos move de forma acelerada ao próximo nível daquilo em que estivermos trabalhando, como um trampolim para a próxima mudança, para que nossa ascensão continue se desenvolvendo.

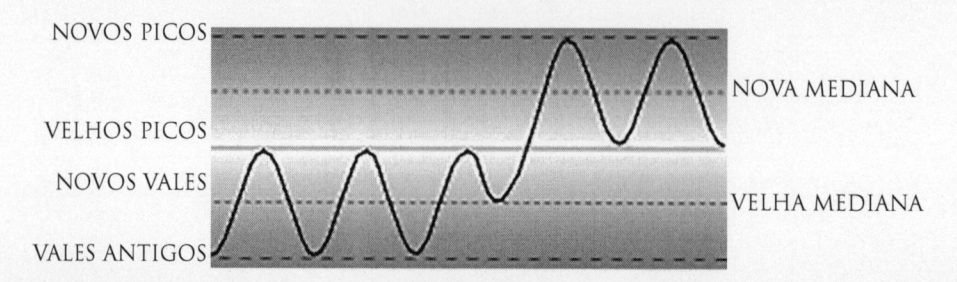

Figura 12.1

REVISÃO
Os passos do poder mais profundo do processamento.
1. Encontre um tema para a sua história.
2. Encontre todos os opostos certos.
3. Ofereça ambos, positivo e negativo.
4. Escreva seus *insights* adicionais.
5. Encontre o quadrado-chave.
6. Siga o fio de continuidade:
    * peça graça e ajuda para permanecer na testemunha neutra;
    * diga "Eu não sou isto. Eu sou Aquilo".

SUGESTÕES PARA TRANSFORMAR A TEORIA EM PRÁTICA
1. Faça uma história de processamento de polaridades. Após ter feito sua lista de opostos, encontre a polaridade ou polaridades temáticas. Escreva no topo da página perto da data.
2. Ao fazer sua lista, se houver um oposto que você não puder encontrar ou estiver incerto a respeito, medite, sinta a palavra e veja o que surge. Também procure a palavra em um dicionário de sinônimos-antônimos ou em uma enciclopédia. Há alguma palavra que ressoa para você como o verdadeiro oposto? Você sente uma mudança ou obtém *insights* fazendo isso?
3. Faça um triângulo e um quadrado sobre sua polaridade temática.
4. Revise sua lista, seu triângulo e seu quadrado antes de oferecer. Você é capaz de oferecer o negativo e o positivo? Se não, escreva a respeito e ore por purificação.
5. Após ter oferecido, escreva a respeito de *insights* adicionais.
6. Você está sendo guiado a fazer mais processamento como resultado de sua oferenda? Siga o "fio de continuidade" e veja para onde ele o leva. Escreva a respeito de sua experiência.
7. Durante os dias seguintes ao processamento, você esteve consciente da graça recebida e das mudanças que ocorreram? Escreva a respeito de sua experiência.
8. Após ter vivenciado uma mudança, perceba-se em uma simulação. Então escreva em seu diário a respeito do teste. Inclua respostas às seguintes perguntas:
    a) Como o conteúdo superficial foi diferente, desta vez?
    b) Como a estrutura básica permaneceu a mesma?
    c) Onde você conseguiu manter fortemente a testemunha?

d) Em que você reagiu?
e) Você lembrou de dizer "Eu não sou isto. Eu sou Aquilo"?

TESTEMUNHO ♦ O ADVOGADO RAIVOSO

Trabalho em um escritório de advocacia em Los Angeles. Minha superior direta é uma procuradora, que por sua vez trabalha para o procurador-chefe, a quem chamarei Patrick. Patrick é um manipulador que odeia mulheres. Ele tem um verdadeiro problema em situações nas quais as coisas estão um pouco fora dos eixos. Ele explode e encontra a mulher mais próxima para descontar. Todas as mulheres em nosso escritório pisam em ovos quando estão perto dele, para não provocá-lo.

Eu o observei por aproximadamente um ano, vendo-o insultar, denegrir e geralmente manipular para que todos tivessem medo dele, e para exercer o poder que ele tenta manter sobre as pessoas. Venho praticando as técnicas de *O Casamento do Espírito* por alguns anos, e então passei muito tempo processando a personalidade de Patrick e minhas reações a ele. Também processei muitos dos dramas do escritório e das explosões envolvendo Patrick e suas terríveis grosserias.

Um dia ele estava atormentando minha chefe, que eu chamarei de Henrietta, a ponto de quase levá-la às lágrimas. Ouvi-o gritando com ela e me dei conta de que ninguém jamais iria enfrentar esse homem, e que ele continuaria fazendo isso enquanto pudesse. Eu estava quase por pedir demissão, mas em vez disso processei mais profundamente, orando por uma resolução e por clareza. Aproximadamente uma semana mais tarde, o Espírito orquestrou uma situação que era absolutamente perfeita para mim. Patrick estava com raiva porque algo não havia sido feito no escritório. Ele me chamou à sua sala porque sua secretária não estava e ele, obviamente, precisava de alguém em quem pudesse descarregar. Adivinhe quem? Eu mesma. Fiquei de pé em seu escritório e falei a ele de forma calma, explicando que não tinha a mínima ideia do porquê dessa determinada coisa não ter sido feita; mas parecia que, quanto mais calma eu ficava, mais excitado ele se tornava. Em certo ponto ele se levantou (sua face tão vermelha quanto uma beterraba) e começou a gritar obscenidades para mim.

Foi naquele momento que eu soube que o Espírito estava me apoiando e, muito calmamente, pedi a Patrick para que nunca falasse assim comigo novamente, pois se ele quisesse discutir algo, tudo bem, mas não dessa forma. Bem, ele praticamente explodiu o teto do prédio. Tive medo, mas não arredei pé. Eu sabia que eram apenas palavras e não podiam me ferir. Eu também sabia que devia defender meu ponto de vista. Ele finalmente me expulsou de seu escritório devido à frustração. Tão calmamente quanto possível, entrei no banheiro feminino e esperei até que o tremor parasse. Então voltei para a minha sala. Dentro de uma hora ele novamente me chamou à sua sala. De forma infantil, ele se desculpou da melhor maneira que pôde. Eu não lhe disse uma única palavra, mas simplesmente balancei a cabeça e voltei ao trabalho. Levou perto de uma semana até que a atmosfera houvesse esfriado, isto é, até eu estar falando com ele novamente de forma cortês.

Talvez isso não pareça monumental, mas, desde aquele dia, não apenas o relacionamento entre eu e Patrick mudou, mas também entre ele e todas as mulheres do escritório. Acredito que o fato de defender meu ponto de vista e de ele deixar que sua raiva passasse através de mim, em vez de reagir a ela, possibilitaram um alívio da carga de suas viagens de poder. Também acredito que, fazendo meu próprio processamento, tornei-me purificada o bastante para não ser compelida a reagir quando ele explodiu comigo. Pude permanecer em minha testemunha neutra e não reprimir minha raiva, mas sim deixar que ela passasse através de mim no momento crucial. Ele não mais se enraivece tanto. Não apenas isso, ele tende a ficar bastante tempo em minha sala falando de assuntos pessoais, e ele me disse, em mais de uma ocasião, que eu sou sua psicóloga da casa. Ha ha!! Agora somos amigos e eu estou em meu coração com ele. Atribuo nossa nova amizade, nossa união, ao fato de eu ter processado sua personalidade; tanto que me apropriei de suas características como sendo minhas próprias projeções. Apropriei-me de meu mundo externo como sendo eu mesma. Surpreendentemente, reparei que a fofoca no escritório no que se refere ao seu comportamento diminuiu e todos se sentem melhor por isso. Ainda estou estupefata em ver que seu comportamento mudou porque processei a mim mesma, modificando-me interiormente. Também sinto que houve uma fusão da consciência masculina/feminina nesse escritório, melhor e mais fácil para todos trabalharem. Para mim, isso é prova de que posso mudar minha realidade exterior mudando minha consciência interna.

A jornada de mil milhas começa com o primeiro passo.

– Lao Tsu

TREZE

AVENTURAS EM TRANSFORMAÇÃO

*A*gora que possui mais prática na aplicação dos princípios de *O Casamento do Espírito* e já vivenciou os efeitos posteriores do processamento, você está pronto para uma aventura em transformação. Aqui se encontram alguns métodos para ajudá-lo a mergulhar um pouco mais profundamente no inconsciente. Este capítulo inclui:

- maneiras de encontrar os aspectos mais escondidos de seu padrão (seus pontos cegos) utilizando os quadrados e uma técnica chamada espelhamento;
- "dicas" a respeito de algumas sutilezas de quadrados e triângulos;
- uma técnica denominada duplas ligações, que auxilia no desemaranhar dos nós mais espinhentos da mente;
- uma olhada em domínio, dúvida e falta de sentido, o que ajudará a diminuir a intensidade potencial do processo em torno desses temas.

UTILIZANDO QUADRADOS PARA ENCONTRAR SEUS PONTOS CEGOS

Os quadrados ajudam a começar a reconhecer padrões com certa rapidez. Eles realmente revelam as situações que você frequentemente não quer olhar (onde escolhe manter um ponto cego). Lembre-se de que nunca vivenciará os quatro quadrantes ao mesmo tempo. Entretanto, é possível que você tenha vivenciado cada quadrante em diferentes épocas. Qual é o nível de consciência que possui disso? O ponto principal aqui é revirar as pedras e olhar.

Algumas vezes você encontrará um quadrante
que revela todo um padrão de evasão
e você terá uma revelação.

Você se dará conta de que está criando uma dinâmica de atração e repulsão, e de que está bloqueando aspectos de sua consciência e impedindo sua integração. Está bloqueando sua própria ascensão em direção à totalidade. O puxa-empurra associado a esses estados não se integrará até que você tenha se tornado consciente de todos os quadrantes que faltam. Quando isso acontece, então o quadrado se integra.

Por exemplo, se você se encontra com algum tipo de dor e faz o quadrado relacionado à DOR e PRAZER muitas e muitas vezes (em conjunto com outros quadrados relacionados) e, ainda assim, não sente uma mudança, provavelmente tem um ponto cego em um dos quadrantes do quadrado. É provável que não esteja vendo a totalidade do comportamento de um dos quadrantes. O que você pode fazer se for esse o caso?

Se não puder pensar em nada para determinado quadrante, então ele está totalmente morto para você, que o enterrou profundamente no inconsciente. Nunca se permitiu vê-lo.

Nesse caso, o primeiro passo é orar por graça e pedir ao Espírito para que lhe seja mostrado o quadrante que falta, aquele que prende o padrão no lugar porque ainda se encontra inconsciente.

Com muita frequência outras pessoas veem como você representa aquele quadrante, mas você não se permite vê-lo. O segundo passo é tentar processá-lo com um amigo ou grupo de amigos. É de enorme ajuda processar com outras pessoas que possam ajudá-lo a ver seus pontos cegos. Por exemplo, no quadrado DOR–PRAZER talvez haja algum aspecto do quadrante DESEJO DE DOR que você não pode ver, mas que outra pessoa possa ver por você.

Existe um ditado: "Se pudéssemos ver por nós mesmos como os outros nos veem, que revelação isso seria". O oposto disso é vermos nossas próprias falhas nos outros. Isso é que é uma projeção. Então, o terceiro passo é, caso você encontre um quadrante que lhe esteja causando problemas, procurar ver esse quadrante em outra pessoa. Então ponha-se na pele dessa pessoa, apropriando-se do fato de que somos todos um e de que possuímos consciente e inconsciente coletivos. Se *realmente* nos apropriarmos disso e *acreditarmos*, e *soubermos* em nosso coração, será possível ver a nós mesmos nos outros e assim preencher o quadrado. Procure ver o seu próprio inconsciente à sua volta em todas as pessoas. Se continuar com um quadrante do quadrado em branco, por exemplo, se não puder pensar em uma razão do por que desejaria ser um tirano, você pode perguntar a si mesmo: "Por que uma pessoa poderia desejar ser um tirano?". Descubra por que Hitler queria ser um tirano. Observe os arquétipos. Observe outras pessoas que você viu. Diga a si mesmo: "Sim, meu patrão, minha mãe, esposa, irmão ou outra pessoa qualquer é um verdadeiro tirano! Bem, ele ou ela quer poder, controle, ele ou ela quer dominar". Escreva a partir de qualquer perspectiva que preencha o quadrante do quadrado. Não é necessário que seja apenas de sua própria perspectiva.

O quarto passo é continuar sua sondagem fazendo a pergunta "Por quê?" repetidamente. Enquanto você escreve e explora cada quadrante de um quadrado, continue perguntando a si mesmo: "Por quê? Por que desejo ou sou atraído para... ? Por que temo ou sinto repulsão em relação a... ?". Você alguma vez considerou, por exemplo, por que deseja a felicidade ou por que rejeita a tristeza? Pode parecer bem óbvio à primeira vista, mas em verdade não é. É muito importante sondar profundamente. Talvez você queira gastar alguns minutos e tentar isso agora com um quadrado (feliz-triste, por exemplo), antes de continuar a ler.

Continue a se indagar: "Por quê?". Medite e peça interiormente para ver o que surge para você. Pode ser que se surpreenda com o que encontra abaixo da superfície, abaixo do que *parece óbvio*. Algumas das mais profundas motivações por trás de nossos desejos são coisas como desejo de ligar-se com Deus ou com outras pessoas, ou o desejo de sobreviver ou existir. Alguns dos medos mais profundos podem ser coisas como medo da desconexão, da separação ou da morte.

A observação de como você vive todos os quadrantes, em detalhes, e a definição de padrões nos quadrantes fornecem mais *insight* e autoconhecimento sobre *como* funcionam esses padrões. Isso leva à sua liberação.

QUADRADOS SÃO CICLOS NA CONSCIÊNCIA

A diferença entre o processamento de um quadrado em seu diário e a experiência no mundo físico, associada aos desejos e medos expostos no quadrado, é um fator de tempo. Um quadrado poderia tomar minutos ou horas de seu tempo.

A experiência vivida a partir de uma posição inconsciente poderia levar uma década ou mais. No curso da vida, as pessoas estão vivendo quadrados o tempo todo sem perceberem. O motivo pelo qual escolheríamos fazer um quadrado é que nosso objetivo primário é mover nosso destino para a frente, em um caminho rápido em direção ao despertar espiritual, em apenas uma vida, em vez de viver inconscientemente de acordo com as viradas dos ciclos associados ao quadrado (algo que poderia levar muitas vidas e incluir muito sofrimento). Viver o quadrado no físico pode incluir experiências interessantes de aprendizado, gradualmente fazendo surgir conhecimento e consciência, mas também atrasaria nossa oportunidade para encontrar a clareza e o estado unificado. Este não é um julgamento de bom ou mau em relação à vivência de um quadrado no mundo físico. Algumas vezes é o destino pessoal de alguém viver certas experiências no físico, enquanto que outras vezes isso não é necessário. É a escolha da alma, e o fato de se fazer o quadrado no diário em vez de vivenciá-lo no físico, simplesmente se baseia em motivos e intenções diferentes para a vida da pessoa: limpar apegos, em vez de preencher desejos egoicos, e evitar medos.

Aqui está um exemplo de como isso funciona. Utilizaremos o quadrado rico-pobre para a demonstração. Digamos que há um homem chamado Rob, cujo padrão é tal que ele deseja tornar-se rico. Ele passou muitos anos de sua vida se esforçando e pedalando, por assim dizer, em direção a esse objetivo. Seu desejo de ser rico é o principal fator de motivação em sua vida. Seus atos, portanto, o estão sempre levando na direção daquele canto do quadrado (Figura 13.1).

Digamos que ele acabe por saciar seu desejo em alto grau. Por exemplo, digamos que após quinze anos ele assuma um alto cargo executivo com muito sucesso, poder e prestígio, e que acabe por acumular vários milhões de dólares. Geralmente está feliz com sua vida mas, de alguma forma, não se sente completamente realizado. O que ele pensava encontrar pedalando em direção àquele canto do desejo de ser rico não o tornou tão feliz e pleno quanto quisera ser. Essa, é claro, é a natureza do ego. Pedalamos e pedalamos em direção a nossos desejos mas, em última análise, eles não são plenitude. É apenas quando nos damos conta de nossa verdadeira natureza como Self que podemos encontrar a plenitude total, por trás de nossos desejos.

Então, Rob poderia gastar os próximos vinte anos ou mesmo o resto de sua vida pedalando em direção àquele canto, continuando a acumular riqueza *ad infinitum*, tentando preencher aquele desejo completamente. Mas será apenas quando ele se der conta conscientemente, em certo grau, de que talvez não encontre realização interna acumulando mais riqueza, que poderá realmente mudar. Digamos que ele se dê conta disso. Rob começa a perceber que a riqueza não é um fim em si mesmo. Isto moveria sua consciência pela lateral do quadrado em direção à rejeição (ou medo) da riqueza (Figura 13.2).

Isso poderia parecer uma mudança de vida para Rob. Digamos que ele então decida sair de seu emprego de alto poder e mudar-se para o campo a fim de escrever um romance (algo que ele sempre quis fazer, mas que não se encaixava em sua motivação principal por riqueza). Dependendo de quanta mudança Rob vivencie em consciência, talvez ele comece a pensar que não ter dinheiro possa ser mais fácil que ter de lidar com toda a riqueza acumulada ao longo dos anos.

Ele sente que a vida de paz, calma e ausência de estresse, não tendo um trabalho de alta remuneração, é melhor para ele. Ou talvez ache romântico ser um escritor desempregado, vivendo no interior e sem dinheiro. Essas formas de pensamento moveriam sua consciência através do quadrado em direção ao próximo canto, desejo de ser pobre (Figura 13.3).

Figura 13.1

Figura 13.2

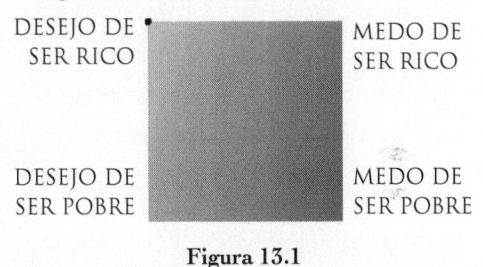

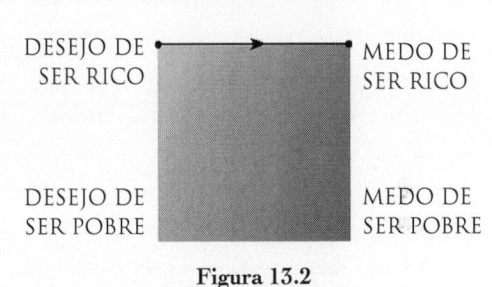

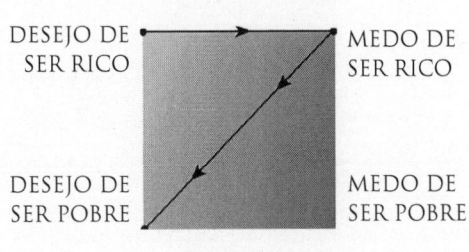

Figura 13.3

Essa fase pode durar alguns momentos, semanas ou mesmo anos. A quantidade de tempo gasta no quadrado, sejam momentos ou anos, depende de sua padronização. Talvez ele se torne o artista excêntrico arquetípico e viva o resto de sua vida nesse canto do quadrado, sendo feliz em não ter muito dinheiro. Digamos que, em algum ponto, ele se dá conta de que pedalar em direção ao canto do desejo de ser pobre também não propiciou a plenitude que ele buscava. Isso o moveria através do próximo lado do quadrado em direção à repulsa ou medo de ser pobre (Figura 13.4).

De fato, digamos que Rob permaneça apenas alguns meses no canto do desejo de ser pobre, antes que tenha um ataque completo de pânico porque não possui renda. Ele acredita que fez algo totalmente tolo e louco, e voa em direção ao canto do medo de ser pobre. Isso o joga novamente no canto do desejo de ser rico, e assim ele volta para onde havia começado (Figura 13.5).

Então, você pode ver o ciclo de consciência representado por um quadrado? É, em verdade, a figura de um oito (Figura 13.6).

Damos voltas e voltas perseguindo inconscientemente desejos e afastando medos. Rob poderia gastar o resto de sua vida perseguindo os mesmo desejos e afastando os mesmos medos. Assim como a figura do oito, o ciclo pode se repetir vez após vez, e é por isso que vivenciamos lições recorrentes com a mudança apenas de cenário. De fato, quando você vira a figura do oito de lado, ela se torna o símbolo matemático para o infinito! (figuras 13.7 e 13.8)

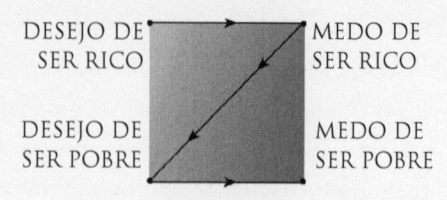

Figura 13.4

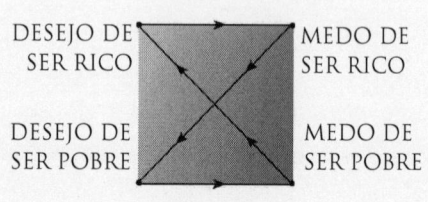

Figura 13.5

Figura 13.6

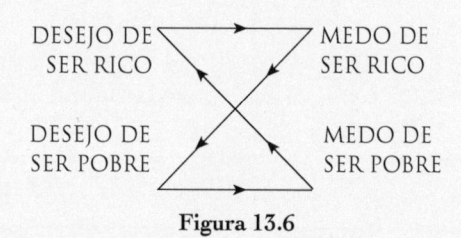

Figura 13.7

Figura 13.8

É claro que o ego não é infinito. Há um fim para a padronização, porque ela é finita. É o começo do fim quando começamos a despertar, a nos tornar conscientes dos desejos e medos (padronizações programadas e condicionadas) que motivam nossos comportamentos, e a nos desapegar deles.

Fica claro que, em nosso exemplo, Rob provavelmente ganhou grande experiência vivendo as coisas no mundo físico. Durante o curso de algumas décadas, provavelmente aprendeu enormes lições, teve grandes alegrias e também vivenciou muito sofrimento. E essa é a vida no estado inconsciente. É uma viagem espantosa e mágica de montanha-russa. Não há qualquer julgamento de bom ou mau nisso. Mas quando Rob despertar para o fato de que há outro caminho, de que há mais na vida do que apenas perseguir desejos e fugir de medos inconscientemente, poderá encurtar enormemente o caminho que o leva para casa. Através do processamento e fazendo quadrados, ele poderá mover-se com muito mais facilidade e consciência através de suas experiências, porque estará mais purificado. De fato, podemos vivenciar muito mais das riquezas da vida quando estamos purificados.

Aqui está outro cenário de como nos movemos de um canto a outro no quadrado. Por exemplo, digamos que, quando Rob se encontra no canto do desejo por riqueza, as coisas estão realmente indo bem para ele e ele está ganhando muito dinheiro. O ego pode se expandir tanto, através da sensação de grandeza e felicidade o tempo todo, que em algum nível teme que esteja forçando por demais seus limites. Ele teme expansão e ausência de forma em excesso. A padronização egoica limitada pode apenas aguentar certa quantidade de expansão antes que precise se contrair. Esse é o ego temendo a própria morte. Lembre-se de que as paredes do ego são feitas de medo, e é claro que sentimos medo quando estendemos por demais esses limites. Então, o sabotador interior de Rob poderia pisar no freio de alguma forma, causando algum problema em seus negócios, de forma que o dinheiro parasse de entrar. Essa é a energia de contração que começa a repelir o desejo de riqueza e a mover Rob pela lateral do quadrado em direção ao medo da riqueza. A mesma coisa aconteceria nos cantos do medo, só que com a energia de contração. O ego pode apenas se contrair até certo ponto antes que tema a própria morte, e então começa a se expandir novamente e a se mover em direção a um canto de desejo.

Em nosso exemplo com Rob, detalhamos o movimento da consciência por um período de vários anos. Contudo, esses ciclos na consciência são repetidos, em muitos casos, com frequência diária, algumas vezes horária, ou mesmo a cada poucos segundos, dependendo de qual seja a polaridade com a qual estamos lidando. Se for algo que tendemos apenas a pensar a respeito, e não a agir, então podemos atravessar os quatro cantos de um quadrado em apenas alguns momentos. Se esses padrões estiverem funcionando através de hábitos ou de forma inconsciente, geralmente nos sentimos drenados por eles; fazem-nos girar ou criam a sensação de ciclo, e então perdemos nossa luz. Continuamos a tentar, buscando em vão aquilo que pensamos que desejamos, quando na realidade não é o que realmente queremos. Também continuamos a repelir, evitar e negar as coisas que tememos. A perseguição no ciclo da figura oito é feita para falhar. Nunca nos trará aquilo que realmente queremos, que é ligar-nos com o nosso núcleo interior de divindade. Cada vez que nos esforçamos para preencher esses desejos polarizados, estamos nos conformando com um *fac-símile* da coisa real. Quando evitamos ou repelimos nossos medos, estamos nos envolvendo com a programação egoica, varrendo as coisas para debaixo do tapete e as empurrando para o inconsciente. Até que despertemos para esse fato, estaremos destinados a repetir a programação limitada, os desejos e medos presentes nessa figura de oito. A maneira de sair é simplesmente observando, tornando o inconsciente consciente, e oferecendo para que a graça opere a verdadeira transformação.

Neste ponto você pode estar imaginando como seria a situação, uma vez purificado o padrão associado a um quadrado. Utilizaremos Rob como exemplo. Já que a polaridade RICO-POBRE era um tema tão predominante em seu destino no sistema separado, uma alteração provavelmente significaria uma grande mudança em sua vida. Se Rob limpasse por completo o padrão, incluindo a maioria dos padrões associados a RICO–POBRE (como TRABALHAR–BRINCAR, HOMEM DE NEGÓCIOS-ARTISTA, por exemplo), ele provavelmente criaria uma situação na qual tivesse tudo isso, o que poderia significar que ele criaria abundância em sua vida e viveria no campo e escreveria seu livro. A situação discriminativa (do ou-isto-ou-aquilo) desapareceria. Podemos criar trabalho significativo, pleno e lucrativo para nós mesmos quando estamos purificados.

UTILIZANDO AS TÉCNICAS DE ESPELHAMENTO PARA ENCONTRAR SEUS PONTOS CEGOS

Além dos quadrados, o espelhamento é uma das ferramentas úteis que você pode utilizar para ajudar a encontrar o seu lado inconsciente escondido. Se a pessoa ou circunstância externa que parece desequilibrada ou que o incomoda persistir, então você precisa descobrir, em seu interior, o comportamento ou padrão em seu interior que está atraindo a situação e mantendo-a no lugar. Lembre-se de que seu mundo externo é reflexo de uma parte sua, de seu próprio inconsciente.

O primeiro passo é fazer a si mesmo as seguintes perguntas:

1. Como eu exibo o mesmo comportamento indesejável que a outra pessoa? Por quê?
2. Como eu me apego ao oposto do comportamento indesejável? Por quê?

Por exemplo, se alguém está com raiva de você, pergunte a si mesmo: 1) "Como eu me enraiveço com os outros? Será que expresso abertamente minha raiva em relação aos outros?"; 2) "Como e por que eu exibo o comportamento oposto? Eu reprimo a minha raiva?". As maiores chances são de que a pessoa raivosa esteja espelhando algum reflexo de suas próprias questões desequilibradas a respeito da raiva.

Daremos uma olhada no que poderia ser considerado um comportamento oposto. Eis um par de opostos comum, frequentemente desconsiderado aqui: expressão aberta da raiva *versus* repressão da raiva. Então, se a outra pessoa está expressando raiva abertamente, talvez sua resposta à segunda pergunta seja que você exibe o comportamento oposto, reprimindo a sua raiva e raramente a expressando. Fazendo a si mesmo as duas perguntas, você poderá vir a revelar seu ponto cego, o que significa que tornará o inconsciente consciente.

Aqui está outro exemplo. Se alguém o controla, então indague a si mesmo: "Como e por que eu controlo?". Também pergunte: "Como e por que eu gosto de estar fora do controle?". Caso, em sua vida, esteja se manifestando alguém ou algo que o está controlando, é provável que você possua assuntos referentes a controle que precisam ser examinados, vistos e purificados. Quando descobrir as respostas para essas perguntas, então começará a destrancar a porta para a liberdade; poderá oferecê-las e liberá-las. Uma vez que tenha descoberto as respostas, torna-se útil fazer um quadrado a respeito do comportamento.

Você pode também utilizar a técnica em uma circunstância que o incomoda e que não envolve uma outra pessoa. A circunstância pode ser o espelho de algo de seu interior, algum tipo de padrão ou comportamento, que você pode examinar e purificar. Por exemplo, se estiver com problemas financeiros, seria uma boa ideia examinar suas crenças, atitudes e comportamentos no que se refere ao dinheiro.

Se sente que o mundo o está privando de dinheiro, utilize a técnica simples de duas perguntas, e indague a si mesmo: "Como e por que eu manifesto escassez?". E também: "Como e por que eu sou perdulário?". Como a sua circunstância externa reflete a sua padronização interna? Pode ser também uma boa ideia fazer quadrados com as respostas que obtiver.

Algumas vezes os comportamentos ou circunstâncias que possuem muita carga energética para nós, e que estão sendo espelhados, permanecem tão profundamente enterrados no inconsciente que não há qualquer forma de podermos, mesmo remotamente, reconhecê-los como parte nossa, mesmo utilizando a técnica de espelhamento. Nesse caso, aqui está um pequeno truque que você pode utilizar.

Digamos que, por exemplo, você possui um patrão que é um tirano. O primeiro passo é indagar a si mesmo: "Como e por que sou um tirano?". Se rebuscar em seu interior, mas simplesmente não conseguir encontrar sequer um sinal de tirania, então você saberá imediatamente que enterrou seu tirano profundamente em seu inconsciente. Por falar nisso, todos possuímos um tirano, mas o fato é que a maioria das pessoas não se vê agindo dessa forma.

Algumas vezes, tudo o que precisa fazer é conseguir ver de relance como exibe um comportamento escondido. Por exemplo, se você realmente não puder ver como exibe o comportamento de tirano em qualquer aspecto de sua vida, tente se lembrar de uma época em que era continuamente despertado no meio da noite por um zumbido de mosquito. Será que realmente se enraiveceu e quis destroçá-lo em pedaços? Essa é a energia do tirano! Mesmo esse pequeno relance do instinto de assassino já é um começo. Se puder ver mesmo isso, algumas vezes é o bastante para a liberação.

De qualquer forma, o próximo passo é indagar: "Como eu faço o oposto do tirano? Por quê?". O oposto pode ser "agindo como vítima, de forma geral, em minha vida". Novamente, ajuda fazer um quadrado a respeito do comportamento e de seu oposto. Para que possa completar o processo, ore e peça que lhe seja mostrado seu comportamento profundamente enterrado, tal qual o comportamento de tirano. Isso não significa, obviamente, que você se tornará um tirano. Apenas significa que compreenderá mais aquela parte de si mesmo; a integrará, terá maior tolerância, perdão e compaixão por ela em seu interior e no mundo exterior, e deixará ir a atração e a repulsão em relação a ela. Isso é liberação.

ENCONTRANDO OS ASPECTOS DE DAR E RECEBER DE QUADRADOS

Algumas polaridades, geralmente verbos, possuem aspectos de dar e receber. Explorando os aspectos do dar e do receber, você encontrará novas qualidades de um quadrado, algo que ajudará na exposição de seus pontos cegos. A utilização dessa técnica encaixa-se com a utilização do espelhamento no que se refere à busca de seus pontos cegos.

Aqui estão alguns exemplos de várias polaridades de dar e receber, que nós desenvolveremos em quadrados. Em primeiro lugar, analisaremos a polaridade AMOR e ÓDIO. Uma maneira de se fazer esse quadrado é: o desejo de amar e o medo de amar, o desejo de odiar e o medo de odiar. Esse quadrado diz respeito "ao dar" amor e ódio.

Mas existem dois possíveis quadrados diferentes aqui. Outra forma de interpretação dessa polaridade é ser amado e ser odiado. Na segunda versão do quadrado, os quadrantes são: o desejo de ser amado e o medo de ser amado, o desejo de ser odiado e o medo de ser odiado. Nesse quadrado, o amor e o ódio estão sendo recebidos.

Algumas polaridades podem ser transformadas em dois quadrados:
uma diz respeito a fazer algo ao exterior,
a outra diz respeito ao exterior fazendo algo a você.

Outro exemplo é com a polaridade MAL COMPREENDIDA e COMPREENDIDA. O quadrado receptivo fica assim: o desejo de sentir-se mal compreendido, o medo de sentir-se mal compreendido, o desejo de sentir-se compreendido e o medo de sentir-se compreendido. O quadrado ativo é: o desejo de compreender mal os outros, o medo de compreender mal os outros, o desejo de compreender os outros e o medo de compreender os outros.

A utilização dessa técnica, assim como a de espelhamento, pode ajudá-lo a encontrar seus pontos cegos. Ambos os métodos o ajudam a se desvencilhar da dinâmica desconfortável com o exterior, revelando o ponto cego que mantém tudo em seu lugar. Aqui está um exemplo.

Uma vez, eu estava aconselhando uma mulher que estava farta de seu filho de 20 anos de idade porque ela dizia que há anos ele a culpava intensamente por certos aspectos infelizes de sua infância. Ela não obteve sucesso em tentar resolver isso com ele e estava muito confusa, desconsolada e frustrada com a coisa toda. Falamos extensamente sobre a situação, porém com resultados mínimos. Sugeri que ela procurasse fazer um quadrado sobre ser culpada por seu filho e ela concordou. O oposto que ela utilizou foi ser elogiada por seu filho. Ela observou seus desejos e medos em ambos os lados. Ainda assim, não houve muita mudança. Quando mencionei a ela que esse quadrado era receptivo e que talvez ela devesse também tentar fazer o quadrado ativo, então ela começou a ver todo um padrão que até então estava totalmente inconsciente para ela, e isso foi uma grande revelação. O quadrado dizia respeito a culpar seu filho e elogiar seu filho. O quadrante de desejo de culpar seu filho revelou a ela que, como mãe, portava muito ressentimento e vontade de culpar seu filho (não expresso e não resolvido), visto que em sua própria vida ela precisou fazer renúncias por ele.

É claro que isso era algo que ela nunca quis admitir para si mesma, porque amava seu filho e porque sentia que havia sido uma mãe muito boa durante a maior parte do tempo. Quando se deu conta de que culpá-lo era o lado oposto e inconsciente ao fato de ele culpá-la, seu queixo quase caiu até o chão e ela se engasgou de surpresa. Naquele momento houve uma enorme compreensão de que ela tinha certeza de que isso causaria uma grande mudança em seu relacionamento.

Obviamente, sua consciência final foi a mesma consciência que teria tido se tivesse utilizado a técnica de espelhamento, isto é, se tivesse indagando a si mesma: "Como/por que exibo o mesmo comportamento?". E: "Como/por que faço o oposto desse comportamento?". Ou seja, ela teria se dado conta de que culpava seu filho tanto quanto ele a culpava.

Ambos os métodos o ajudarão a revelar aspectos de seu padrão que, de outra forma, você não poderia ver. Algumas vezes é muito difícil para nós vermos como exibimos comportamentos desagradáveis em relação aos outros, e é justamente isso que mantém toda a dinâmica no lugar. Não é possível ver, por exemplo, como o fato de culpar os outros mantém no lugar a constatação desagradável de ter os outros culpando você.

Algumas vezes é de muita ajuda trabalhar em uma polaridade quente em todas as combinações possíveis (os aspectos de dar e receber), para que se possa dar uma boa olhada em todos os quadrantes escondidos. Você pode fazer ambos os quadrados – apenas para se certificar de que obtém uma liberação. Além disso, poderá também utilizar a técnica de espelhamento para complementar os quadrados.

UMA "DICA" PARA TRIÂNGULOS – ENCONTRANDO O VERDADEIRO OPOSTO E O EQUILÍBRIO DE ASCENSÃO

Quando estamos buscando o oposto de determinada palavra portadora de carga energética, a tentação natural é a de querer encontrar o equilíbrio de ascensão em vez de o verdadeiro oposto. É fácil cometer o erro quando iniciamos o trabalho de processamento. Pular direto para a palavra de equilíbrio de ascensão em vez de encontrar o verdadeiro oposto é natural, assim como também o é querer ir direto ao estado de equilíbrio de ascensão. Vemos um lado de uma polaridade, sabendo que não está equilibrado, e seguimos direto para o equilíbrio em vez de encontrar o oposto inconsciente escondido, o que ajuda a manter tudo no lugar. Então, o melhor é encontrar todas as três palavras: o equilíbrio de ascensão e ambos os lados da polaridade (essa é uma distinção sutil, e aqueles que são bons com as palavras verão que isso é como um jogo divertido de palavras. Se você acha muito desafiador, não se preocupe e apenas pule esta seção. Ainda assim, você obterá uma mudança).

Aqui está um exemplo. Imagine que você se sinta destituído e decida processar para obter uma purificação. Talvez sinta que o oposto da palavra *destituído* seja *abundância* ou *fruição*. Entretanto, *abundância* ou *fruição* talvez sejam melhor utilizadas no ápice do triângulo. Um oposto melhor e mais verdadeiro talvez seja *mimado*. Você pode sentir como *destituído* e *mimado* possuem vibrações equivalentes, porém opostas? *Destituído* significa que uma figura de autoridade fora de si (um dos pais, ou talvez Deus?) nega o que lhe é devido. *Mimado* significa que a autoridade está lhe dando mais do que você realmente deveria ter. Ambos estão associados ao mundo polarizado de certo e errado, poder e impotência, dentro e fora. Abundância e fruição funcionam melhor no ápice do triângulo. Esses são estados de ascensão que representam um alinhamento com a verdade superior. Eles implicam você estar vivendo sob o paradigma de saber sempre possuir exatamente o que precisa: na confiança de que sua experiência é perfeita em cada momento (seja ela de prazer ou de dor, de falta aparente ou de plenitude).

Lembre-se, você ainda obterá mudança utilizando abundância como oposto de destituído. Esse princípio é uma distinção sutil para ajudá-lo a refinar seu processamento e obter a liberação ainda maior.

Aqui está outro exemplo. Imagine que você tem a palavra *controle* e esteja procurando seu oposto. A princípio, talvez queira utilizar a palavra *entrega*. Entrega parece apropriada porque é um estado de liberação de controle. Contudo, opostos melhores talvez sejam palavras como *caos* ou *fora de controle*. Caos implica o tipo de acaso que o pequeno eu teme, na medida em que se esforça para obter controle. *Entrega* poderá ser melhor utilizada como palavra de equilíbrio de ascensão, já que implica em equilíbrio entre os dois lados de *controle* e *caos* (entregamos nosso apego no que se refere a precisar controlar ou temer o caos). Novamente, não há certo ou errado aqui. Estamos falando de diferenças sutis. Cabe a você encontrar as palavras que melhor se adequem a seu caso.

Analisaremos mais um exemplo. Se está procurando por um oposto da palavra cínico, talvez você esteja tentado a utilizar a palavra *confiança*. Mas é possível que confiança seja o que você esteja buscando como equilíbrio de ascensão para sua atitude cínica. Um oposto mais verdadeiro a *cínico* é *inocente*, ou *ingênuo*. Cínico implica o fato de você duvidar de tudo, tornando-se de certa forma poderoso e astuto. Inocente ou ingênuo significa que acredita em tudo, tornando-se impotente e tolo. Então esses termos fazem um par melhor de opostos, já que claramente se encontram polarizados de forma equivalente. *Confiança*, como equilíbrio de ascensão, é o estado no qual não precisamos ser cínicos ou ingênuos, ou sentirmo-nos poderosos ou impotentes, mas, em vez disso, é o estado em que temos fé na inteligência superior; possuímos a humildade para reconhecer que nossas atitudes polarizadas podem ser equilibradas através da confiança na inteligência superior.

Novamente, essas são diferenças sutis, mas é importante saber que, quando encontrar o todo da situação (os opostos e o equilíbrio de ascensão), você descreverá todos os níveis; fará do inconsciente, consciência. Você também terá visto o que levará ambos os lados para a unidade.

COMPREENDENDO LIGAÇÕES DUPLAS

"Ligações duplas" é uma técnica que complementa as outras técnicas de processamento, de forma muito poderosa. É um dos aspectos mais poderosos e importantes do processamento. Uma ligação dupla é um paradoxo. Em uma ligação dupla, estaremos amaldiçoados se fizermos ou se não fizermos algo.

Quando descobrimos uma ligação dupla, encontramos um dos blocos de construção subjacentes das fundações do ego. Uma ligação dupla é um nó fundamental na consciência que mantém um aspecto de um padrão inteiro. É o paradoxo que encontramos à medida que nos movemos pelos níveis da consciência. É o dilema do ego. Através da verbalização da exata natureza da ligação dupla, podemos ver o paradoxo inerente à natureza de nosso sistema de dualidade.

Oferecendo a ligação dupla e pedindo que seja liberada, obtemos enorme liberdade em relação ao aprisionamento egoico.

Os quadrados estão cheios de ligações duplas. Fazendo quadrados, podemos ver como uma parte de nós deseja um lado da polaridade, enquanto outra parte de nós deseja o exato oposto! E podemos ver como uma parte de nós deseja algo, enquanto outra parte teme a mesma coisa. Como podemos vencer com esses interesses conflitantes? Não podemos. O ego é projetado para falhar dessa forma. É projetado para manter você correndo atrás do próprio rabo, repetindo os mesmos padrões antigos, os mesmos velhos desejos e medos, *ad infinitum*! Apenas o cenário muda.

É claro que um dos caminhos para sair disso é ver como o jogo é jogado, tornando o inconsciente consciente. Ligações duplas, pedaços contorcidos de lógica, são de especial utilidade para nos libertar quando os tornamos conscientes. Eles são uma camada muito profunda do padrão. Quando ligações duplas tornam-se conscientes, estamos diante de uma camada que normalmente não vemos. Frequentemente, sua percepção é o resultado da utilização das técnicas de polaridades, quadrados e triângulos. Ao levantarmos alguns véus, a graça nos está revelando os nós que estão por baixo deles.

Também descobrimos ligações duplas em outras situações de processamento, não apenas fazendo quadrados. Algumas vezes, após ter oferecido uma lista de polaridades, talvez uma ligação dupla simplesmente apareça em sua mente. Ou talvez você acorde uma manhã após ter processado na noite anterior e uma ligação dupla subitamente torne-se muito clara. Pode ser também que deduza logicamente a ligação dupla após ter processado e visto seus padrões em profundidade. A graça nos presenteia com esses *insights* depois de termos purificado camadas suficientes de ego e na medida em que estamos prontos para olhar para a raiz da situação. Podemos também orar especificamente para que nos sejam mostradas ligações duplas que prendem à situação. Seja qual for a forma através da qual nos tornamos conscientes delas, é importante escrevê-las e oferecê-las.

Aqui está um exemplo de ligação dupla que podemos encontrar através da graça ou da dedução lógica: "Não posso confiar em Deus porque, quando confiei no passado, vivi experiências penosas. Ainda assim, até que aprenda a confiar, as experiências penosas continuarão a acontecer para mim".

Dê-se conta de que a ligação dupla retém poder não porque seja verdadeira, mas, em vez disso, seu poder jaz no fato de que alguma parte de nós acredita que seja verdade.

Frequentemente, a ligação dupla é algo que aprendemos quando crianças e esquecemos. O simples fato de vê-la, oferecê-la e pedir para ser liberada (assim como nas outras técnicas), é o bastante para nos libertarmos de seu poder.

Aqui está um outro exemplo: "Eu realmente quero liberar minha consciência da pobreza, porque vejo que não me traz benefícios em meu caminho espiritual. Quero ter abundância em minha vida, mas, se gastar meu tempo fazendo dinheiro, então não terei tempo para meu caminho espiritual". Quando se deparar com ligações duplas como essa, lembre-se de escrevê-las. Isso é importante porque elas podem criar pedaços de lógica confusos e distorcidos. Por meio de sua definição, escrita e oferecimento, a graça desfaz o nó. Faça um grande círculo ao redor das ligações duplas, com setas e pontos de exclamação, e denomine "LIGAÇÃO DUPLA". Esteja sempre alerta no que se refere a esses paradoxos; geralmente são subjacentes aos locais em nossa consciência onde nos encontramos mais presos.

VENDO ATRAVÉS DO EXCESSO

Algumas pessoas se sentem exaustas com a tarefa de fazer tantas listas e escrever tantas palavras. Elas dizem: "Parece que as listas e os quadrados ficam mais e mais longos. Parece que, para ser completa, qualquer lista ou quadrado deve envolver tudo!". Algumas vezes elas chegam a desistir do trabalho de processamento porque parece muito desesperançoso assumir uma tarefa aparentemente tão vasta. Elas estão encarando uma sobrecarga, que é um processo em si mesmo. Então, quando você chegar a esse ponto, pode processar o excesso. Seu oposto é *suficiente*. Talvez queira fazer um quadrado a esse respeito, se for um problema para você.

É importante manter uma perspectiva para ver a árvore bem à sua frente, em vez de tentar ver toda a floresta. Fazendo página por página, você clareia as coisas. Finalmente, preencherá um caderno inteiro. Então, começará no seu próximo caderno, uma página de cada vez. O Espírito nunca lhe dará mais do que pode aguentar. Você apenas faz um pequeno processo. Quando isso tiver terminado, sentirá uma liberdade. E então o próximo processo virá com o tempo, e você o cumprirá e sentirá uma liberdade. Com certeza, você chegará ao final do processamento.

Seu padrão não é infinito

Você pode liquidar completamente o material velho e desagradável que o mantém preso na vida. É um alívio enorme quando chega a determinado marco importante no trabalho de dissolução. Se você se sentir tão sobrecarregado a ponto de acreditar que nunca terá tempo para realmente terminar algo, apenas lembre a si mesmo de que você está no processo do excesso! E aí simplesmente assuma o próximo pequeno passo.

Se tiver muito processamento a fazer, bem, junte-se ao clube. Todos têm. E a melhor coisa a fazer é apenas prosseguir. Lao Tsu, no *Caminho da Vida*, disse: "A jornada de mil milhas começa com o primeiro passo". Então, com tudo, não apenas com o processamento, o que você tem a fazer para chegar ao seu destino é pôr um pé diante do outro.

O excesso é como um pano de fundo para um filme de Hollywood. Parece bem real; aquele cenário parece vasto, expansivo e infinito. Mas se você encontrar a lâmina certa, poderá cortar a lona e caminhar para o outro lado em um instante. Não seja enganado pelo pano de fundo! Um quadrado, um triângulo ou uma lista de polaridades podem ser a lâmina que você está procurando.

VENDO ATRAVÉS DA DÚVIDA

Se você duvida que mudará como resultado do processamento, então a *dúvida* é um processo em si mesmo, e você pode trabalhá-la. Quando tiver desenvolvido uma testemunha forte o suficiente, poderá ver que o excesso e a dúvida são, em verdade, processos em si mesmos, em vez de pensar que, quando está inserido neles, são reais. Não há nada para criar excesso, e em verdade não há nada para duvidar ou acreditar, tampouco. Você pode fazer um quadrado sobre *dúvida* e *certeza*, ou *dúvida* e *crença*.

A regra é não acreditar nem desacreditar.

Pode ser que você se dê conta de que a dúvida surge muitas vezes, especialmente no início. Isso é normal. Isso ocorre porque a dúvida é o primeiro estado no topo da espiral descendente. Se puder pegar a dúvida e nomeá-la como processo tão logo ela surja, então verá que não necessita descer pela espiral. Se puder se manter em sua testemunha neutra, verá que a dúvida não é real. A dúvida é apenas outro processo, um estado egoico, um aspecto da dualidade. Talvez o estado de ascensão seja *sabedoria* ou *discernimento* e, lembrando-se disso, pode ser que você veja através da ilusão da dúvida, em direção à verdade superior.

VENDO ATRAVÉS DA FALTA DE SIGNIFICADO

A maioria das pessoas torna real a falta de significado. Não parece uma vibração emocional. Então, quando descemos muito na espiral descendente, a menos que estejamos fazendo o trabalho de processamento e de testemunho por um longo tempo, realmente tendemos a acreditar que a vida não possui significado. Esquecemos que, na semana passada, no mês passado ou no ano passado, tudo estava bem! É por isso que é tão importante desenvolver uma testemunha neutra forte. A manutenção de um bom diário também ajuda com isso, de forma que você poderá se referir às épocas em que não se encontrava em um processo profundo e nem podia observar claramente. Você precisa de um tipo de lembrete assinalando que a falta de significado não é real.

Pelo contrário, estar na falta de significado geralmente significa que você está para obter uma grande liberação.

Se pudesse ver a ilusão do miasma emocional, se pudesse ver além da escuridão da nuvem da falta de significado, você se alçaria em direção ao outro lado com sua fé. Mas isso é como uma grande e densa névoa que nos cega, e ficamos dormentes no esquecimento. É importante dar a si mesmo uma verificação de realidade nesses momentos. Se tudo o mais falhar, marque esta página e leia este parágrafo!

Já que o desejo de morte vem logo após a falta de significado, a vida de uma pessoa pode estar em perigo se ela perder a sua testemunha e adentrar na falta de significado. Estados associados podem ser dormência, falta de propósito, falta de esperança e desvalorização. Esteja alerta para esses sentimentos. Eles são apenas o que são: sentimentos, vibrações. Todos eles podem ser processados na luz clara da realidade. Quando emergir no outro lado, você se sentirá muito mais leve e feliz, e poderá reter muito mais luz que antes. Como diz o ditado: "Você pode ir tão alto quanto está disposto a ir para baixo". Vale a viagem para dentro da escuridão, para vivenciar a luz do outro lado. Você pode fazer um quadrado sobre *falta de significado* e *pleno de significado*. Ou mesmo encontrar o estado de ascensão, que poderia ser, para você, algo como VERDADE ou DHARMA, ou GRATI-DÃO; então poderá encontrar seu caminho para fora da falta de significado.

O NOVO PARADIGMA

O novo paradigma da consciência do coração é o ponto em que acontece a mágica, em que a vida se desenrola fácil e de forma simples, como um tapete vermelho à nossa frente. É um sistema de fluxo oposto ao sistema de rigidez. É uma maneira de ser centrada no coração (quarto chacra) e oposta à confiança no poder, à manipulação, à dominação e ao controle. No novo paradigma há muito pouco atrito com as personalidades das outras pessoas ou com as situações da vida. Caso surjam dramas ou assuntos de poder, nós os veremos a partir da posição da testemunha, sabendo que não somos o drama, que não somos o corpo, os pensamentos ou as emoções. Vivemos na testemunha neutra. Enquanto participamos com totalidade no mundo, podemos estar completamente presentes em cada momento, amando a vida, tendo compaixão e perdão por seus ciclos de dor e prazer. Nessa posição, não desejamos ou precisamos controlar a vida, as circunstâncias ou as pessoas. Em vez de confiar em nosso próprio poder separado individual, podemos nos entregar à confiança de que estamos sendo cuidados o tempo todo, apoiados pelo universo.

Apesar de utilizarmos diferentes palavras para descrevê-lo, todas as tradições espirituais ensinam de alguma forma o movimento para o novo paradigma. De uma forma ou de outra, todas ensinam a respeito da elevação da consciência, da vibração do movimento da vida ou da consciência para uma forma de ser mais centrada no coração. O hinduísmo e o budismo referem-se à ascensão da energia da *kundalini* no corpo. No cristianismo, Jesus ensinou a respeito de se adentrar o Céu, ou o reino de Deus, que eu não acredito ter como significado um local no céu para onde você vai quando morre, mas sim um movimento interno, uma ascensão em consciência. Acredito que ele falava a respeito de se focar na transformação interna, em se mover a consciência para a consciência do coração e para dentro do núcleo luminoso do interior de cada um de nós.

Movemo-nos gradualmente para esse paradigma à medida que fazemos o trabalho de processamento interno. Vivenciamos graus crescentes dessa nova maneira de viver enquanto o ego torna-se mais e mais purificado. Inicialmente você tem ambos os pés no mundo da dualidade. Quando começa a fazer o trabalho de purificação do ego, move um dos pés para dentro do novo mundo, ou talvez apenas teste as águas com seu dedão. A maioria das pessoas no caminho da elevação de consciência está em diferentes estágios do "ter um pé em cada mundo". No tempo certo, ambos os pés aterrissarão no mundo novo. Muitas pessoas estão interessadas no processamento apenas até o grau necessário para se tornarem mais felizes, vivendo com maior plenitude, criatividade e abundância no mundo material. Isso é ótimo e perfeito para muitas pessoas e é o que suas almas escolheram vivenciar nesta vida. Outras, que possuem um desejo ardente de despertar e de se tornar conscientes de sua própria natureza divina, escolherão levar adiante e viver totalmente com ambos os pés firmemente plantados no novo paradigma.

Um aspecto importante do movimento em direção ao novo paradigma é aprender a confiar no apoio do universo para nos fornecer exatamente o que *precisamos*. Isso não significa necessariamente que obteremos o que queremos, mas, em vez disso, que ganharemos o que *necessitamos*. E o Espírito sempre sabe o que é. À medida que nos movemos em direção ao novo paradigma, trazemos conosco o apoio do universo para cuidar de nossas necessidades. Aprendemos a ter fé no apoio divino; enraizamos no invisível. Assim como Jesus afirmou em Mateus 6,33-34: "Buscai primeiro o reino de Deus... e todas essas coisas vos serão acrescentadas". Encontraremos contentamento e desapego, seja vivendo em um palácio, seja não tendo a certeza de onde virá a nossa próxima refeição.

Isso pode parecer um mundo da fantasia. A mente automaticamente duvida e projeta medo, no pior cenário possível para o futuro. "Mas como comerei se não ganhar dinheiro por *mim* mesmo? E a minha hipoteca? Como poderei prover aqueles que realmente dependem de *mim*?". Eu, mim, eu, eu. A natureza do ego é duvidar e projetar péssimos cenários para o futuro. Ou então você projetará seu maior desejo no futuro, vivendo em um mundo de fantasia, esperando que seus desejos sejam atendidos.

Quem é esse *eu* sobrevivendo? Será que realmente temos a arrogância de acreditar que nós, em nosso estado limitado, temos o poder de controlar a vida, de saber tudo? Existe uma velha piada que diz: "Qual é a maneira mais fácil de fazer com que Deus ria?". A resposta: "Conte a ele os seus planos".

A verdade é que em nosso estado limitado não podemos conhecer tudo; não podemos controlar tudo; não temos o poder para fazer tudo. Não podemos conhecer a mente de Deus. Contudo, através do processamento do ego, purificando a sombra, tornando o inconsciente consciente, realmente nos movemos para o novo paradigma de consciência do coração. É verdadeiramente uma meta atingível; consciência suave e ininterrupta de unidade com todas as coisas, mesmo enquanto atravessamos as espirais ascendente e descendente, em meio à montanha-russa da vida.

DÊ UM SALTO DE FÉ – CAMINHANDO NO CÉU
No decorrer dos anos, ao fazer esse trabalho com muitas e muitas pessoas, elaboramos um termo para esse aspecto de movimento em direção ao novo paradigma, que é um dos estágios iniciais do processo de despertar. Nós o chamamos de *caminhando no céu*. É um marco muito importante no caminho da autodescoberta e diz respeito à permissão dada por nós para que a graça trabalhe em nossas vidas. O nível de confiança e de entrega para o qual a pessoa se move é a sensação de um pulo em um precipício, de olhos vendados, sabendo (a princípio, apenas esperando!) que um par de mãos invisíveis estará ali para pegá-la. Para ilustrar o ponto, aqui está um exemplo inspirador de caminhar no céu, dentre as milhares de histórias similares que temos ouvido no decorrer dos anos.

Temos uma amiga de nome Susan que vive em Los Angeles. Ela é uma atriz que se encontra no caminho espiritual e que frequentemente fica sem trabalho e, logo, não tem muito dinheiro. Um dia recebemos uma chamada sua, e ela afirmava que estava tendo sentimentos fortes repetidos de vir nos visitar em Santa Fé. Ela sentia como se estivesse madura para algum tipo de liberação, algum tipo de experiência especial, e tudo o que ela sabia era que estava se sentindo impelida a vir para Santa Fé. O impedimento, no entanto, era que ela não tinha dinheiro extra para comprar a passagem de avião. Susan possuía um cartão de crédito que podia utilizar, mas tinha muito medo de contrair dívidas, porque não tinha renda extra em vista para o futuro. Então ela continuou a resistir aos sentimentos de vir para Santa Fé.

Isso perdurou por meses. Durante esse período, ela processou seus assuntos de dinheiro/dívidas e fez o melhor para ignorar apelos interiores. Até que, finalmente, o sentimento era tão forte e inquietante que ela apenas decidiu arriscar e comprar a passagem de 310 dólares utilizando seu cartão de crédito. Havia processado o bastante para compreender que gastar o dinheiro significava, em verdade, honrar seu caminho espiritual, apesar de ela não saber de onde viria o dinheiro para pagar a empresa de cartão de crédito. Três dias após a compra, ela recebeu um cheque residual pelo correio referente a um velho programa de tevê que ela havia feito anos atrás e que havia aparentemente entrado no ar como reprise, recentemente. O cheque era de aproximadamente 310 dólares! Ela compreendeu isso como a confirmação de que a sua caminhada no céu fazia parte de um discernimento mais acurado de seu caminho mais elevado, e de que sua confiança valera a pena. Essa é a mágica do novo paradigma.

Você provavelmente já teve algum tipo de experiência similar pelo menos uma vez, mesmo que não tão dramática, na qual a confiança o recompensou e na qual recebeu uma confirmação do Espírito, mas não até que tivesse assumido algum risco.

Geralmente a confirmação não vem até que você tenha assumido o risco.

Caminhar no céu não se refere a ser irresponsável. Não diz respeito a jogar a cautela ao vento e apressar-se em direção a uma situação de risco porque alguma parte sua assim o deseja. Não, é um ato de poder para o qual se faz necessária preparação sóbria. É importante que você se processe primeiro, olhando para os desejos e medos em torno da questão e realmente se purifique antes de assumir o risco, e então escolha a partir de uma posição de clareza em que o Espírito realmente o esteja guiando a assumi-lo. Nem sempre é possível discernir com clareza, mas através do desenvolvimento de sua intuição, com o tempo, você se tornará bom nisso. É melhor começar com pequenos riscos antes de trabalhar com maiores.

Para lhe dar um sentimento disso, aqui está um exemplo de ser irresponsável em oposição ao caminhar no céu. Você sente que o Espírito talvez esteja lhe pedindo que estique seu orçamento um pouco, gastando uma grande soma de dinheiro para algo como, por exemplo, comprar um carro novo, tirar uma folga do trabalho ou para fazer uma peregrinação espiritual. Mas você não está certo se é apenas um desejo nascido do ego ou se é realmente seu bem mais elevado fazê-lo. A maneira irresponsável de lidar com a situação talvez seja não consultar seu talão de cheques e apenas fazer a coisa após um rápido processo e oração, esperando com intensidade. Se houver um padrão pesado de cheques devolvidos, de sempre estar com dívidas de cartão de crédito, de odiar lidar com finanças, se houver assuntos infantis profundos no que diz respeito à privação ou mesmo a ter sido mimado pelo dinheiro, então seria importante processar essas questões antes de tentar caminhar no céu nessa instância. Pessoas bem preparadas fariam primeiro um quadrado sobre o desejo e o medo de fazer a coisa, e o desejo e o medo de não fazer a coisa. Depois elas fariam alguns quadrados ou polaridades sobre questões relacionadas a ter dinheiro ou a estar sem dinheiro. Talvez elas queiram também examinar seu condicionamento familiar em relação ao dinheiro. Depois, se a vontade de fazer a coisa ainda persistir, elas poderão verificar seu talão de cheques para ver realmente o quanto de risco está envolvido. Depois poderão fazer um planejamento financeiro sóbrio. Talvez queiram orar bastante e pedir guia ou sinais do universo. Esses são alguns exemplos de maneiras de preparação para caminhar no céu.

Aprender a caminhar no céu diz respeito a liberar a tentativa neurótica de controle de sua própria vida, de ter de manter seu poder separado, individual e limitado. É sobre construir seus músculos com base em discernimento e confiança. Aqui estão os passos.

- Primeiro você se prepara com processamento e oração.
- Então você se liberta dos apegos.
- Em seguida, você tenta discernir o curso de ação apropriado a partir da posição da testemunha (não a partir do medo ou da fantasia).
- Finalmente você pode agir e ter fé de que será amado e apoiado pelo universo.

Talvez você reconheça de onde tiramos o nome "caminhar no céu". No filme *Guerra nas Estrelas*, a frase temática "que a força esteja com você" resume o sentimento de confiança no apoio invisível do Divino. E é claro que o personagem principal que aprendeu a fazer isso tão bem nada mais é que *Luke Skywalker*, "aquele que caminha no céu".

O novo paradigma é um local lindo para se estar. É importante que você comece a reconhecer os momentos em que se encontra nele, porque então achará mais fácil voltar para lá.

REVISÃO
Os passos de aventuras em transformação.
1. Utilize os quadrados para encontrar seus pontos cegos:
    - ore por graça e peça que lhe seja mostrado o quadrante escondido;
    - processe com um amigo ou com um grupo;
    - veja o quadrante escondido em outra pessoa;
    - pergunte "Por quê?" repetidamente.

2. Utilize o espelhamento para encontrar seus pontos cegos:
   * pergunte: "Como e por que exibo esse comportamento indesejável?";
   * pergunte: "Como e por que me apego ao comportamento oposto?".
3. Encontre os aspectos receptivos e ativos dos quadrados.
4. Encontre o verdadeiro oposto e o equilíbrio de ascensão.
5. Compreenda as ligações duplas.
6. Veja através do excesso, da dúvida e da falta de significado.
7. Dê um pulo de fé ao "caminhar no céu":
   * processe e ore;
   * liberte-se de apegos;
   * tenha discernimento do curso de ação mais elevado;
   * confie.

SUGESTÕES PARA TRANSFORMAR A TEORIA EM PRÁTICA

1. Faça um quadrado que lhe traz problemas e complete pelo menos um de seus quadrantes. Tente todas as seguintes técnicas para que possa ver seu ponto cego. Escreva a respeito de sua experiência.
   * Ore por graça e peça que lhe seja mostrado.
   * Processe com um amigo ou grupo.
   * Veja em outra pessoa.
   * Pergunte *"Por quê?"* repetidamente.
2. Escolha uma pessoa ou circunstância que lhe traz problemas na vida. Utilize o espelhamento para encontrar seus pontos cegos. Tenha certeza de fazer ambas as perguntas: "Como/por que exibo esse comportamento indesejável?" e "Como/por que me apego ao comportamento oposto?". Escreva a respeito da sua experiência.
3. Faça quadrados com os aspectos receptivos e ativos de:
   * prazer e dor;
   * gostar e desgostar.
4. Encontre o verdadeiro oposto e o equilíbrio de ascensão para essas palavras:
   * manipulação;
   * raiva;
   * negação;
   * vergonha;

- culpa;
- punição;
- medo;
- desvalorização;
- fadiga;
- carga.

5. Escreva uma ligação dupla em seu diário. Se não puder encontrar uma, ore para que lhe seja mostrada.
6. Faça quadrados sobre:
   - excesso e suficiente;
   - dúvida e crença;
   - falta de significado e pleno de significado.
7. Tome seu próximo passo em uma aventura de caminhar no céu.
   - Processe.
   - Ore.
   - Liberte-se do apego.
   - Pratique o discernimento.
   - Assuma o pulo de fé e faça a coisa.
   - Escreva a respeito de sua experiência.

Sugestões Avançadas

1. Escreva uma curta biografia de sua mãe e/ou de seu pai, fazendo uso de muitas palavras descritivas, especialmente adjetivos e advérbios. Inclua como você se sente a respeito, se quiser. Então, utilize os métodos de processamento na história, sublinhando as palavras-chave, encontrando seus opostos e oferecendo a coisa toda. Enquanto processa, tome seu tempo e veja como os "gostares" e "desgostares" de seus pais o afetaram e ainda o afetam. Tente encontrar a si mesmo na história. Seus pais são espelhos excelentes para você. Faça triângulos e quadrados com as polaridades temáticas.
2. Escreva curtas biografias de outras pessoas significativas em sua vida, como, por exemplo, sua esposa, seu patrão, seus irmãos, seus tiranos, seus amores passados e presentes. Utilize os métodos de processamento com eles, igualmente. Eles também são espelhos significativos de seu próprio inconsciente.
3. Faça sua própria curta biografia e utilize os métodos de processamento.

4. Você consegue encontrar sua(s) questão(ões) fundamental(ais) (de culpa, controle, vítima, aprovação)? Faça um quadrado e um triângulo sobre sua questão fundamental.

TESTEMUNHO ◆ PAI CALOTEIRO

Anos atrás, o avô de minha filha morreu, e já que o pai dela estava há vários anos atrasado com o pagamento de pensão, decidi reivindicar os bens de seu avô para obter o dinheiro. Após quase cinco anos, a herança ainda não havia sido estabelecida, e foi aí que aprendi a fazer o processamento de *O Casamento do Espírito*. Decidi processar toda a situação. Eu estava muito necessitada de dinheiro, e esperava que o processamento me ajudasse a resolver a questão.

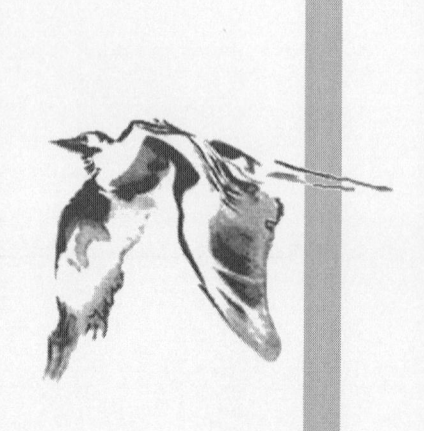

Processei com um amigo que tinha muita experiência com as técnicas. Falei-lhe a respeito da demora no tribunal e com o dinheiro; ele escreveu todas as palavras-chave temáticas, enquanto eu relatava a minha história. Então fizemos os opostos de todas as palavras temáticas. Depois fizemos quadrados com muitas das polaridades. Obtive muitos *insights*, cobrindo uma extensa gama de assuntos, incluindo como eu me sentia a respeito de meu ex-marido caloteiro, a respeito de meus sentimentos com os homens e a respeito de ser sustentada, em geral; meu desejo "de" e repulsão "a" (esta foi uma surpresa!) dinheiro, e questões relacionadas à vítima e ao tirano. Vi muitos de meus pontos cegos com a ajuda do meu amigo e descobri muito a meu respeito e sobre minhas projeções para com o mundo exterior (tiranos e o sentimento de não ser apoiada por homens e por Deus). Esses *insights* levaram a mais polaridades e quadrados.

Alguns dias após a primeira seção de processamento (e após cinco anos de espera!), o tribunal promulgou uma sentença a nosso favor: 14 mil dólares deveriam ser pagos à minha filha. Viciei-me no processamento de *O Casamento do Espírito* dali em diante.

Infelizmente, a situação ainda não havia se esgotado. Minha filha é deficiente e estava, na época, sob tutela do Estado. Estando sob essa condição, qualquer dinheiro pago a ela iria diretamente para o Estado. Meu ex-marido recusava-se a preencher o cheque em meu nome para que eu pudesse dar o dinheiro a nossa filha. Eu sabia que ainda tinha processamento a fazer e assuntos a purificar!

Convencida do poder do processamento e da mudança de minha própria consciência interior para que trouxesse mudança em meu mundo exterior, senti-me armada com poderosas ferramentas para resolver quaisquer circunstâncias. Processei novamente com meu amigo, e trabalhamos no sentido de ter o cheque escrito em meu nome. Vi mais a respeito de meus conceitos relativos a homens, dinheiro, apoio e Deus, e trabalhei as próximas camadas de meu material. Encontramos mesmo muito material antigo sobre meu pai e suas crenças a respeito de dinheiro. Eu havia descascado muitas camadas da primeira vez, o que me fez obter aquela primeira mudança, mas eu sabia que deveria ir ainda mais profundo para modificar a mente rígida de meu ex-marido.

Saindo daquela sessão de processamento, fui para casa e ouvi as mensagens em minha secretária eletrônica. Para minha total surpresa, meu advogado havia telefonado quase no mesmo instante em que terminei minha sessão de processamento. Ele havia deixado uma mensagem afirmando que meu ex-marido havia concordado e que o cheque seria emitido em meu nome!

Nem é preciso dizer: a sincronicidade e o imediatismo das mudanças durante todo o episódio me convenceram do poder do processamento, e não parei de fazê-lo desde então. Estou imensamente grata a Leslie por poder compartilhar o trabalho de processamento com todos nós.

Você precisa descobrir [seu papel ou missão] e também a coisa ou coisas que a ela se opõem e não permitem que floresça... Em outras palavras, você precisa conhecer a si mesmo, reconhecer sua alma ou ser psíquico. Para tanto, você precisa ser absolutamente sincero e imparcial. Você precisa observar a si mesmo como se estivesse observando ou criticando uma terceira pessoa... Você deve ser como um espelho que reflete a verdade e não julga.

– Sweet Mother of Pondicherry

QUATORZE

DESENVOLVENDO A TESTEMUNHA

À medida que fizermos polaridades, triângulos e quadrados, fortaleceremos nossa capacidade para nos manter na testemunha o tempo todo – enquanto trabalhamos, enquanto brincamos, e mesmo em situações emocionais muito turbulentas. Enquanto a testemunha se desenvolve, movemo-nos em direção à luz clara da realidade e para dentro de um estado expandido e prazeroso de consciência.

No Capítulo 6 – A Testemunha, descrevemos em profundidade o que é a testemunha, os princípios por trás do testemunhar e brevemente introduzimos como começar a testemunhar. Apenas como um lembrete rápido, antes de exporrmos mais informação a respeito de testemunhar, aqui está um pequeno resumo do que a testemunha é e do que ela não é.

A testemunha pratica neutralidade e desapego. A testemunha não assume nenhuma posição em qualquer dos lados de um par de opostos. Ser uma testemunha não quer dizer ausência de pensamentos e experiências emocionais, e sim mudar a perspectiva a respeito de pensamentos e experiências emocionais; é sobre como não se *identificar* com eles. As pessoas, algumas vezes, temem que a neutralidade seja um estado um tanto tedioso em que pouca coisa acontece. Esse não é absolutamente o caso. Ainda vivenciamos pensamentos e emoções. Por exemplo: dor e prazer passam através de nós e então se vão; mas com uma testemunha, não somos afetados por eles. Mesmo quando os vivenciamos, não nos agarramos a eles. Não dizemos: "oh, estou tendo tanto prazer. Eu sou prazer.

Eu sou hedonista". Em vez disso, reconhecemos que "o prazer passa por mim, eu sou pura consciência". Quando incorporamos a testemunha neutra, a vida ainda é muito excitante. Ela ainda é cheia de experiências passionais e amorosas (nascimentos, mortes, triunfos, tragédias), mas sabemos que nada disso é real. Deixamos que as experiências passem, sem julgamentos, apegos ou identificações. O que é a posição de neutralidade senão aquela parte de nós que dura para sempre? É aquela que é a testemunha, é aquela que observa a vida passar, brincando. Essa é a parte de nós que é eterna e imutável.

Neste capítulo, veremos vários princípios importantes do testemunhar e descobriremos maneiras de fortalecer a sua capacidade para testemunhar. Os princípios são:

- pedir uma testemunha;
- sugestões simples para começar a testemunhar;
- meditação;
- o processamento de emoções carregadas e bloqueadas;
- não reprimir as emoções;
- liberar emoções, especialmente a raiva;
- expressar a verdade de seus sentimentos interiores;
- mudar velhas rotinas;
- processar com outras pessoas.

PEDIR UMA TESTEMUNHA

Como discutimos no Capítulo 6, a maneira para se começar a testemunhar é simplesmente pedir interiormente para que a testemunha neutra seja instituída. Você pode começar orando para que aconteça, ou dizendo ou escrevendo em seu diário afirmações diárias sobre o seu desejo de fortalecer a testemunha. Quanto maior a frequência com que você fizer isso, mais graça virá para apoiá-lo. Observe o surgimento do julgamento, porque isso o leva para longe da testemunha. Quando você se vir julgando, processe os julgamentos utilizando polaridades, quadrados e triângulos. Isso se aplica quando você se vê identificando-se com seus traços de personalidade, também. Processe-os e a testemunha desenvolver-se-á como um subproduto natural.

SUGESTÕES SIMPLES PARA COMEÇAR A TESTEMUNHAR
Aqui estão algumas sugestões simples para ajudá-lo a desenvolver a sua testemunha.

- Em locais-chave, em casa e no trabalho, posicione bilhetes que digam coisas como "Estou em minha testemunha?" e "Lembre-se da testemunha neutra". Escreva "testemunha" no dorso de sua mão. Seja criativo e divirta-se com isso.
- Carregue um pequeno bloco de notas aonde quer que vá, para que você sempre possa anotar coisas que o distanciam de sua testemunha, ou sobre áreas onde a sua testemunha é excepcionalmente forte. Mais tarde, poderá escrever em seu diário.
- Faça pactos recíprocos com amigos para se avisarem, mutuamente, quando alguém estiver fora de sua testemunha.

MEDITE
Para que seja possível o desenvolvimento da testemunha neutra é de muita ajuda meditar diariamente. Se você já esteve em um caminho espiritual, conhece a verdade disso. A meditação relaxa o corpo, para a mente e o ajuda na liberação em direção a um estado expandido de consciência. Você é capaz de se desapegar e fortalecer a testemunha neutra. Para nós, que não moramos em mosteiros, a meditação diária ajuda a mantermos nossa cabeça fora da água enquanto estamos imersos no mundo. Ela nos fornece energia e, quando temos energia, permanecemos na testemunha. O cansaço significa que você voltou a padrões automáticos de comportamento. A meditação ajuda-o a encontrar seu equilíbrio após tê-lo perdido. Mesmo a medicina ocidental já começou a reconhecer os benefícios da meditação na redução do estresse, na diminuição da pressão sanguínea e na melhora do batimento cardíaco, apenas para mencionar alguns benefícios físicos.

Eu recomendo pelo menos duas meditações ao dia: uma quando acordar e uma antes de ir dormir. Se você puder fazer mais, será melhor ainda. Mesmo vinte minutos aqui e ali podem ser o bastante para mantê-lo em sua testemunha por todo o dia.

Se você nunca meditou, existem muitos lugares onde poderá aprender. Pode investigar essas fontes em qualquer livraria espiritual.

O trabalho de processamento, em conjunto com a meditação, é uma ótima combinação para ajudá-lo a fortalecer sua testemunha. De fato, não conheço forma melhor ou mais rápida de purificar o ego, de trazer equilíbrio para a sua vida e de fazê-lo despertar para quem você realmente é.

PROCESSANDO EMOÇÕES SUPERCARREGADAS E BLOQUEADAS

Enquanto estiver fazendo seu trabalho de processamento, você perceberá que um dos grandes desafios que irá encarar será a observação das emoções a partir da posição da testemunha neutra. É muito mais fácil adentrar uma reação emocional, tornar as emoções reais e esquecer completamente quem você realmente é: pura consciência através da qual a emoção passa. Quando subitamente é provocado e surgem a raiva, a traição ou qualquer outro tipo de emoção volátil, a reação normal é de realmente entrar nessa emoção, fazendo um grande drama, e mergulhar nos sentimentos intensos. "Danem-se a testemunha... a neutralidade... o espírito! Quero beber sangue!". À medida que continua a processar, esses programas carregados, que funcionam automaticamente, enfraquecem-se com o tempo. O testemunhar dos sentimentos fica cada vez mais fácil.

Outro grande desafio para muitos é entrar em contato com seus sentimentos. Algumas pessoas podem estar muito bloqueadas a respeito de seus sentimentos. Esse é um padrão muito comum na maior parte das culturas, especialmente para os homens, mas é claro que se aplica a ambos os sexos. Geralmente, quando as pessoas começam a aprender a respeito das técnicas de *unificação de opostos*, suas histórias passam a ter pouco conteúdo emocional. Mas a utilização das técnicas ajudará as pessoas a perceberem mais suas emoções. Então, mesmo se estiverem apenas fazendo as polaridades em nível mental, ainda assim a mudança se efetuará, com o tempo, porque elas começarão a ver mais seus sentimentos. Mesmo se estiverem operando apenas em nível de *jogos de palavras*, alguma mudança acontecerá.

NÃO REPRIMA AS EMOÇÕES

A tentação a se evitar nesse trabalho é a repressão das emoções. Muitas pessoas confundem repressão com desapego. A diferença é que, no desapego, você deixa que as emoções passem através de si. Sente prazer com elas! Se o prazer estiver lá, aproveite ao máximo, mas quando se for, deixe que vá. Ele passa. Não precisa se apegar a ele e desejar que esteja presente o tempo todo. Quando houver dor, sinta-a, dê permissão para que ela esteja lá, completamente, e ela passará também. Essa é a parte mais enganosa, porque é claro que a maioria das pessoas não se importa em deixar que o prazer passe; é a dor que queremos evitar! Dor é apenas uma frequência. Pode ser que o sentimento seja péssimo enquanto passa por você, mas se puder lidar com a tempestade, mantendo sua testemunha neutra por toda a situação, então estará mais livre no final. Repressão significa que se está, em verdade, cortando o corpo emocional e empurrando esse estado emocional para o inconsciente. Essa não é uma boa ideia. Apenas faz crescer o sentido de polarização e aumenta ainda mais a cisão em seu interior.

Então, fazer o trabalho de purificação não significa que você não vá sentir nada. Ainda sentirá amor, ódio, dor e prazer passando por você. Ser neutro não retira os sentimentos ou as experiências da vida; ser neutro reorienta a forma pela qual você os vivencia. Ao contrário, os sentimentos e experiências da vida passam por você com maior intensidade quando não está apegado a eles; quando mantém uma identidade com a testemunha neutra, isso acaba por se acrescentar, com o tempo, ao eu superior. Você se torna mais capaz de estar totalmente presente com os sentimentos e experiências, sentindo prazer por serem uma parte surpreendente e maravilhosa da experiência humana.

LIBERE AS EMOÇÕES COM UMA TESTEMUNHA

Existem muitos métodos de processamento ou terapias focados no desabafo ou na liberação de emoções. Liberar emoções significa expressar fisicamente qualquer sentimento que surja em você e não reprimi-lo. Por exemplo, se durante uma sessão de processamento você se lembra de como, quando criança, sentiu-se traumatizado por sua mãe, por algum motivo, sentindo-se como uma criança de dois anos de idade que quer chorar e ter um acesso de raiva, então expresse isso. Soluce, emocione-se, jogue seu corpo no chão e bata no tapete com seus punhos.

Essa é uma maneira excelente de descarregar material velho e preso, de se purificar do lixo emocional que o mantém preso. Se escolher seguir esse caminho, recomendo que desenvolva uma forte testemunha durante o uso da técnica de desabafo. De fato, isso é essencial. Algumas vezes as pessoas ficam presas no sentimento positivo e carregadas da catarse que vem com a liberação da emoção, e que pode trazer consigo um sentido de vida aparente e de exuberância. Contudo, se não houver uma testemunha muito forte presente na hora da liberação, a catarse será de muito pouco valor. De fato, o alívio de emoções pesadas sem a presença da testemunha neutra apenas aprofunda o sulco que você traçou para si, em primeiro lugar. Então, libere, dê vazão, mas permaneça vigilante enquanto estiver fazendo isso.

Por exemplo, logo antes de dar vazão, faça uma prece de oferecimento ao Espírito (semelhante ao procedimento nas outras técnicas). Ofereça suas emoções nervosas e peça para se desapegar da identificação com elas. Sinta, expresse-as, mas deixe que passem por você, sabendo que não são você.

Também recomendo não liberá-las em alguém. Geralmente, fazendo isso, estará apenas acumulando carma, para fazer uso da terminologia oriental, o oposto da meta. Você quer completar seus débitos cármicos, não adicionar mais carma. Descarregar em alguém e expressar sentimentos como se fossem reais significa que convida situações futuras ou lições a aportarem em sua vida, nas quais precisará reviver e resolver esses sentimentos e ações. Como diz a Bíblia: "... pois o que um homem semear, aquilo ele também colherá" (Gálatas 6:7). Essa é a lei do carma. Por exemplo, você culpa um colega ou o terapeuta por algo, e sem a testemunha neutra presente explode de raiva com a pessoa, ou ferve, fica resmungando e desprezando a pessoa durante uma semana. Em algum ponto no futuro, alguém o culpará e se enraivecerá com você. O grau com que conseguirá manter sua testemunha neutra em face das emoções voláteis será o grau com o qual você não incorrerá em carma.

Então, é melhor liberar emoções, como raiva, batendo em sua cama com uma raquete de tênis, ou gritando com seu travesseiro, ou qualquer outra atividade.

LIBERE E SE DESAPEGUE DA RAIVA

Muitas pessoas dizem que não importa o quanto processem a raiva, elas ainda percebem que se sentem presas e dominadas pelo sentimento. A raiva é algo que corre muito profundamente em todas as pessoas. Algumas têm mais sucesso em reprimi-la. Outras têm uma personalidade na qual a raiva é muito ativa na mente consciente. Mas a raiva ainda é uma questão para todos. Algumas pessoas têm mais raiva e outras menos, depende do quanto de trabalho fizeram consigo mesmas em uma vida ou outra. Com a prática espiritual (seja qual for a disciplina que o atraia), há uma diminuição da raiva.

Talvez você tenha percebido que almas mais jovens estão frequentemente mais propensas a derramar a raiva e a expressá-la que almas mais velhas. Almas mais jovens são almas menos evoluídas. Elas tiveram menos vidas de experiência de aprendizado. Almas mais antigas já percorreram o caminho algumas vezes e acumularam riqueza de experiência que lhes mostrou onde e como ser mais circunspectas nas escolhas que fazem em suas vidas diárias. Almas mais antigas aprenderam que é mais sábio deixar que a raiva as atravesse e não expressá-la. É uma boa ideia deixar que a raiva passe por você, em vez de identificar-se com ela.

Lembre-se que quando você diz: "eu estou com raiva", está se identificando com a coisa. "Eu sou a raiva", é o que está dizendo. Quando diz e pensa dessa forma, você verdadeiramente se torna a raiva, e então precisa expressá-la.

O processo de desapego é uma das maneiras que a prática espiritual ensina para se lidar com a raiva. Você não a reprime. Simplesmente permite que as ondas de raiva fluam através de si e não precisa expressá-las. A raiva é apenas uma frequência, assim como o medo é apenas uma frequência. Procure examinar seus sistemas de crença a respeito da raiva. Se perceber que é adequado apenas deixar que a raiva esteja presente e não expressá-la, então chegou a certo nível de despertar. Se perceber que a raiva pode simplesmente passar por você, porque é apenas mais uma frequência, ela sequer trará qualquer perturbação nessa passagem. Esses são apenas graus de aprendizado de lidar com a raiva.

A raiva sempre estará presente até que o ego se reorganize por completo, porque corre muito profundamente no sistema. Muitos dos véus que vivenciamos, que nos separam da vida e do estado divino, são em verdade feitos de raiva e de medo. A raiva e o medo estão muito alinhados um com o outro. Eles são frequências muito voláteis, muito intensas, e é por isso que nos aborrecem tanto. Sentir raiva não é mau. Não é necessariamente bom ou mau. Não é necessário julgar a raiva. A raiva, como eu já disse, é apenas uma frequência. Se você compreender que é apenas *Self* imutável e eterno, então a raiva é apenas outro aspecto da vida que passa por você. Não precisa transformá-la em algo importante.

É vital atingir o equilíbrio em relação às suas atitudes no que diz respeito à raiva. Digamos que, por exemplo, você tem sido uma pessoa que reprime a raiva regularmente. Talvez gaste muito tempo abrindo seu inconsciente e deixando que aquela raiva reprimida venha à superfície. Essa é uma maneira de se conhecer. Começa a ver onde reprimiu a raiva e que tipos de situações o fazem realizar isso. Então, começa a mudá-las. Não é uma boa ideia reprimir coisa alguma.

Assim, quando a raiva começa a se mostrar, o que fazer? Ela é frequentemente inaceitável socialmente, especialmente se as pessoas o conhecem como uma pessoa pacífica e subitamente o veem expressando a sua raiva, ou mesmo quando veem muita raiva emanando de você. É preciso encontrar maneiras de lidar com isso dentro de sua prática espiritual. E é melhor encontrar uma forma de expressão inofensiva. Você já viu o filme *Cabaré*? Há uma cena maravilhosa em que Liza Minelli e Michael York estão de pé debaixo de uma passagem de trem, gritando o mais alto que podem quando o trem passa, e então explodindo em risadas. Você deveria tentar isso. Ou pode gritar com o rosto enterrado no travesseiro, ou bater em seu travesseiro ou na cama com uma raquete de tênis para liberar a raiva. É possível ser muito criativo na liberação da raiva.

A raiva é uma frequência altamente magnetizada e carregada, e se dispõe no corpo em camadas. Então, à medida que você se abre e as camadas da cebola começam a se dissolver, a raiva passará através de você. Ela precisa ser expressa de forma que não crie mais carma.

Houve um homem com quem eu trabalhei por um tempo que tinha muita raiva reprimida; então sugeri que aprendesse artes marciais, inscrevendo-se em uma escola de caratê, onde possuíam um saco para treinamento de pugilistas. Quando não havia ninguém por perto, quando a aula havia terminado, ele costumava ficar quinze minutos socando e socando o saco até que tivesse limpado completamente de seu corpo a frequência volátil.

O corpo então torna-se relaxado e expandido. A raiva possui uma forma de criar muitas contrações, muita tensão nos músculos. Você deve ser capaz de liberá-la. E se estiver liberando-a de forma inofensiva, então estará diminuindo os carmas. Se você liberá-la expressando-a contra alguém, então estará criando novos carmas. Portanto, a raiva deve ser liberada, e é importante que isso seja feito de forma inofensiva. Se lidar com a raiva parece ser algo acima de sua capacidade, é melhor encontrar um bom terapeuta para ajudá-lo a trabalhar com ela. Frequentemente, um guia também é de muita ajuda nestas situações.

EXPRESSANDO A VERDADE DE SEUS SENTIMENTOS INTERIORES

Após praticar o papel da testemunha por algum tempo, poderá sentir que é hora de ir para um nível mais avançado do testemunhar. Isto inclui ser capaz de falar a verdade sobre seus sentimentos interiores, a partir do coração, permanecendo na sua testemunha neutra. Não é tão difícil quanto parece. Aqui vão algumas orientações e exemplos de como fazer isso.

PASSO UM: INICIALMENTE PROCESSE A SI MESMO

Se você se encontrar em uma situação na qual esteja em conflito com alguém, a melhor coisa que pode fazer é processar a si mesmo primeiro. O primeiro plano de ação é entrar em seu quarto com seu caderno e processar o conflito para ver onde você precisa mudar, onde estão seus entraves, onde está a *sua* lição. Fazendo isso, o comportamento da outra pessoa geralmente mudará porque você mudou. Assim como a maioria das pessoas vivenciou, geralmente não criamos uma situação de vencer-vencer dizendo à outra pessoa o que está errado com ela ou por que ela dever mudar. Entretanto, em um certo ponto, após ter processado a si mesmo profundamente, pode chegar a hora em que precise falar à outra pessoa a respeito da situação. É melhor não fazer isso até que se sinta purificado e esteja em seu coração com a pessoa, pois poderá causar mais conflito, cavando um buraco mais profundo para si e criando mais carma. Uma sessão de processamento pode não descascar camadas suficientes para fazer isso. Algumas vezes pode levar dias, ou semanas, ou até mesmo meses para se clarear o suficiente, para se poder falar com a outra pessoa a respeito do processo. Na medida que desenvolve seu discernimento interior, você saberá quando for a hora adequada.

Você nem sempre terá o luxo de poder se processar primeiro. Durante o conflito inicial, talvez tenha que dizer à outra pessoa "Desculpe, mas não posso falar com você agora porque não estou em harmonia... Então, saia para ir processar!". Ou, se estiver no trabalho, e dizer isso pode não ficar muito bem, precisará lidar com a situação da melhor forma que puder. Geralmente é melhor não dizer ou fazer coisa alguma, mas apenas anotar mentalmente ou em um bloco para que você saiba o que processar depois. Quando eu tinha um trabalho das 9 às 17 horas, costumava manter um bloco comigo o tempo todo para esse propósito.

Qual é o benefício de expressar a verdade de seus sentimentos interiores? Quando falamos inverdades, é criada uma sombra, um véu que nos mantém em separação. O propósito desse trabalho é nos tirar da separação e não criar mais véus que nos manterão presos no sistema separado, fazendo com que nos sintamos isolados e sós.

A outra opção, em vez de revelar nossa verdade interior, é não falar coisa alguma, guardando nossos sentimentos só para nós mesmos, no interior e escondidos. Geralmente, quando a repressão acontece dessa forma, leva ao sofrimento, à criação de sombras, ocasionalmente à explosão como a de uma panela de pressão e, possivelmente, à manifestação como doença física.

A maioria das pessoas tem dificuldade em falar a verdade. Em geral, isso não nos é ensinado quando crianças, então a maioria das pessoas nunca aprende. Por exemplo, se você tem a sensação de ser drenado de energia sempre que está com determinado amigo ou parente, porque eles agem como um aspirador emocional, estaria disposto a dizer algo a eles a respeito disso? Frequentemente, esse tipo de confronto é muito estranho e desconfortável, e a maior parte das pessoas prefere evitar a pessoa à revelar a verdade de sua experiência. Conforme aprendemos a processar nossos nós emocionais e mentais, falar a verdade torna-se mais fácil. O fluxo de luz e de energia torna-se mais claro, e a maneira pela qual falamos segue naturalmente com isso. Por exemplo, nessa instância, talvez você pudesse dizer à pessoa: "Sinto que você pode estar em algum tipo de estado emocional turbulento no momento, porque me sinto desconfortável quando estou com você. Existe alguma coisa que você desejaria falar?". Pelo menos dessa forma você abre a porta para uma cura e para um nível mais profundo de amizade.

Para alguns que aprenderam a falar a verdade, o próximo passo é aprender a falar a verdade interior partindo do coração. Talvez seja fácil para eles expressarem suas opiniões e *insights* de forma verdadeira, mas se for feito sem o coração, os efeitos com muita frequência podem ser nefastos para todos os envolvidos. Mesmo se sua abertura for bem-intencionada, eles acabam por perceber que encontram resistência ou sentimentos adversos, se não vier do coração.

Como aprendemos a falar a verdade de nossos sentimentos interiores partindo do coração? É aqui que as técnicas de *unificação de opostos* são de muita utilidade.

PASSO DOIS: DISCERNINDO SUA VERDADE

O segundo passo é discernir a verdade de seus sentimentos interiores. Com o processamento vem grande clareza mental e junto com isso melhoramos cada vez mais o discernimento de nossa verdade interior. Sabemos quando estamos com raiva, ou chateados, ou confusos, ou feridos, e em vez de talvez apenas ignorar todos os sentimentos, dizemos a nós mesmos que o que sentimos ou o que está acontecendo não é importante. Esse tende a ser o modo padrão de operação para a maioria das pessoas. Entretanto, à medida que processamos e escrevemos em nosso diário, purificamo-nos extensamente a respeito do estado das coisas em nosso mundo interior. O próximo passo, por falar nisso, é também quase tão vital quanto este.

PASSO TRÊS: EXPRESSE ONDE FOR APROPRIADO

O próximo passo é aprender a expressar a verdade de nossos sentimentos interiores onde e quando for apropriado. Queremos falar a verdade para criar curas, para construir pontes, para nos tornarmos um com o coração e a mente da outra pessoa. Por exemplo, deixar que sua esposa saiba que você se sente ferido por um comentário, ou deixar que seus pais saibam que você não se sente ouvido. Não é uma boa ideia falar a verdade para obter atenção ou vingança, para chocar ou alimentar uma necessidade egoísta de aliviar algo de seu peito.

Para a maioria das pessoas, falar sobre seus sentimentos interiores pode trazer à tona muito medo. Geralmente sentimos as repercussões disso. Talvez quando crianças tenhamos apanhado por termos falado e nos disseram: "Crianças são para serem vistas e não ouvidas". Ou talvez apenas tenhamos sido ignorados e aprendemos através do exemplo que nossas opiniões não tinham importância. Com muita frequência temos que o que precisamos dizer vá ferir a outra pessoa. Seja qual for o motivo, romper através do muro do medo é um grande passo. A melhor maneira de fazer isso é orar por ajuda. Peça coragem e graça. Na maioria das vezes, não rompemos a barreira até que tenhamos sido empurrados aos limites de nossa tolerância, até que nos sintamos tão encurralados pela limitação de nosso medo (que é, em verdade, a parede vibratória do ego) que somos forçados interiormente, por nosso próprio desconforto, a falar. Geralmente percebemos que, se somos claros e capazes de falar nossa verdade do coração, a outra pessoa recebe nossa notícia sem grande drama ou reação negativa. A coisa é assimilada como é dada, com o coração; e descobrimos que nosso grande medo era infundado.

A ironia da situação no que diz respeito à expressão da verdade interior é que, já que estamos todos ligados interiormente, em determinado nível todos sabem exatamente o que sentimos no interior, de qualquer forma! Pensamos que somos esses seres separados e autônomos, que o que está em nossa mente é nosso próprio domínio, e que ninguém a adentra ou mesmo pode vê-la. Isso não é verdade. À medida que fizer o trabalho de purificação e começar a despertar, você verá que começa a se tornar sensitivo. Algumas vezes nem precisa ser paranormal para saber o que outra pessoa está sentindo ou pensando, porque está escrito no rosto dela. A pessoa pensa que está escondendo seus sentimentos mas, em realidade, todos podem ver exatamente o que ocorre em seu interior. Nesse ponto a questão é: "Por que não expressar sua verdade interior?". Todos os envolvidos geralmente sentem grande senso de alívio após a verdade ter sido expressa e a tensão quebrada.

PASSO QUATRO: FALE A PARTIR DO CORAÇÃO

O próximo passo é aprender a falar a partir do coração. Enquanto nos clareamos interiormente através do trabalho de processamento, movemo-nos para o coração com naturalidade. Movemo-nos da consciência polarizada dos chacras inferiores em direção à consciência do quarto chacra e, para além, para o reconhecimento de que todos somos um, mesmo com as pessoas com quem aparentemente estamos em conflito. Repetindo, isso acontece apenas após termos processado primeiro. Não é uma boa ideia entrar em discussão a respeito do conflito até que você tenha se processado primeiro. De outra forma, a tendência é culpar e projetar seus próprios problemas na outra pessoa. É melhor ver o comportamento da outra pessoa como um espelho para você, como um reflexo de sua própria padronização desequilibrada, em vez de culpar. A outra pessoa provavelmente tem seu próprio processo envolvido no conflito, também, mas tudo o que você pode fazer é processar a si mesmo. Fazendo isso você muda e, então, por tabela, a outra pessoa modificará o comportamento em relação a você. Algumas vezes os outros não mudam, mas nós não somos mais acionados por eles.

Aqui estão algumas das maneiras de saber se você está no coração com alguém ou, pelo menos, movendo-se naquela direção. Após ter processado, você sentirá sua consciência como uma presença suave, amorosa, luminosa e tranquila, centrada em volta do chacra do coração, em vez de uma sensação agitada, pesada e desconfortável nos chacras inferiores. Há um nível de calma, paz e clareza em seu estado mental-emocional. Também exibirá certo grau de desapego em relação à reação da outra pessoa. Já que sabe que está em sua própria verdade e não intenciona culpar ou ferir a outra pessoa, você pode liberar, entregar e permanecer desapegado das consequências da discussão. Você também sentirá certo grau de amor, perdão e compaixão em relação à outra pessoa e à situação como um todo.

Nem sempre é possível esperar que se tenha movido para o coração antes de falar com a outra pessoa. Algumas vezes o trabalho precisa ser progressivo. Exercitamos os nossos *músculos do coração* dessa forma e, como uma criança pequena, podemos cair algumas vezes antes de conseguirmos andar bem, e então correr. Finalmente, com a prática, tornamo-nos peritos na técnica.

PASSO CINCO: ENCONTRE O QUE DIZER PARA ABRIR O CORAÇÃO DO OUTRO

O próximo passo é, se possível, tentar encontrar o que você pode dizer para abrir o coração da outra pessoa. Algumas vezes há um denominador comum em seu processo que pode ser a chave para destrancar a porta para o espaço do coração. Nem sempre essa é a opção, mas aqui está um exemplo. Se você sente que seu cônjuge não está fazendo o que deve em casa, não está fazendo sua parte das tarefas, talvez se sinta raivoso, rancoroso, abusado e negligenciado. Mas talvez por debaixo de tudo isso descubra que o verdadeiro gatilho para você é que se sente *sobrecarregado* pela bagunça; acha difícil lidar com uma casa fora de ordem. Então, comece dizendo: "Eu estou realmente tendo problemas com isso porque me sobrecarrega. Está trazendo à tona todo tipo de material emocional estranho que é desconfortável, como raiva e ressentimento. Isso faz com que eu me sinta desligado de você. Será que podemos chegar a algum tipo de solução?". Então, em vez de descarregar muitos dados, detalhes, conteúdo superficial e enormes quantidades de emoção na outra pessoa, você encontra aquilo que abre o coração. Você tenta encontrar o aspecto do processo que diluirá a situação, em vez de alimentar as chamas. Se você começasse dizendo a sua esposa que ela é relaxada, isso não seria muito diplomático nem estaria vindo do coração.

Aqui está outro de muitos exemplos que vivenciei no decorrer dos anos, e de como isso funciona. Um amigo meu trabalha em um escritório com três outros sócios. Ele costumava sempre reclamar para mim de uma de suas colegas, dizendo que ela nunca fazia o que lhe era devido. Ele sempre se sentiu incomodado porque ela se atrasava, não fazia as coisas que dizia que iria fazer, não as fazia a tempo e com eficiência; parecia sair do trabalho cedo, com muita frequência, e ele suspeitava que ela não estivesse trabalhando sua cota de horas. Encontrou todo tipo de coisas para reclamar, mas, mesmo assim, nunca dizia a ela uma única palavra. Sentia-se muito confortável reclamando para mim, mas, de alguma forma, ele não conseguia fazer isso com ela. Arrumava desculpas como: não tinha provas o bastante para confrontá-la, eram amigos, ou então ele não queria prejudicar seu relacionamento de trabalho, o trabalho dela não era ruim o bastante para justificar um confronto e assim por diante.

Basicamente, ele tinha medo do confronto. Então, finalmente, processamos o bastante para ele achar que estava em seu coração com ela, sentindo que podia falar sua verdade interior a ela. Por debaixo da raiva, da frustração, do ressentimento, da culpa e do sentimentos de traição, descobrimos que ele *não* se sentia *apoiado* por ela. Era esse o denominador comum e parecia o pedaço que abriria seu coração para que eles pudessem chegar a uma resolução. Ele respirou fundo e decidiu ter a conversa. Isso era extremamente difícil para ele, pois odiava confrontos. Falou a verdade de seu coração em cada momento e explicou como se sentia. Não disse a ela todas as coisas que percebia que ela estava fazendo de errado. Simplesmente disse que não se sentia apoiado e deu a ela alguns exemplos do por quê. Ele se surpreendeu com a resposta. Ela ficou tão feliz por ele ter falado! Disse que sabia já há um longo tempo que havia algo de estranho entre eles. Em algum nível ela sabia que havia um problema, mas eles não podiam resolvê-lo até que ele pôde abrir-se e curar a sombra de seus sentimentos não expressos. Ela disse que o motivo era que estava em um novo relacionamento, sentindo-se muito preocupada e não se sentia presente no trabalho. Concordou em mudar porque valorizava sua amizade e queria apoiá-lo. Eles haviam criado no trabalho um relacionamento de vencer-vencer.

MUDE VELHAS ROTINAS

No desenvolvimento de uma testemunha forte, faz-se necessário quebrar velhos padrões e rotinas. Enquanto você estiver no automático, não há a presença da testemunha. Após ter processado e à medida que sua consciência começa a mudar, você se encontrará querendo mudar aspectos de seu mundo físico. É claro que o tema deste livro é que primeiro você deve mudar o interior através do processamento, e isso o ajuda a quebrar velhos padrões e rotinas. Mas quando já processou o bastante e começa a despertar para as maneiras em que vive no automático e se encontra inconscientemente preso a velhos hábitos, é hora de fisicamente agir para mudar as coisas. Isso ajuda a estabelecer um novo meio no qual você é capaz de estar mais presente, vivo e consciente, momento a momento, e mais em sua testemunha.

Pode começar mudando velhas rotinas e movimentando a energia presa de uma maneira muito simples. Por exemplo, livre-se de roupas velhas que não servem mais, e que você não mais usa, ou que estão fora de moda. Entregue-as ao Exército da Salvação. Limpe seus armários de todas as coisas velhas. Elas apenas o lembram de partes presas e velhas de si mesmo. Elas são a representação física de energia velha e presa em você. Libere-as. Além disso, você obterá bom carma doando as coisas para a caridade ou para outra pessoa. Isso o ajudará a quebrar seu apego às suas posses.

Você também pode limpar sua casa toda. Esse é um truque espiritual que o ajuda a movimentar a energia velha e estagnada. Tente, e verá que será mais fácil mudar a si mesmo e ser livre, vivo e presente, no momento, em sua nova consciência e em sua testemunha.

Depois, compre algumas coisas novas e bonitas. Você não precisa ser extravagante e não precisa de muito dinheiro para fazer isso. Que tal um novo corte de cabelo? Mude sua aparência. Comece a malhar. Pegue uma nova rota para o trabalho a cada dia. Mude sua dieta. Aprenda hatha ioga. Encontre maneiras únicas de ser novo. Você verá sua testemunha mover-se para a frente com maior rapidez se seu mundo físico tiver sido enxertado com vida nova; então você não estará tão preso aos padrões velhos e gastos.

Não estamos falando aqui de mudar as armadilhas de forma inconsciente, mudando de lugar a mobília no interior da prisão, por assim dizer. É importante primeiro procurar processar e tornar as rotinas inconscientes conscientes. Essas sugestões dizem respeito à prática mística da fluidez, de não estar preso ao comportamento habitual. O trabalho de mudança em seu mundo físico complementa seu trabalho de mudança do mundo interior, sua energia e sua padronização. Algumas vezes, um ato físico será a coisa que o ajuda a mudar um padrão já processado *ad infinitum*. Encontre formas divertidas e inspiradas de mudar. Tudo é permitido para se desenvolver a testemunha.

PROCESSE COM OUTRAS PESSOAS

O processamento com outras pessoas pode ser um meio bastante eficiente de desenvolvimento de sua testemunha e de ver seus pontos cegos, porque pode obter outros pontos de vista objetivos, em vez de apenas os seus. Frequentemente seu próprio ponto de vista será bem estreito. Você não teria problemas com uma polaridade se não estivesse preso a ela, incapaz de ver todos seus aspectos. Talvez possa encontrar alguns amigos em sua comunidade para processar. Nem precisa fazer isso face a face. Pode fazê-lo pelo telefone. Também pode fazer via e-mail! Faça um acordo com outras pessoas sobre o trabalho: "Quando eu estiver em um processo, posso ligar para você para fazermos juntos o processamento?". Você pode também fazer trabalho de grupo com apenas uma pessoa.

Uma forma de fazer trabalho de grupo é decidir a respeito de um quadrado que todos querem fazer juntos. Geralmente é fácil encontrar uma polaridade que seja particularmente quente para pelo menos algumas pessoas do grupo.

Primeiro, cada pessoa trabalha sozinha no primeiro quadrante do quadrado por um tempo. Então, todos compartilham as respostas uns com os outros. Cada pessoa, por sua vez, lê em voz alta todas as respostas encontradas por ele/ela para aquele quadrante do quadrado. Então, quando todos terminarem de compartilhar o primeiro quadrante, movem-se para o segundo quadrante etc., até que todos tenham compartilhado respostas dos quatro quadrantes. Então o grupo oferece e espera que mais informação seja dada. Vocês podem compartilhar essas informações com os outros, também.

Conheço muitos grupos que se juntam semanalmente para fazer esse tipo de processamento. Todos se divertem compartilhando seus *insights*, ajudando uns aos outros com seus pontos cegos, e eu os vejo progredindo muito rapidamente com o trabalho de purificação.

Se você está interessado em participar ou mesmo em iniciar um grupo de processamento em sua área, por favor contate-nos na CoreLight. Podemos ajudá-lo a dar início ao seu trabalho. É uma forma maravilhosa de fazer o trabalho de limpeza do ego.

REVISÃO
Os passos do testemunhar.
1. Peça uma testemunha.
2. Sugestões simples:
    - lembretes ;
    - carregue consigo um caderno de bolso aonde quer que vá;
    - faça pactos recíprocos com amigos para se ajudarem uns ao outros no testemunhar.
3. Medite.
4. Processe emoções supercarregadas e bloqueadas.
5. Não reprima emoções.
6. Libere emoções com uma testemunha.
7. Libere e desapegue-se da raiva.
8. Expresse a verdade de seus sentimentos interiores:
    - processe a si mesmo primeiro;
    - procure discernir a sua verdade;
    - expresse onde for apropriado;
    - fale a partir de seu coração;

- encontre o que dizer para abrir o coração da outra pessoa.
9. Mude velhas rotinas.
10. Processe com outras pessoas.

SUGESTÕES PARA TRANSFORMAR A TEORIA EM PRÁTICA

1. Posicione lembretes por toda sua casa e em seu carro dizendo coisas como "Eu estou em minha testemunha?".
2. Carregue consigo um pequeno bloco de notas aonde quer que vá, para que você possa sempre tomar notas a respeito das coisas que o tiram de sua testemunha, ou a respeito de áreas onde você é especialmente eficiente no testemunhar (para que mais tarde possa escrevê-las em seu diário).
3. Faça um pacto recíproco com um amigo comprometendo-se a dizer ao outro quando perceberem que um dos dois perdeu a sua testemunha.
4. Alugue um filme ou vá ao cinema. Mantenha em seu colo um bloco. Tente permanecer em sua testemunha o tempo todo. Quando se perceber perdendo a testemunha, tome nota. Mais tarde, escreva em seu diário onde e por que foi retirado de sua testemunha. O que sua mente fez durante aquele período.
5. Tente liberar uma vez por dia durante uma semana. Tente métodos diferentes de liberação. Por exemplo, com a raiva: grite com o rosto enterrado no travesseiro, bata na cama com uma raquete de tênis, faça uma catarse em sua cama quando não houver ninguém para escutá-lo. Escreva a respeito de sua experiência.
6. Pegue-se uma vez tendo medo de falar a verdade. Escreva a respeito.
7. Expresse a verdade de seus sentimentos interiores a alguém, mesmo que seja pouca coisa. Escreva a respeito da experiência. Onde você estava em sua testemunha e em seu coração, e onde não estava?
8. Faça pelo menos uma das seguintes coisas:
    - limpe sua casa;
    - doe roupas velhas e outras coisas;
    - mude sua aparência (um novo corte de cabelo);
    - vá para o trabalho por um caminho diferente, todos os dias, por uma semana.

9. Tire duas horas e faça algo que normalmente não faria (vá jogar boliche, visite um museu, faça uma pintura). Esteja em sua testemunha durante toda a aventura. Escreva a respeito mais tarde.
10. Aprenda a meditar. Se você já souber, aumente seu tempo de meditação. Escreva a respeito de sua experiência. Ela o ajudou a manter sua testemunha neutra a cada dia?
11. Forme seu próprio grupo semanal de processamento. Escolha uma polaridade a cada semana, uma que o grupo concorde que seja relevante, e faça um quadrado sobre ela.
12. Entre em contato conosco na CoreLight para encontrar ou iniciar um grupo de processamento em sua área.

TESTEMUNHO ♦ ORDEM NO TRIBUNAL

Trabalho em um escritório de advocacia. Nós somos procuradores das pessoas que se queixam de casos de prática errônea da medicina. A maioria dos casos envolve pessoas que foram maltratadas ou que estão extremamente feridas, ou como no caso de uma esposa que perdeu o marido por negligência médica. Essas pessoas estão geralmente muito deprimidas e muito vulneráveis.

Quando vêm a nós, elas também têm que dar depoimentos, um processo muito difícil para elas atravessarem em seu estado emocional frágil, porque promotores fazem-lhes perguntas sondadoras e intensas, algumas vezes simulando a pressão extrema de uma sala de tribunal. Um dia eu falava com uma das clientes antes de seu depoimento, cedo pela manhã. Ela estava preocupada e amedrontada. Já havia passado por duas sessões de depoimentos em dois dias anteriores, e porque havia tantos defensores (nove, no total, o que significava nove diferentes promotores fazendo-lhe perguntas), eles precisaram de uma terceira sessão para tentar completar seu depoimento.

Ela estava em frangalhos e, nas duas vezes anteriores, em lágrimas no meio do dia. Falamos por um tempo, e comecei a relatar-lhe algumas das ferramentas que utilizo com o processamento de *O Casamento do Espírito*. Uma ferramenta muito importante dizia respeito a estar em contato com a testemunha neutra. Sugeri que, em vez de reagir à barreira manipuladora de questionamentos, ela devia tentar ver a questão como um todo, como se estivesse vendo um filme e aqueles fossem os atores do filme. Sugeri que, quando algo a afetasse e ela estivesse começando a sentir-se atacada, respirasse profundamente e observasse tudo passar através dela: "Não é real. É apenas medo". Não quis aprofundar muito porque senti que ela não compreenderia e possivelmente perderia o entusiasmo. Então, mantive tudo muito simples. Bem, ela entrou lá como uma nova mulher, confiante e equilibrada.

Ela não só foi uma ótima testemunha aquele dia, como terminaram o trabalho com ela às 13 horas. Além disso, quando saiu da sala, estava radiante em vez de estar chorando. Eu fiquei muito feliz por ela. Minha chefe percebeu a diferença e agora permite que eu me reúna com os clientes por volta de 30 minutos antes de seus depoimentos, para apenas conversarmos e relaxarmos. Eu sou grata ao Espírito por permitir que esse conhecimento passe por mim para ajudar aquelas pessoas em um ambiente onde ele é tão necessário.

O maior triunfo do ego é levar-nos a acreditar que seus melhores interesses são nossos melhores interesses, promover a identificação de nossa existência com a sua própria existência. Esta é uma ironia selvagem, quando consideramos que o ego e os seus apegos estão na raiz de todo o nosso sofrimento. Mas mesmo assim, o ego é tão convincente, e temos sido enganados por ele por tanto tempo, que o pensamento de algum dia ficarmos sem ego nos horroriza.

– Sogyal Rinpoche

QUINZE

AS REALIDADES DIÁRIAS
DO PROCESSAMENTO

*E*ste capítulo inclui algumas maneiras de desenvolver mais suas aptidões de processamento e de aproveitar ao máximo a maioria das ferramentas apresentadas nos capítulos anteriores. Veremos algumas das realidades diárias do processamento, incluindo a importância de:

- manter registro de seu progresso;
- testemunhar efeitos colaterais corporais do processamento;
- testemunhar a formação de nova fiação e de novo circuito;
- respeitar o processo de integração dos outros.

Também quero compartilhar com você algumas das formas pelas quais amigos meus tornaram-se muito inventivos na adaptação das técnicas de *O Casamento do Espírito* em seu trabalho e ensinaram-nos para os outros.

MANTENDO REGISTRO DE SEU PROGRESSO

Cada vez que integra polaridades, você está criando minidespertares ou unificações da consciência anteriormente dividida. Enquanto purifica a padronização nessas áreas, a limitação é substituída pelo despertar. Trabalhando pouco a pouco com diferentes partes de um padrão, você obtém o despertar de forma crescente, em graus. É importante testemunhar seu progresso à medida que se move em direção ao despertar.

Parece que deve haver algum tipo de revelação espetacular de progresso antes que a maioria das pessoas queira realmente ver e aceitar o que está se passando com ela. Isso não invalida outros "pequenos despertares". Uma confirmação espetacular e experimental acontece principalmente como resultado de um efeito cumulativo do trabalho, frequentemente presenteada pela graça para encorajá-lo a aceitar seu progresso.

Um fenômeno que percebi com esse trabalho é que algumas vezes as pessoas têm dificuldade em reconhecer o crescimento porque se acomodam às mudanças de consciência silenciosa e rapidamente. Por exemplo, eu trabalhava com um jovem que estava tendo problemas em seu ambiente de trabalho. Parecia que sempre tinha de lidar com chefes tiranos e sempre acabava se demitindo. Ele aprendeu os princípios do processamento e os aplicou à sua situação de trabalho, processando a polaridade tirano-vítima.

Após alguns meses, ele arrumou um emprego novo. Em uma conversa com sua mãe, ela expressou para mim que sentia que o filho duvidava da eficiência do processamento. Perguntei a ela se ele havia criado outro chefe tirano. Ela respondeu que não, mas que sua nova chefe tinha um chefe tirano a quem ela se subordinava. Eu comentei que o processamento deve ter funcionado porque ele não mais tinha um chefe tirano, e que dessa vez ele estava na posição de observar objetivamente a posição de vítima, sem ter de fazer parte da representação. Esse foi um sinal claro de que ele havia purificado algum nível de seus assuntos de tirano. Enquanto isso, seu processo havia evoluído para outro estágio tão naturalmente que ele não havia percebido. Pode parecer estranho, mas a falta de percepção das mudanças é bem comum.

Se as alterações vêm muito gradualmente, você pode não perceber as pequenas mudanças de incremento que eventualmente se somam e formam uma mudança maior e mais óbvia. É uma coisa engraçada a respeito da consciência. Já que a maioria das pessoas não possui testemunha, a maioria não consegue ver o seu progresso. Não apenas não possui a capacidade de ver onde está em determinado momento, mas também se esquece de onde veio. Geralmente o lugar onde nos encontramos em determinado momento é percebido como sendo o lugar onde sempre estivemos. Essa não é absolutamente a realidade. A consciência percorre ciclos de cima para baixo e de um lado para o outro o tempo todo, como pudemos ver em nossas explorações até agora.

Um dos problemas é que temos dificuldade em ver a situação como um todo, além de não percebermos os ciclos de mudanças diárias. Isso acontece principalmente porque estamos muito distraídos, não possuímos testemunha e esquecemos. Mas também acontece por não termos o suficiente funcionamento do cérebro direito (visão holística, capaz de conceitualizar a situação como um todo) para sintetizar nossas circunstâncias. Esse é um fato presente especialmente no mundo ocidental, que parece operar principalmente a partir do cérebro esquerdo (linear, lógico, sequencial, orientado para detalhes). Quero aqui frisar a importância da manutenção da visão do todo da situação, assim como da focalização nos detalhes. Ambos são importantes no despertar.

Existem várias coisas que você pode fazer para superar esse dilema e para ajudá-lo no testemunhar de seu progresso:

- escolha trabalhar em um passo bastante rápido para que haja progresso definido e visível. Você é aquele que determina o passo com o Espírito; você pode sempre pedir que as coisas acelerem ou desacelerem;
- mantenha um diário de suas mudanças, já que serve de espelho para você. É encorajador ver seu progresso espelhado para si mesmo ao longo do tempo. Sem essa visão, você provavelmente apenas será levado pela corrente e confundirá mudanças de polaridade com progresso;
- peça *feedback* objetivo a alguém a respeito de seu progresso e faça com que a pessoa seja seu espelho. É frequentemente mais fácil para um amigo íntimo ou um professor ver as mudanças que você manifesta. Por exemplo, talvez um amigo possa lhe dizer se está mais fácil de lidar com você em certos tipos de situação e se você está menos reativo nas circunstâncias que costumavam irritá-lo.

Percebo que sou capaz de acompanhar o progresso de alguém observando as mudanças que acontecem no corpo de luz. Mesmo se não nos falarmos com frequência, posso comparar o antes e o depois. As mudanças no corpo de luz aparecem como uma intensificação da totalidade da luz e do brilho.

À medida que processamos, com o passar do tempo, o corpo de luz torna-se menos entremeado de luz e escuridão, e mais solidamente preenchido com luz. Gradativamente, o corpo de luz assume a aparência de luz sólida e se encontra muito alinhado em seu eixo, muito reto. A pessoa começa a brilhar visivelmente através da pele, não importando sua idade. O eixo, ou núcleo no interior do corpo de luz, torna-se como uma pilastra brilhante de luz. Por outro lado, a postura, a força e a saúde do corpo físico, em geral, melhoram enormemente.

A vida se tornará mais suave com o tempo, por meio do trabalho de processamento. Finalmente, o rompimento através de um dique de percepção criará a mudança, e você verá que está diferente. A conexão com a presença torna-se mais e mais tangível na medida em que você se torna mais unificado. Você começa a ver claramente que está despertando, apesar de talvez ainda não ter chegado lá completamente. Também é importante lembrar que, apesar de haver grandes marcos pelo caminho que mostram o quanto você trilhou, são os pequenos sucessos diários na integração que se somam, formando o progresso.

TESTEMUNHANDO EFEITOS COLATERAIS CORPORAIS DO PROCESSAMENTO

À medida que faz os processos, você perceberá que seu corpo passa por mudanças, que são importantes de serem testemunhadas. Se você mudou um grande bloco, sintomas que se parecem com doenças frequentemente se manifestam por pequenos períodos. Algumas vezes talvez fique de cama por dois dias devido a uma grande mudança. Não fique alarmado. Alguns dos sintomas difíceis podem ser:

- dor muscular, semelhante a uma gripe;
- febre;
- diarreia;
- constipação;
- sonolência;
- necessidade de maior número de horas de sono;
- tonteira e visão turva;
- fadiga e falta de motivação;
- ondas de calor;
- acne ou erupção súbita na pele, surgindo particularmente nas linhas de meridianos do corpo.

Os efeitos mais prazerosos poderiam ser:

- tremenda quantidade de energia e resistência;
- necessidade de muito pouco sono;
- um brilho luminoso na pele;
- sensação de leveza, ânimo e alegria;

- sentimentos de expansão e efervescência;
- ideias criativas aparecendo mais rápido do que pode lidar com elas;
- saúde e força como nunca antes.

Todos passamos por fases de vivenciar os sintomas acima, em qualquer tipo de trabalho de transformação. Isso é bem normal. Quando vivenciamos os efeitos negativos temporários, geralmente há um conhecimento intuitivo de que os sintomas estão associados com o trabalho, e isso nos ajuda a não ficar alarmados. Conforme circula através da mudança rápida, espere passar por muitos desses sintomas em uma época ou outra. Nunca admita que ficará preso em algum deles por muito tempo. Se isso acontecer, precisará processar o porquê de estar preso. Ou utilize seu discernimento e procure assistência médica, se sentir necessidade. Enquanto vivencia os efeitos positivos do processamento, aproveite!

TESTEMUNHANDO NOVA FIAÇÃO E NOVOS CIRCUITOS

Enquanto trabalha em si próprio, o corpo realmente adentra um período de saúde, liberdade e força sem paralelo. À medida que aprende a gerenciar sua energia e a viver impecavelmente, o corpo de luz se fortalece. Enquanto processa e purifica as crenças emocional-mentais, as ideias de falta e de limitação, assim como todos os apegos que formam camadas limitadoras no corpo de luz e no corpo físico, o corpo físico sente-se mais leve, seguro e livre.

Os sintomas mencionados acima são, relativamente, de curta duração. Eles são geralmente um sinal de que você está recebendo nova fiação. Assim como a velha casa precisa de um sistema elétrico novo quando é reformada, também o corpo precisa de nova fiação após ter ocorrido uma grande mudança. Isso geralmente leva apenas alguns dias e raramente é extenuante o bastante para fazê-lo ficar de cama, apesar de isso poder acontecer ocasionalmente. Relaxe. Testemunhe os sentimentos. Tire algum tempo livre. Você estará melhor que nunca quando o processo tiver terminado. Se isso não acontecer com facilidade, então existem questões no caminho que precisam ser processadas. Com o tempo poderá vê-las e purificá-las.

Se você possui problemas físicos arraigados, nascidos de *samsara* (tendências de vidas passadas), eles podem levar algum tempo para serem purificados, mas com certeza você os acessará. *Samsara* é o termo sânscrito para as tendências que são levadas adiante de uma vida para outra. Esses padrões "velho-novo" de crenças fazem brotar formas de pensamento que limitam sua expressão de vida e que o bloqueiam no crescimento e no despertar em direção a novas e mais claras percepções da verdade. Conforme você prossegue com seu processamento espiritual, o corpo melhora enormemente, banhando-se na luz dos corpos mental e emocional purificados.

RESPEITANDO O PROCESSO DE INTEGRAÇÃO DOS OUTROS

Estamos adentrando um período em que o estado de iluminação, ou despertar espiritual, irá se tornar mais comum. Você ou seu melhor amigo poderão se iluminar. Certamente, se está em um caminho espiritual, então são boas as chances de em breve conhecer uma pessoa que já é iluminada ou que está bem avançada no processo.

Isso, por si, levanta novas e interessantes possibilidades para dramas. Como você lidará com o fato de que seu melhor amigo se iluminou? Especialmente se você está no caminho por anos e esse é o seu desejo, a sua meta tão sonhada! Devemos nos lembrar de que muitos seres estão se movendo para o interior na presente fase. Devemos aceitar esses fenômenos e evitar a competição com outros que estão também despertando para esses níveis.

A maioria das pessoas, em nível de personalidade, está tão acostumada a competir que essas circunstâncias incomuns estão se tornando absolutamente necessárias à purificação dessa personalidade. É importante desenvolver novos níveis de respeito e de aceitação de nossos semelhantes, e parece imperativo que apoiemos uns aos outros em nosso trabalho de purificação. De fato, tem se tornado crescentemente claro que esse despertar em massa é um esforço coletivo, e que estamos sendo presenteados com a possibilidade nunca antes realizada de despertar em conjunto, como grupos. A iluminação costumava ser tão rara! Agora existe a possibilidade de acontecer para cada um de nós e a muitos daqueles à nossa volta. Na medida em que grandes grupos fazem o trabalho de processamento de seus padrões, os véus de condicionamento serão limpos nos arquétipos da sociedade ocidental e a presença divina tornar-se-á uma fonte palpável para todos. Quando isso acontecer, todos estarão em paz e em cooperação com a vida, em vez de resistir a ela.

Essas novas energias entrando na consciência estão pedindo a sua cooperação com outros que buscam as mesmas metas. A assistência mútua como buscadores nesse trabalho é apropriada agora. No futuro próximo você será intimado a ajudar muitos outros que estão passando por mudanças.

É importante respeitar os caminhos dos outros, não os julgando e limpando nossos próprios padrões. Quando não estamos purificados, é hipocrisia tentar *consertar* os outros. Assim como disse Jesus (Mateus 7,3-5): "E por que reparas tu no argueiro que está no olho do teu irmão, e não vês a trave que está no teu olho? Ou como dirás a teu irmão: 'Deixa-me tirar o argueiro do teu olho', estando uma trave no teu? Hipócrita, tira primeiro a trave do teu olho, e então cuidarás em tirar o argueiro do olho do teu irmão".

Você deve aceitar o fato de que todos estão se desdobrando em velocidades diferentes e frequentemente de formas diversas. Todos atravessam os diferentes estágios de integração em seu próprio tempo e de sua própria maneira. Enquanto avança nesse trabalho, você verá que o despertar se faz manifestar gradualmente. Existem muitos graus de iluminação. Você não pode, necessariamente, saber em que estágio as pessoas estão na jornada e deve respeitar o desenvolvimento de cada uma.

SENDO CRIATIVO COM AS FERRAMENTAS

Você pode ser bem criativo com as técnicas de processamento. No decorrer dos muitos anos de ensinamento dos métodos, tenho visto meus amigos pegarem os princípios e os aplicarem a seus próprios campos de trabalho. Por exemplo, uma psicóloga com base em teatro e artes cênicas aplicou o trabalho de polaridades às suas aulas de psicodrama. As pessoas representam ambos os lados de uma polaridade, talvez tirados de cenários de infância ou de dramas mais recentes. Então representam seus papéis e os papéis do antagonista (talvez um dos pais ou um chefe) para que possam tornar físico ambos os lados do drama, ambos os lados de sua própria consciência! Eu a vi ser facilitadora de algumas de minhas próprias aulas com esse método, e ele cria transformação muito poderosa.

Um amigo meu possui formação em terapia de liberação emocional. Em seus grupos terapêuticos, ele faz com que os grupos processem um quadrado. Eles relacionam cada um dos quatro quadrantes do quadrado a cada um dos cantos da sala. Então, as pessoas vão para um canto da sala de cada vez e, da posição da testemunha, sentem as emoções naquele quadrante do quadrado. Após terem terminado os quatro cantos, elas oferecem e liberam tudo. Os grupos reportam a ocorrência de poderosas mudanças.

Outro amigo meu, que era gerente de quinhentos empregados em um escritório de governo estadual, gostou tanto das técnicas de quadrados que as ensinou a todos em uma reunião de pessoal! Quando soube disso, fiquei um pouco chocada. Mas vários meses depois, quando verifiquei como iam as coisas em seu pequeno experimento, ele me disse que muitas pessoas haviam começado a trabalhar com quadrados. Ele disse que ouvia funcionários processando juntos no trabalho regularmente! Após algum tempo, percebeu maior nível de produtividade em seu departamento e notou que as pessoas em geral estavam mais felizes e mais leves. Ele disse que percebia uma sensação de leveza no escritório que nunca antes havia sentido.

Outros utilizaram *O Casamento do Espírito* em aulas de arteterapia, no trabalho com aqueles que estão morrendo e em muitos tipos de *workshop*, desde o prático ao esotérico.

Se você está interessado em participar de um seminário de *O Casamento do Espírito*, que oferecemos de tempos em tempos em várias cidades por todo o mundo, por favor contate o escritório da CoreLight.

Em gratidão pela dádiva das técnicas que me foram dadas por meus guias espirituais, senti-me inspirada a compartilhar a informação. Então, eu o convido a ser criativo com elas. Se você achar que os princípios são de ajuda, aplique-os onde achar necessário e adequado, e compartilhe-os com as pessoas que conhece. A informação é dada gratuitamente, com muito amor. Espero que você encontre tanta graça e receba tantas dádivas como eu recebi, levando *O Casamento do Espírito* para o seu coração.

REVISÃO
As realidades diárias do processamento.
1. Mantenha registro de seu progresso:
    * trabalhe com relativa rapidez;
    * mantenha um diário com suas mudanças;
    * obtenha *feedback* de um amigo.
2. Testemunhe os efeitos colaterais do processamento no corpo.
3. Testemunhe nova fiação e novos circuitos.
4. Respeite o processo de integração dos outros.
5. Seja criativo com as ferramentas.

SUGESTÕES PARA TRANSFORMAR A TEORIA EM PRÁTICA

1. Considere assumir um compromisso com o Espírito para acelerar o seu processamento.
2. Durante um mês mantenha registro de seu progresso, escrevendo em seu diário e obtendo *feedback* de um amigo. Você pode perceber o progresso em áreas específicas de sua padronização?
3. Na próxima vez em que sentir sintomas de doença física, pergunte interiormente se estão relacionados ao seu processo em andamento. Testemunhe-os, sabendo que são temporários e irreais, e escreva a respeito de seus *insights*.
4. Na próxima vez em que se sentir extraordinariamente feliz ou exuberante, ou cheio de energia ou criatividade, pergunte interiormente se os sentimentos estão relacionados à liberação em seu processo em andamento. Aproveite-os e escreva sobre seus *insights*.
5. Na próxima vez em que vivenciar uma mudança decorrente do processamento, faça uma meditação e tente sentir a nova fiação acontecendo em seu corpo físico e por todos os meridianos dele. Escreva a respeito de suas experiências.
6. Faça algo que apoie um amigo que também se encontra no caminho espiritual de autodescoberta. Se você perceber que há alguma parte sua que, de alguma forma, não está respeitando o processo de seu amigo (ressentimento, competitividade, ciúme), testemunhe e utilize as técnicas de polaridades, triângulos e quadrados para purificar a si mesmo.
7. Você pode pensar em uma forma criativa de trazer as técnicas de *O Casamento do Espírito* para sua própria linha de ação profissional ou privada?
8. Contate-nos na CoreLight para indagar a respeito de sua presença em um de nossos seminários de *O Casamento do Espírito*.

TESTEMUNHO ♦ A HISTÓRIA DO ESPREITADOR

Acontecimentos estranhos estavam em curso. Debates hediondos eram travados a respeito de uma medida antigay, com o intuito de oficialmente declarar a homossexualidade "imoral, artificial e pervertida" no Estado do Oregon. A divisão reinava. Durante nove meses cada fachada de casa exibia uma placa contra ou a favor da medida, incluindo a minha (contra).

Enquanto isso, visitações noturnas anônimas perturbavam a minha paz doméstica. Apenas após algumas semanas, informei à polícia e a meus amigos mais íntimos sobre o que estava acontecendo. Eu estava em completa negação até a noite em que ouvi uma escada sendo posta na janela de meu quarto e me vi incapaz de falar com a telefonista por falta de ar.

A fonte presumida desse fenômeno tornou-se conhecida como *o espreitador*. Em vão, policiais e amigos tentaram me ajudar a descobrir o culpado. Nenhuma quantidade de segurança ou vigilância oferecia uma pista ou solução viável. Tornei-me um caso de privação de sono. Ambos os dramas (a votação e o espreitador) tornaram-se emaranhados em minha mente e emoções. Senti-me irado com as forças desconhecidas de raiva coletiva manifestando-se no Estado e com o terrorismo específico direcionado a mim em minha casa. Mesmo assim, senti que deveria culpar meu interior.

A medida foi derrotada por uma margem pequena, mas as atividades do espreitador não foram interrompidas pelo processo democrático. Apesar de minhas novas luzes sensíveis a movimentos e de ter recentemente alugado um companheiro rottweiler de 70 quilos, treinado para matar, o problema continuou. Retive o sentimento ao máximo, esperando que o medo e a dor da impotência e da desesperança fossem embora se eu os ignorasse. Eu disse a mim mesmo que estava seguro com meu cachorrão e pude dormir decentemente por algumas noites. Eu estava derrotando essa coisa, pensei.

Uma noite, Barão (meu cachorro) e eu estávamos deitados em frente ao fogo, eu com meu livro, ele com um osso. Tomei cuidado para que todas as venezianas estivessem bem fechadas. Uma das persianas, entretanto, estava levemente levantada por uma lingueta no peitoril. Quando percebi isso comecei a sentir medo e me repreendi por uma paranoia infundada. Alguns momentos mais tarde, meus olhos nervosamente se voltaram para inspecionar o local novamente. Havia dois olhos me encarando! O olhar que encontrou o meu fez todo o meu corpo tremer. Barão nada havia escutado.

Liguei para meu irmão em Los Angeles. Eu estava desesperado. Ao telefone chorei, contei a ele a história e pedi o seu conselho e a sua ajuda. Ele me disse que estivera esperando há alguns anos a oportunidade de me contar a respeito das técnicas de *O Casamento do Espírito*. Ele havia tentado me contar uma vez antes, mas reagi com o que ele agora me diz ter sido uma resistência fria, cética e prepotente. *Moi*?

De qualquer forma, ambos sentimos que eu estava desesperado o bastante para renunciar à minha razão por tempo suficiente para deixar entrar algo novo, algo para além da razão. De qualquer forma, a pouca *razão* que me restava estava partindo nesse ponto. Senti que não tinha mais nada a perder. Ele prosseguiu, contando-me sobre os princípios e técnicas de *O Casamento do Espírito*. Abri meu coração para elas e processamos naquele momento. Eu fiz listas de palavras e de seus opostos a respeito de meu drama com o espreitador e com a medida antigay do Oregon. As listas incluíam tudo o que eu estava pensando e sentindo. Elas incluíam minhas opiniões a respeito da liberação, algo de que eu me orgulhava, e do conservadorismo, algo que eu repelia. Alguns dos temas principais de minha lista eram as polaridades vítima-rebelde, vítima-tirano e rebelde-tirano.

Em meu desespero, concordei em aceitar que esse *espreitador* estava meramente representando para mim as projeções de minha própria mente inconsciente. Ele estava espelhando para mim meus pedaços repartidos e projetados. Eu estava espreitando a mim mesmo! Orei para poder me apropriar do espreitador como parte minha. Também concordei em olhar profundamente para a raiva e a indignação que a medida havia inspirado, tudo o que eu havia varrido para debaixo do tapete e estocado no inconsciente. Eu havia projetado tudo no exterior, recusava-me a olhar e não reconhecia isso na época.

Processamos por aproximadamente uma hora ao telefone antes que eu pudesse sentir uma mudança. Eu não sabia bem o que havia ocorrido, mas podia dizer que algum aspecto de minha consciência havia mudado de alguma forma. Senti-me levemente purificado, apesar de não saber bem como. Para minha surpresa, mas não para a dele, após o telefonema, nunca mais ouvi ou vi qualquer coisa sobre o misterioso espreitador. Desde então venho processando e cada vez mais me sinto agradecido pelas técnicas. Não apenas deixei de vivenciar grandes e dramáticos traumas, como a história do espreitador, mas com o tempo minha vida e minha consciência têm também se tornado mais suaves e alegres.

MEU COMPROMISSO COM VOCÊ

A dissolução dos véus do ego e a abordagem mais transparente em relação à vida e àqueles à sua volta, deixa entrar a luz transcendente, deixa entrar a energia do amor incondicional, da unidade, da sabedoria e da vitalidade. É chamada transcendental porque transcende a personalidade condicionada ou ego. À medida que se processam e se purificam as partes atravancadas da personalidade condicionada, você começa a ver mais de sua verdadeira natureza luminosa, que está presente, mas que transcende seus estados antigos diários. Com o tempo você se torna menos denso e mais capaz de reter luz em sua mente, em seu coração e em seu corpo físico. Enquanto processar, acontecerão momentos mágicos, quando a cortina de ilusões se for e uma visão muito mais expandida da existência e de seu verdadeiro ser for revelada. Quando você está pleno de luz, torna-se mais fácil estar completamente presente na vida, dando sua total atenção a cada momento e recebendo plenitude de volta da própria vida.

O tempo utilizado na purificação do ego e na descoberta das profundezas de sua alma nunca é desperdiçado. A vida se torna imensuravelmente melhor quando você trabalha em si mesmo. A autodescoberta leva-o a riquezas e à profundidade do maior tesouro que existe: seu verdadeiro ser. Meu compromisso com você é assegurar que realizará sua totalidade através da leitura e da utilização dos ensinamentos de *O Casamento do Espírito*.

REFERÊNCIAS

ASSAGIOLI, Roberto. *Psicossíntese:* manual de princípios e técnicas. São Paulo: Cultrix, 1997.

AWAKENING Osiris. Translated by Normandi Ellis. Grand Rapids: Phanes Press, 1988.

BHAGAVAD Gita: a mensagem do mestre. Tradução Francisco Valdomiro Lorenz. São Paulo: Pensamento, 2001.

CASTAÑEDA, Carlos. *Tales of power*. New York: Simon and Schuster, 1974.

COURTENAY, Bryce. *The power of one*. New York: Random House, 1989.

DHARMA, Krishna. *Ramayana*. Los Angeles: Torchlight Publishing, 1998.

ELIADE, Mircea. *Yoga:* imortalidade e liberdade. São Paulo: Palas Athena, 1997.

EVANS-WENTZ, W. Y. *A ioga tibetana e as doutrinas secretas*. São Paulo: Pensamento, 1987.

FROMM, Eric. *A arte de amar*. São Paulo: Martins Fontes, 2000.

GOSPEL of Sri Ramakrishna, The. Translated by Swami Nikhilananda. Forward by Aldous Huxley. New York: Ramakrishna-Vivekananda Center, 1977.

HOUSTON, Jean. *A paixão de Ísis e Osíris:* a união de duas almas. São Paulo: Mandarim, 1997.

HOW to know god: the yoga aphorisms of Patanjali. Translated by Swami Prabhavananda and Christopher Isherwood. Hollywood: Vedanta Press, 1983.

HUA Hu Ching: the unknown teaching of Lao Tzu. New York: Harper Collins Plublishers, 1992.

JANOV, Arthur. *The primal scream, primal therapy:* the cure for neurosis. New York: Dell Publishing Company, 1970.

JOHARI, Harish. *Chacras:* centros energéticos de transformação. Tradução Angela do Nascimento Machado. São Paulo: Bertrand, 1995.

JUNG, Carl Gustav. Psychological types. In: FORDHAM, Michael; HULL, R. F. (Eds.). *The collected works of C. G. Jung*, n. 6. Princeton: Princeton University Press, 1971.

_____. Archetypes and the collective unconscious. In: FORDHAM, Michael; READ, Herbert (Eds.). *The collected works of C. G. Jung*, n. 9. Princeton: Princeton University Press, 1968.

_____. Alchemical studies. In: GERHARD, Adler; READ, Herbert (Eds.). *The collected works of C. G. Jung*, n. 13. Princeton: Princeton University Press, 1983.

KEYES, Ken. *O centésimo macaco:* o despertar da consciência ecológica. São Paulo: Pensamento, 1990.

LIFE of Milarepa, The. Translated by Lobsang P. Lhalungpa. Boulder, CO: Shambhala Publications, 1984.

MAN the artist: his creative imagination. Edited by Sir Gerald Barry, Dr. J. Bronowski, James Fisher and Sir Julian Huxley. Designed by Hans Erni. London: Macdonald and Company, 1964.

MATT, Daniel C. *O essencial da Cabala*. São Paulo: Best Seller: Círculo do Livro, 1995.

MAYOTTE, Ricky Alan. *The complete Jesus*. South Royalton, UK: Steerforth Press, 1997.

MOOKERHJEE, Ajit. *Kundalini:* the arousal of the inner energy. New York: Destiny Books, 1982.

NAG Hammadi Library in English, The. Edited by James M. Robison. San Francisco: Harper and Row, 1988.

PERLS, Frederick S. *In and out of the garbage pail*. Lafayette, CA: Real People Press, 1969.

PRABHAVANANDA, Swami; MANCHESTER, Frederick. *Os Upanishads:* sopro vital do eterno. São Paulo: Pensamento, 1999.

PURCE, Jill. *The mystic spiral:* journey of the soul. New York: Thames and Hudson, 1997.

RAM DASS. *Remember, now be here, be here now*. San Cristobal, NM: Hanuman Foundation, 1978.

REDFIELD, James. *A profecia celestina:* uma aventura na nova era. Rio de Janeiro: Objetiva, 1993.

SHANKARA's crest jewel of discrimination. Translated by Swami Prabhavananda and Christopher Isherwood. Hollywood: Vedanta Press, 1978.

SHLAIN, Leonard. *Art and physics:* parallel visions in art, space and light. New York: William Morrow and Company, 1991.

RINPOCHE, Sogyal. *Livro tibetano do viver e do morrer*. São Paulo: Palas Athena, 1999.

WITTEVEEN, H. J. *Sufismo universal*. São Paulo: Triom, 2003.

YOGA of delight, The: wonder and astonishment. Translated by Jaidava Singh. Albany: State University of New York Press, 1991.

YOGANANDA, Paramahansa. *Autobiografia de um iogue*. Rio de Janeiro: Lótus do Saber, 2001.

GLOSSÁRIO

ANANDA	Felicidade; alegria; um tipo de samadhi no qual a consciência vivencia a unidade do Divino, primariamente através dos níveis mais profundos do coração desperto.
ARQUÉTIPOS	Personalidades maiores que a vida que se tornaram modelos de papéis, ou eventos que se tornaram construções familiares, impactando a consciência coletiva em diferentes culturas no decorrer da história. No Ocidente temos sido principalmente influenciados pelos arquétipos bíblicos e greco-romanos.
ASCENSÃO	A elevação da vibração do sistema mente-corpo, na qual a consciência percebe a partir de um ponto de vista mais expandido.
ATMAN	A consciência divina interior presente em cada um de nós.
AUTODESCOBERTA	A prática e a indagação em relação ao *Self*, ou Deus; o caminho espiritual do despertar.
AUTOINDAGAÇÃO	A prática de observar a consciência, quer padronizada ou liberada.
AUTORREALIZAÇÃO	Vivenciar e atualizar permanentemente o conhecimento direto do *Self*, ou Deus, tornando isso mais real do que a "realidade" aparente do mundo.
BIPOLAR	Dois polos magnéticos, o negativo e o positivo.
CARMA	Consciência ou ação. A consciência faz surgir a ação, refletindo o fato de que a ação possui uma causa e um efeito e que temos de encarar as consequências de nossas ações.
CÉREBRO, ESQUERDO E DIREITO	O cérebro humano é dividido em dois hemisférios, e eles percebem diferentemente. O esquerdo é linear, lógico e sequencial, enquanto o direito é holográfico e sintetiza grandes quantidades de diversos pedaços de informação. O cérebro esquerdo está geralmente associado ao masculino e o direito ao feminino.
CHACRAS	Centros de energia; vórtices rotativos de energia no corpo sutil, refletindo diferentes níveis de atenção e apoiando a forma física.
CONSCIÊNCIA COLETIVA	Um repositório de informação e formas de pensamento acessado por todos em um grupo; um acordo em massa. O completo espectro de conhecimento compartilhado de toda a humanidade – consciência e inconsciente.

CONSCIÊNCIA DE UNIDADE	O estado superconsciente ou divino de consciência em que todas as dualidades foram resolvidas na totalidade.
CORPO/CORPOS SUTIS	Corpo/corpos não físicos; *vide* corpo de luz.
CORPO DE LUZ	O sutil corpo físico, formado por luz e energia; aura.
DARSHAN	Um encontro para compartilhar saber e para receber bênçãos divinas.
DHARMA	Verdade espiritual, dever religioso; o caminho da verdade; destino espiritual; lei natural.
DESAPEGO	Liberação de desejos egoicos ou necessidades e da dependência de coisas transitórias do mundo material – do irreal, da ilusão.
DUALIDADE, DUALIDADES (PL.)	Dividido em dois; o termo para descrever nosso mundo, refletindo sua natureza de opostos.
DUPLA HÉLICE	Uma espiral ascendente e descendente interconectada. Uma dupla hélice constrói o campo magnético do corpo sutil, chamado ida e pingala; também encontrada no DNA de cada célula.
EGO	O eu separado; a identidade falsa; a personalidade condicionada que se percebe como sendo separada do todo.
ENRAIZAMENTO	A capacidade que as pessoas possuem de firmar-se e equilibrar-se através do apego mental, emocional ou físico a algo, como uma ideia, uma posse física, outra pessoa, uma ocupação, a terra.
ESCOLA	Uma sucessão de professores e estudantes vindos de um mestre espiritual em comum.
ESPÍRITO GUERREIRO	Um estado espiritual de grande força e coragem alcançado por um buscador que encarou limitações e as transcendeu. Aquele que encarou o inimigo em seu interior.
ETERNIDADE	Referindo-se à natureza imutável, atemporal e imortal de Deus.
EU	Associado ao sentido pessoal de personalidade. O eu, porém, é em verdade o *Self* superconsciente mascarado.
EU SUPERIOR	O Atman, a consciência interior de Deus.
GRAÇA	Uma força de amor divino, cura e apoio que flui para nós quando a invocamos ou oramos por ela.

HUMILDADE	Ausência de julgamento de si mesmo e dos outros; um estado de ausência de rebeldia; um estado de aceitação, um estado de tranquilidade na mente e nas emoções, um estado de não identificação com o ego.
IDA	O fluxo passivo descendente de energia e de consciência no corpo sutil; associado ao feminino.
ILUMINAÇÃO	Uma percepção total de não separação. É a consciência de que somos todos um, interconectados em níveis mental, emocional, físico e espiritual, contida por e diretamente estendida a partir da unidade de essência coesiva que faz surgir o universo e a existência em si.
IMPECÁVEL, IMPECABILIDADE	Um estado sutil de ordem; a capacidade para utilizar energia de forma equilibrada, perfeita e econômica.
IOGA	União; o caminho para a consciência de unidade, para vivenciar a unidade com tudo o que há.
JNANA IOGA	A prática iogue de indagação da natureza de nosso ser, incluindo a personalidade e todos os níveis espirituais de consciência, com a intenção de ver a verdade de nosso ser. *Vide* ioga.
KOAN	Uma afirmação paradoxal ou ideia que reflete um paradoxo; não sendo explicável pela lógica ou linguagem, estimula mudanças interiores profundas de consciência.
KUNDALINI	Energia; força vital; fogo da vida; Shakti.
MAYA	O princípio da aparência; ilusão; o poder maravilhoso da criação.
METAFÍSICA	O estudo daquilo que é sutilmente percebido além do físico.
MÍSTICO	Aquele que estuda os mistérios da vida, o metafísico.
NETI NETI	Em sânscrito, "isto não, isto não", significando "não à ilusão da vida" mas, em vez disso, a realidade última. Junto a *Tat twam asi* ou "Eu sou Aquilo", é uma afirmação do estado divino de um indivíduo. Um termo utilizado na prática de jnana ioga.
NÚCLEO	Uma palavra portuguesa para shushumna. Energia do núcleo é encontrada no núcleo de cada célula.
OBSERVADOR NEUTRO, TESTEMUNHA NEUTRA	A parte de nós que pode perceber a expressão da personalidade condicionada, sem julgamento.

PERSONA	Padrões de energia que formaram uma matriz, possuindo determinadas características e que desenvolveram seu próprio senso de identidade. Frequentemente, várias *personas* estão contidas dentro do senso de personalidade individual de alguém.
PINGALA	O fluxo ativo e ascendente de energia no corpo sutil, geralmente associado à energia masculina.
POLARIDADE	A oposição formada por atributos negativos e positivos.
PROCESSAMENTO	Nosso método de trabalho com a consciência limitada, bloqueada e rigidamente estruturada, com o objetivo de libertar e restabelecer seu estado natural de fluidez.
PROJEÇÃO	A capacidade inconsciente do indivíduo para afastar energias das quais não gosta ou às quais não quer estar diretamente associado.
QUALIDADE DE SER	A essência que, apesar de não vista, apoia a vida.
QUADRADOS	Um método de processamento de polaridades que possibilita visões do inconsciente.
QUARTO CHACRA	O chacra do coração; o centro energético correspondendo à área do coração físico.
RECONCILIAÇÃO (OU UNIFICAÇÃO) DE OPOSTOS	Método de processamento de polaridades com o objetivo de trazer equilíbrio. Juntando os opostos para criar um terceiro estado de ascensão.
RENASCIMENTO	Um método de dissolução de padrões egoicos utilizando técnicas especiais de respiração. O renascimento facilita a liberação emocional e o *insight* em direção a experiências passadas, incluindo as traumáticas.
RODA DO CARMA	Sem uma compreensão da natureza da causa e do efeito, continuaremos a agir de forma a nos prender na existência física. Esse ciclo giratório parece-se com uma roda.
SAMADHI	Um estado incomum equilibrado de consciência sem tendências negativas ou positivas. Uma pessoa em samadhi mantém um estado de consciência de unidade, emanando verdade e expansão.
SAMSARA	Agregados de consciências de vidas passadas estocados na alma e levados adiante para influenciar a personalidade na vida presente.
SAMSÁRICO	Referente a samsara.
SELF, O	O Ser autêntico, eterno e imortal que todos somos; Deus.

SEXTO CHACRA	No centro da testa, um pouco acima das sobrancelhas; terceiro olho.
SHAKTI	A força criativa de luz que faz surgir o mundo; energia divina, geralmente simbolizada pelo feminino.
SHIVA	O supremo; um dos nomes de Deus. Um componente da trindade hindu, em conjunto com Vishnu e Brahma.
SHUSHUMNA	No corpo sutil, correspondendo à coluna, forma o eixo do corpo ou centro. É a presença interior misteriosa de consciência não dualística.
SINCRONICIDADE	Um alinhamento de energias e de eventos com o *timing* perfeito, de forma a parecerem miraculosos ou coincidentes.
SOMBRA	Uma das descrições para o lado inconsciente do ego.
SUPERCONSCIENTE	Consciência além e mais englobadora que a personalidade limitada.
TANTRA	Uma prática ou caminho para a iluminação utilizando a reconciliação de opostos.
TAT TWAM ASI	Em sânscrito, significa "Eu sou Aquilo", em que "Aquilo" é um dos nomes de Deus. Quando repetido em face de situações ilusórias, é uma afirmação de nosso verdadeiro estado divino e leva ao aprofundamento da autorrealização.
TERCEIRO CHACRA	O chacra no plexo solar; o centro para as energias que refletem poder e impotência.
TERCEIRO OLHO	O centro energético localizado no centro da testa entre as sobrancelhas; o centro da sabedoria; o centro para o observador neutro; sexto chacra.
TRIÂNGULOS	Um método de reconciliação de opostos que traz nossa atenção para o coração e para os chacras superiores.
UNIFICAÇÃO (OU RECONCILIAÇÃO) DE OPOSTOS	*Vide* Reconciliação (ou unificação) de opostos.
UPANISHADS, OS	Uma coleção de antigas escrituras formando a última parte dos *Vedas*.
VEDA	Conhecimento; sabedoria; as escrituras sagradas da religião hindu. *Vide* Upanishads, Os.

VEDANTA	Nome das diferentes escolas de filosofia fundamentadas nos ensinamentos dos *Upanishads*. A questão central das escolas de Vedanta refere-se à natureza do *Self* ou *Brahman*.
YANG	Nas escolas chinesas taoistas de pensamento, a energia yang é a energia masculina ativa, expressiva e extrovertida.
YIN	Nas escolas chinesas taoistas de pensamento, a energia yin é a energia feminina passiva, receptiva e introspectiva.
ZEN	O estado enigmático de unidade com tudo o que há.

SOBRE OS AUTORES E A CORELIGHT

Leslie Temple-Thurston graduou-se em Belas Artes na Universidade de Witwatersrand, Joanesburgo, África do Sul. Em meados dos anos 1970 mudou-se para Los Angeles com sua família. Ali ela aprofundou seus estudos de sabedoria antiga através da meditação e da exploração dos trabalhos das novas psicologias espirituais. Em 1988 começou a apresentar seus seminários de *O Casamento do Espírito*, além de eventos de meditação e discussão. Hoje ela continua a promover eventos por todo o mundo e dedica-se a trabalhar com grupos de pessoas compromissadas com a transformação e o despertar espiritual. Leslie mora em Santa Fé, Novo México. *O Casamento do Espírito* é seu primeiro livro.

Brad Laughlin é diretor executivo da organização sem fins lucrativos CoreLight, que apresenta os seminários de *O Casamento do Espírito*, além de outros eventos de meditação e transformação por todo o mundo. Ele possui bacharelado na Universidade Duke e tem estado envolvido com esse trabalho por mais de dez anos, ajudando a desenvolver as técnicas de *O Casamento do Espírito*. Mora em Santa Fé, Novo México.

CoreLight é uma comunidade de pessoas em nível mundial, ligadas por seu compromisso com o despertar espiritual e com a promoção de paz interior e exterior para o mundo. Nosso nome, CoreLight, refere-se ao núcleo de luminosidade que habita o interior de cada um. Encontramo-nos pela primeira vez em Los Angeles, em 1990, para apoiar os trabalhos e ensinamentos de Leslie Temple-Thurston, e agora somos uma organização sem fins lucrativos.

Os ensinamentos de Leslie fluem das bênçãos recebidas por ela em seu próprio caminho espiritual. Eles são uma mistura única e eclética de diferentes tradições, e suas raízes estão baseadas na verdade universal. Um aspecto de seu trabalho é sua transmissão de cura e de energia de transformação, conhecida no Oriente como *shakti*, manifestada em todos os seus eventos a todos os presentes, durante períodos de meditação e de discussão. Os efeitos da transmissão são profundos e duradouros. Leslie também trabalha com energia em nível coletivo para ajudar a estabelecer a paz no mundo.

A CoreLight oferece cursos (Treinamento do Guerreiro Espiritual e Treinamento para Professores), *darshans*, retiros e outros eventos por todo o mundo. Temos fitas cassete dos ensinamentos de Leslie sobre uma grande variedade de tópicos, que se encontram disponíveis por catálogo ou através de nosso website.

Para mais informação sobre Leslie, calendário de eventos, cursos ou catálogo de produtos, contate-nos:

Escritório matriz da CoreLight

223 NORTH GUADALUPE STREET, PMB 275
SANTA FE, NM 87501 – 1850, USA
Fone: (505) 989-35-52
Website: www.corelight.org
E-mail: info@corelight.org

Por que será que quando falamos com Deus dizem que estamos orando, mas quando Deus fala conosco somos esquizofrênicos?

– Lily Tomlin

TIPOLOGIA: Cochin [texto]
Trajan Pro [aberturas]
PAPEL: Polen Soft 80 g/m² [miolo]
Cartão 250 g/m² [capa]
IMPRESSÃO: Formato Artes Gráficas
1ª EDIÇÃO: agosto de 2017
2ª REIMPRESSÃO: julho de 2023